FENÔMENOS PSÍQUICOS
NO MOMENTO DA MORTE

FENÔMENOS PSÍQUICOS
NO MOMENTO DA MORTE

Ernesto Bozzano

Tradução de Carlos Imbassahy

FEB

Copyright © 1926 *by*
FEDERAÇÃO ESPÍRITA BRASILEIRA – FEB

8ª edição – Impressão pequenas tiragens – 8/2025

ISBN 978-85-9466-037-4

Todos os direitos reservados. Nenhuma parte desta publicação pode ser reproduzida, armazenada ou transmitida, total ou parcialmente, por quaisquer métodos ou processos, sem autorização do detentor do *copyright*.

FEDERAÇÃO ESPÍRITA BRASILEIRA – FEB
SGAN 603 – Conjunto F – Avenida L2 Norte
70830-106 – Brasília (DF) – Brasil
www.febeditora.com.br
editorial@febnet.org.br
+55 61 2101 6161

Pedidos de livros à FEB
Comercial
Tel.: (61) 2101 6161 – comercial@febnet.org.br

Adquirindo esta obra, você está colaborando com as ações de assistência e promoção social da FEB e com o Movimento Espírita na divulgação do Evangelho de Jesus à luz do Espiritismo.

Dados Internacionais de Catalogação na Publicação (CIP)
(Federação Espírita Brasileira – Biblioteca de Obras Raras)

B793f   Bozzano, Ernesto, 1862–1943

   Fenômenos psíquicos no momento da morte / Ernesto Bozzano; Tradução de Carlos Imbassahy – 8. ed. – Impressão pequenas tiragens – Brasília: FEB, 2025.

   246 p.; 23 cm

   ISBN 978-85-9466-037-4

   1. Espiritismo. 2. Parapsicologia. 3. Morte. 4. Telepatia. I. Federação Espírita Brasileira. II. Título.

CDD 133.9
CDU 133.7
CDE 30.01.00

SUMÁRIO

PREFÁCIO 7

APARIÇÕES DE DEFUNTOS NO LEITO DE MORTE . 13
Primeira categoria 15
Segunda categoria 51
Terceira categoria 61
Quarta categoria 76
Quinta categoria 90
Sexta categoria 106
Conclusões 109

DOS FENÔMENOS DE TELECINESIA EM RELAÇÃO AOS ACONTECIMENTOS DE MORTE 115

MÚSICA TRANSCENDENTAL 171
Primeira categoria 172
Segunda categoria 174
Terceira categoria 178
Quarta categoria 194
Quinta categoria 203
Sexta categoria 225
Conclusões 236

Prefácio

Parece-nos que é este o primeiro livro de Ernesto Bozzano vertido em língua portuguesa.

Ele é composto de três monografias, cada uma das quais relativa a fenômenos psíquicos supervenientes por ocasião da morte.

Denominam-se:

1) Aparições de defuntos no leito de morte.
2) Fenômenos de telecinesia em relação com acontecimentos de morte.
3) Música transcendental.

Nessa ordem e assim reunidas também se encontram as aludidas monografias na edição francesa de 1923, tradução de C. de Vesme.

***

Digamos ligeiramente do autor e de seus trabalhos:

Ernesto Bozzano é um escritor italiano que tem dedicado ultimamente a sua atividade ao estudo dos problemas psíquicos. E essa sua atividade tem sido prodigiosa.

Não podemos declarar ao certo o número de seus trabalhos já publicados sobre o assunto, porque, necessariamente, ao ser impresso este volume já aquele número deveria estar acrescido.

Bozzano é infatigável e inimitável em sua produtividade.

As suas trinta monografias, escritas em italiano, acham-se completamente esgotadas.

Grande foi, portanto, a nossa dificuldade no traduzir esta obra, em virtude do obstáculo intransponível de encontrar o original.

A esse respeito escrevia o notável psiquista italiano a esta Federação, nos seguintes termos:

"É próprio vero che le mie opere sono addirittura irreperibili in língua italiana. I miei cinque volumi sono tutti esauriti e le mie trenta monografie sono, a lore volta, quasi tutte exaurite. Occorrerebhe pensare a una nuova edizione generate dei lihri e delle monografie; ma la mia produzione e oramai cosi vasta che Vimpresa divejita finanziariamente molto onerosa in Italia.

In merito alle traduzioni francesi delle mie opere La informo che il mio volume sui Fenomeni d'Infestazione venne puhhlicato dalla Casa editrice Felix Alcan di Parigi, ed e ancora in vendita.

L'altro mio volume sui Casi d'Identificazione Spiritica venne puhhlicato per cura di Cesare Vesme nel 1914, e ritengo sia ancora vendibile presso l'Institut Metapsychique International. In pari tempo La informo che il direttore delta Revue Spirite ha intrapreso la puhhlicazione di quasi tutte le mie monografie in edizioni di piccoli volumi, dei quali ne furono gia pubblicatti tre, che sHntitolano: Phenomenes Psychiques au moment de la Mort, Les Manifestations Psychiques et les Animaux, e A Propos de I'lntroduction a la Metapsychique Humaine."

Veio a propósito essa transcrição, visto como nos é exposta, por seu próprio autor, a situação atual dos seus livros.

Vemos assim que se achavam já completamente esgotados os seus cinco volumes; as suas trinta monografias, em língua italiana, também já dificilmente se encontravam. Pensou-se em uma nova edição geral das monografias e dos livros; sendo, porém, presentemente, muito vasta a sua produção, a impressão, na Itália, tornava-se, financeiramente, muito onerosa.

Algumas dessas produções encontram-se em língua francesa, sendo os *Fenômenos de assombração* editados pela Casa Felix Alcan, de Paris; os *Casos de identificação espírita"* foram publicados, em 1914, graças aos cuidados de Cesar Vesme. O diretor da *Revue Spirite* empreendeu a publicação de quase todas as monografias em pequeno volume, sendo já publicadas três: *Fenômenos psíquicos no momento da morte, As manifestações metapsíquicas e os animais* e *A propósito da introdução à metapsíquica humana.*

É o que nos informa o autor da presente obra.

* * *

Já em vários outros idiomas começaram a ser também traduzidos os livros do escritor italiano, cujo nome é verdadeiramente conhecido em todo o mundo dentro e fora dos círculos espiritualistas.

O seu valor não consiste unicamente na sua extraordinária fecundidade literária, sendo também no interesse, na utilidade e na beleza de seus escritos.

É um vigoroso polemista e dir-se-ia que sua missão consiste em demonstrar a inanidade de todas as hipóteses formuladas em oposição à espírita.

Dotado de profunda erudição, possuidor de invejável espírito de lógica, e um adversário respeitável com que tem topado os arquitetos da teoria do subconsciente e suas filiais.

Bozzano é bem o descendente dessa raça de artistas que se tem imposto ao mundo pela magia de suas obras-primas.

A sua pena nunca se maculou na agressão. Por vezes, nas obras em que revida à crítica materialista, nota-se-lhe o calor daqueles que nasceram sob o céu do sul da Europa e tem n'alma os arroubos do talento. Mas a serenidade do hermeneuta não se turba e a sua argumentação segue, imperturbável, até deixar completamente arrasada, aniquilada a construção adversa.

O ardoroso escritor compreendeu que, contra fatos, não há argumentos. E toda a sua obra é uma completa exposição de fatos, e a argumentação em torno dos fatos.

No presente livro se encontram os fatos ocorridos por ocasião da morte. Há por vezes histórias curtas, historietas singelas, mas que nem por isso nos deixam de comover.

Não era essa, aliás, a intenção do autor, sendo a de mostrar à Humanidade que, já com os pés no limiar do outro mundo podem estes que nos fazem as últimas despedidas dizer-nos o que percebem nesses novos umbrais em que estão prestes a penetrar e que julgávamos insondáveis até agora. É o testemunho dos moribundos. Testemunho insuspeito pela solenidade do momento e indubitável pela lógica dos fatos.

* * *

Onde mais cresce a nossos olhos o vulto do escritor irmão é no desprendimento que revela, no desinteresse que demonstra em relação aos proventos materiais que lhe podia trazer a sua vasta produção.

Como lhe perguntássemos ou como lhe perguntasse Antônio Fonseca, administrador da Livraria da Federação, quais as condições em que permitiria a tradução dos seus livros, por aquela Instituição, declarou Ernesto Bozzano, em carta de 5 de novembro de 1926:

"Mi affretto a risponderle che io nulla chiedo e nulla voglio."

Apresso-me a responder-lhe que não pego nada e que não quero nada — tal foi o gesto generoso do autor do presente trabalho.

Cristãos como somos, e julgando fracos os nossos agradecimentos, esperamos que o autor receba um dia os frutos desse esforço gigantesco que desprende em prol da Verdade, dentro dessa Seara onde militamos também deste outro lado do Atlântico, sem outro interesse que o de servir a Humanidade e a Deus.

CARLOS IMBASSAHY
Rio, novembro de 1927.

APARIÇÕES DE DEFUNTOS NO LEITO DE MORTE

Em todos os tempos e entre todos os povos tem-se notado que, durante a crise suprema da morte, a inteligência humana dava, muitas vezes, sinais de perspicácia e previdência extraordinárias, ou que estava sujeita a percepções de natureza supranormal, partilhadas, bastas vezes, por outras pessoas presentes ou afastadas.

Os representantes da ciência oficial e aqueles que se ocupam das novas pesquisas metapsíquicas se têm esforçado no exame, pelo método experimental, dessas manifestações tão interessantes do período pré-agônico.

Pelo fato de terem eles conseguido fazer entrar facilmente parte dessas manifestações no círculo das leis conhecidas da psicofisiologia, não se pode, certamente, afirmar que o mesmo aconteça com todas.

Os fenômenos em questão parecem, com efeito, infinitamente mais complexos do que se poderia supor, e sua imensa esfera de ação estende-se desde os simples casos de hipermnesia e de paramnesia até os de ação ou percepção telepática; dos casos de lucidez e de telestesia até os de precognição e retrocognição. A tudo isso se vêm ainda superpor episódios sensacionais de visões extáticas, de visões "panorâmicas", de visões simbólicas e, enfim, os bem impressionantes da percepção de fantasmas dos mortos.

Estes últimos são de muito maior frequência e a tal ponto que a experiência popular extraiu daí uma de suas numerosas generalizações proverbiais.

Toda mulher do povo vos dirá, de fato, que quando um doente "fala com seus mortos", não há mais nenhuma esperança de cura.

Noventa e nove vezes sobre cem assim acontece realmente.

Como não é possível desenvolver, em simples monografia, um tema tão vasto, proponho-me tratar exclusivamente dos fenômenos das *aparições de defuntos no leito de morte*.

Esses fenômenos são os que mais especialmente têm chamado a atenção de alguns sábios eminentes, os quais acabaram por concluir que tais fatos deviam ser classificados entre os pertencentes a variada categoria das alucinações subjetivas.

Essa indução era, em suma, razoável; sabe-se que as condições pré-agônicas predispõem a todas as formas de sensações e percepções alucinatórias e não se pode afirmar que as visões de que se trata sejam, em princípio, diferentes das outras.

Não é menos verdade, entretanto, que a análise desses fenômenos revela, aqui e ali, zonas obscuras, constituídas por circunstâncias ou situações bastante embaraçosas e sugestivas, de forma a reconhecer-se que o argumento merece um exame ulterior e não é possível formar-se sobre o assunto uma ideia nítida, senão estendendo as investigações a um número suficiente de casos. Eis por que me decidi a empreender a presente classificação.

Nas curtas observações que for fazendo à medida que citar os episódios, cada vez mais complexos, restringir-me-ei às regras sãs experimentais, nas quais se inspiraram os distintos sábios na matéria, limitando-me a indicar sempre os pontos obscuros que a ciência oficial ainda não esclareceu e a fazer notar, enfim, que, se queremos explicar todos esses fatos em seu conjunto, é indispensável não somente completar a hipótese alucinatória pela telepática, como ainda mesmo orientar-nos para a hipótese espírita.

Com efeito, o mistério que rodeia o conjunto dos fenômenos metapsíquicos é de tal maneira impenetrável pelos métodos ortodoxos da ciência oficial, que não é possível admitir-se sejam pronunciados, em nome da Ciência, juízos sem apelação contra uma hipótese qualquer, capaz de explicar os mesmos fenômenos.

Faço, no entanto, questão de salientar que, publicando a presente classificação, não me proponho, de forma alguma, provar ou ilustrar uma tese qualquer; o que unicamente desejo é lembrar incidentes que, tomados insuladamente, apresentam apenas valor científico limitado, mas que possuem um valor especial se os encaramos em união com os outros grupos de fenômenos metapsíquicos, os quais todos convergem para a demonstração científica da sobrevivência.

Isto dito, passemos, sem mais, à exposição dos casos.

PRIMEIRA CATEGORIA:
Casos nos quais as aparições dos mortos são percebidas unicamente pelo moribundo e se referem a pessoas cujo falecimento era por ele conhecido.

São estes os modos de manifestação mais frequentes na casuística em questão; concebe-se que sejam também os menos interessantes, sob o ponto de vista científico.

Dado o estado muito vivo de excitação no qual se encontra, provavelmente, um moribundo que conserva a consciência de si próprio; dado, por consequência, o estado de hiperestesia dos centros corticais de ideação e as condições mais ou menos mórbidas de seu funcionamento; dada, enfim, a orientação inevitável do pensamento de um moribundo que não pode deixar de voltar-se, com angústia suprema, para as pessoas caras e afastadas e para aqueles que o precederam no túmulo, facilmente se conceberá que tudo isso deva determinar, muito frequentemente, fenômenos de alucinação subjetiva.

Não obstante, porém, impõem-nos os métodos de pesquisas científicas notar que, nos casos de aparição de mortos nos leitos de agonizantes, encontramos uma circunstância que não pode ser facilmente esclarecida pela hipótese alucinatória; e que, se o pensamento, ardentemente voltado para as pessoas caras, fosse a causa determinante dos fenômenos, o moribundo em lugar de experimentar exclusivamente formas alucinatórias representando defuntos — por vezes, mesmo, defuntos esquecidos pelo doente — deveria ser sujeito, as mais das vezes, a formas alucinatórias representando pessoas vivas às quais fosse vivamente ligado — o que não se produz.

Verifica-se, ao contrário, que não há exemplo de moribundos que percebam supostos fantasmas de vivos ou lhes dirijam a palavra da mesma maneira que as visões dos mortos. Só com estes se produzem os diálogos.

São bem conhecidos casos de agonizantes que têm tido visões de fantasmas que se crê sejam de pessoas vivas; mas, nesses casos, verifica-se invariavelmente, em seguida, que essas pessoas tinham morrido pouco antes, posto que nenhum dos assistentes nem o próprio doente o soubessem.

É preciso reconhecer que essas considerações se revestem de alto valor indutivo, no sentido da interpretação espírita dos fatos, ainda que a demonstração experimental da legitimidade dessa explicação seja muito difícil, por causa da própria natureza dos fatos de que se trata. De qualquer modo, essas considerações contribuem para fazer melhor sobressair a oportunidade de uma nova análise mais atenta dos casos de que nos ocupamos.

Passo agora a expor certo número de exemplos, enquadrados em cada uma das diferentes formas nas quais se manifestam os casos que podem entrar nesta primeira categoria.

Caso 1 – Na vida do reverendo Dwight L. Moody, ardente propagandista evangélico, nos Estados Unidos, escrita por seu filho (p. 485), encontra-se o seguinte relato dos seus últimos momentos:

Ouviram-no, de repente, murmurar:

— A Terra se afasta, o céu se abre diante de mim; já lhe ultrapassei os limites; Deus me espera; não me chamem; tudo isso é belo; dir-se-ia uma visão de êxtase. Se tal é a morte, como é doce!...

Reavivou-se-lhe o rosto e com alegre expressão de arrebatamento exclamou:

— Dwight! Irene! Vejo as crianças. (Ele fazia alusão a dois de seus netos que estavam mortos).

Em seguida, voltando-se para a consorte, lhe disse:

— Tu foste sempre uma boa companheira para mim.

Depois destas palavras perdeu a consciência.

Caso 2 – O professor A. Pastore, do Liceu Real de Gênova, em interessante artigo publicado no *Fanfula della domenica*, ano de 1887, n° 36, conta ele próprio o que se segue:

Experimentei doença bem grave. No período da crise, quando tinha perdido completamente a consciência da dor física, aumentou extraordinariamente em mim o poder da imaginação e eu via nitidamente, em confusão distinta (duas palavras que parecem inconciliáveis e que são as únicas com que posso exprimir meu pensamento), eu própria criança, jovem, na idade viril, nas diversas épocas de minha existência: um sonho, mas um sonho mais forte, mais intenso, mais vivo. E no espaço imenso, azul, luminoso, minha mãe vinha ao meu encontro — minha mãe morta havia quatro anos, uma impressão inexprimível. Desde então, lendo Phédon, *melhor pude compreender Sócrates.*

Caso 3 – O senhor Hudson Tuttle assim fala de outro caso vindo ao seu conhecimento:

Episódio muito comovedor produziu-se, há alguns anos na cidade de Hastford. Aquele que mo comunicou estava de tal forma convencido da natureza supra-normal do que tinha visto que o fato lhe ficara bem gravado na memória.

Ele vive ainda num estado do Oeste; é um homem prático, positivo — a última pessoa capaz de se deixar arrastar por fantasias.

No caso de que se trata, velava ele a cabeceira de um moribundo, tipógrafo de profissão.

O agonizante se extinguia aos poucos, havia já meia hora. A respiração, cada vez mais opressa, tinha-se tornado muito lenta e difícil. Enfim, chegou o momento em que o velador o julgou morto. De repente, porém, suas pálpebras se reabriram, animadas com expressão de grande surpresa, como se ele tivesse reconhecido alguém; iluminou-lhe o rosto a embriaguez de grande alegria e exclamou:
— Tu, tu, minha mãe! E caiu morto em seu travesseiro.
"Ninguém poderá nunca persuadir-me — diz o narrador deste episódio — que este homem não tenha realmente percebido sua mãe diante de si." (HUDSON TUTTLE — The arcana of spiritualism, p. 167).

Caso 4 – Alfred Smedley, nas p. 50-51 de sua obra — *Some reminiscenses* — conta, como se segue, os últimos momentos de sua mulher:

Alguns momentos antes de sua morte, fixaram-se-lhe os olhos em qualquer coisa que parecia enchê-los de viva e agradável surpresa. E disse, então:
— Como! Aqui a minha irmã Carlota; aqui minha mãe, meu pai, meu irmão João, minha irmã Maria!
Trazem-me agora também Bessy Heap! Estão todos aqui. Oh! como é belo, como é belo! não o vês?
— Não minha querida — respondi — e bem o lamento.
— Não podes vê-los? — repetiu a doente, com surpresa. — No entanto, estão todos aqui; vieram para levar-me consigo. Parte de nossa família já atravessou o grande mar e em breve nos acharemos reunidos na nova morada celeste.
Ajuntarei que Bessy Heap tinha sido criada fiel, muito afeiçoada à nossa família, havendo tido sempre minha mulher em particular estima.
Depois dessa visão extática, a doente ficou algum tempo como que esgotada. Voltando, enfim, o olhar fixamente para o céu e erguendo o braço, expirou.

Caso 5 – O doutor Paul Edwards escrevia, em abril de 1903, ao diretor da *Light*.

Lá para o ano de 1887, quando habitava uma cidade da Califórnia, fui chamado à cabeceira de uma pessoa cara e que se achava em seus últimos momentos, em consequência de doença pulmonar. Todos sabiam que esta mulher pura e nobre, esta mãe exemplar, estava condenada à morte iminente. Ela acabou também por se aperceber disso e quis preparar-se para o grande instante. Tendo chamado seus filhos para perto da cama, abraçou-os alternativamente depois do que os fez voltar. Seu marido aproximou-se por último, a fim de lhe dar e receber o derradeiro adeus. Ele a encontrou em plena posse de suas faculdades intelectuais. Começou ela por dizer-lhe:

— Newton (era o nome do marido), não chores, porque eu não sofro e tenho a alma confiante e serena. Amei-te sobre a Terra; amar-te-ei ainda depois de minha partida. Espero vir a ti, se isso me for possível; não o podendo, velarei do céu por ti, por meus filhos, esperando a vinda de todos. Agora, o meu maior desejo é ir-me embora... Vejo várias sombras que se agitam em torno de nós... todas vestidas de branco... Escuto uma deliciosa melodia... Oh! eis aqui minha Sadie! Está perto de mim e sabe perfeitamente quem sou (Sadie era uma filha que ela havia perdido dez anos antes).

— Sissy — lhe disse o marido —, minha Sissy, não vês que sonhas?

— Ah! meu querido — respondeu a enferma — por que me chamaste? Terei agora mais trabalho em voltar. Sentia-me tão feliz no Além; era tão delicioso, tão belo!

Cerca de três minutos depois a agonizante acrescentou: — Volto de novo e desta vez não tornarei, ainda mesmo que me chames.

Esta cena durou oito minutos. Via-se bem que a doente gozava da completa visão dos dois mundos, ao mesmo tempo, porque falava das figuras que se lhe moviam em torno no Além, e, ao mesmo tempo, dirigia a palavra aos mortais deste globo...

Nunca me sucedeu assistir a um trespasse mais impressionante, mais solene (Light, *1903, p. 167*).

Caso 6 – O doutor Wilson, de Nova York, que assistiu aos últimos momentos do tenor James Moore, narra o que se segue:

Eram 4 horas e a claridade da alva, que ele havia esperado com ansiedade, começava a filtrar-se através das venezianas. Inclinei-me sobre ele e verifiquei que seu rosto estava calmo e o olhar límpido. O pobre doente olhou-me e, apertando-me a mão entre as suas, disse:

— O senhor foi um bom amigo para mim, doutor; não me deixou.

Passou-se, então, um fato, de que não me esquecerei até o último dia; alguma coisa que minha pena é impotente para descrever; só posso exprimir-me afirmando que ele parecia ter sido transportado ao Além, conservando a plenitude da razão.

E embora não me possa explicar devidamente, estou absolutamente convencido de que o enfermo havia penetrado na morada espiritual.

Com efeito, elevando a voz muito mais do que o havia feito durante sua doença, exclamou:

— Eis aqui minha mãe! Vens para ver-me, mamãe? Não, não; sou eu que irei para onde estás. Espera um instante, minha mãe, estou quase livre; depois, juntar-me-ei a ti. Espera um instante.

Seu rosto tinha uma expressão de felicidade inexprimível; o modo por que falava fez-me uma impressão que nunca sentira até então; ele viu sua mãe e falou-lhe; eu o estou tão firmemente convencido como o de estar sentado aqui neste momento.

Com o fim de gravar a recordação do fato mais extraordinário a que até agora tenho assistido, registrei imediatamente, palavra por palavra, o que acabava de ouvir... Foi a mais bela morte a que assisti. (Light, 1903, p. 418.)

Caso 7 – Encontro-o no *Journal of the American Society for Psychical Research* (1913, p. 603); ele representa a forma mais simples pela qual se manifestam os fenômenos. O senhor Rud. C. Gittermann, membro da S. P. R. inglesa, escreve ao professor Hyslop:

Meu pai morreu na Alemanha a 18 de março de 1892 e minha mãe veio viver conosco, em Odessa; ela, porém, caiu doente por seu turno, e morreu a 6 de maio do ano seguinte, 1893.

Da mesma maneira que meu pai, permaneceu ela invencivelmente cética no que concerne a existência e a sobrevivência da alma. Alguns segundos antes de sua morte, voltou a si (ela estava em estado de coma cerca de dois dias), levantou-se, sem auxílio, do leito, estendeu os braços e, com a surpresa estampada no rosto, gritou:

— Papai! Papai! — como se, verdadeiramente, a inesperada aparição se lhe tivesse apresentado diante dos olhos; caiu, em seguida, nos braços de minha mulher e expirou. Minha mãe, como nós outros, filhos, tinha o hábito de chamar ao marido, "papai". Certifico que o que precede é a pura verdade (RUD. C. GITTERMANN).

O professor Hyslop observa:

O interesse do caso consiste em estar associado a um estado de espírito que não deveria, racionalmente, provocar um incidente deste gênero. Com efeito, se se podem alegar os hábitos religiosos do espírito para explicar as visões que se têm produzido em certos casos, um estado irreligioso de Espírito, como no caso presente, não deveria razoavelmente provocar semelhante visão. Como quer que seja, esta circunstância, por si só, não vale ainda como prova, apesar de não serem encontrados, no fato de que se trata, incidentes sugestivos, fora do uso correto do apelido — "papai".

Caso 8 – O senhor S. Bennett comunica ao professor Hyslop este outro episódio que extraio igualmente do *Journal of the A. S. P. R.* (1918, p. 607):

G. Hall Tench morreu em 1902, de um carcinoma, depois de muitos anos de sofrimentos, suportados com estoicismo...

Durante as últimas semanas velei assiduamente a sua cabeceira. Apesar dos atrozes padecimentos que o dilaceravam, ele recusou sempre tomar narcóticos ou estimulantes, dizendo àqueles que a isso o exortavam:

— Sempre vivi como verdadeiro Hall Tench e quero morrer como tal.

Na noite em que chegou ao seu termo, acordou o filho e convidou-o a reunir-se à família, uma vez que lhe tinha soado a última hora. Falou a todos do modo mais racional e consciente; e, enfim, quando chegou o irmão, lhe disse ainda:

— Adeus, Will; já me vou.

Fechou, então, os olhos.

Os familiares acreditavam que o fim tinha chegado, mas depois de curto intervalo, ele reabriu os olhos, levantou a cabeça, olhou para o alto com expressão de vivo interesse, depois para a extremidade do leito e disse com voz bem clara:

— Como! Mas são pessoas como nós!

E expirou em seguida.

Tench não era homem religioso, posto que fosse assistido até o final por um ministro metodista.

Era, no entanto, pessoa de alta moralidade, rigidamente honesto em todas as manifestações da vida. Possuía, além disso, muita firmeza e coragem, como o demonstrou, recusando que lhe atenuassem os sofrimentos à custa da sensibilidade. Não tinha muito cultivo nem paixão pela leitura; não duvido, porém, de forma alguma, que ele houvesse refletido longamente no destino que o esperava e, certo, tinha a imaginação repleta das imagens habituais dos anjos alados e das harpas angélicas; por consequência, nada mais provável que, nos últimos instantes, tivesse exprimido surpresa, vendo que os mortos que o vinham acolher revestiam o aspecto de pessoas como nós.

Caso 9 – O episódio seguinte, tirado do Journal of the A. S. P. R. (1918, p. 623), foi comunicado ao professor Hyslop pelo doutor E. H. Pratt:

Minha irmã Hattie foi atacada de difteria maligna quando estava na escola, no Caroll Seminary. Transportaram-na imediatamente a casa, para que fosse confiada aos cuidados de nosso pai, e não foi possível, infelizmente, salvá-la.

Depois de alguns dias de angústias extremas, sua bela alma evolou-se para as plagas que nos parecem tão tenebrosas e impenetráveis em sua incomensurável grandeza.

O episódio que se passou, em seu leito de morte, foi tão maravilhoso, tão realista, tão impressionante, que conservo impressa em minha memória a cena panorâmica do acontecimento, tal como se fosse ontem, não obstante ter apenas dez anos de idade, quando ele sucedeu.

O leito de minha irmã era no meio do quarto e minha mãe, meu pai, a outra irmã e alguns amigos estavam em torno, observando ansiosamente o caro rosto da agonizante, onde a luz da vida se extinguia pouco a pouco e o palor da morte se acentuava.

Finava-se lentamente a pobre Hattie, em condições de perfeita calma e aparentemente sem sofrimentos. Posto que sua garganta estivesse empecilhada pelas membranas diftéricas, de modo a tornar-lhe a voz muito fraca, o seu espírito parecia mais claro e racional que nunca.

Ela se sabia a ponto de morrer e confiava a sua mãezinha as últimas disposições relativas às pequenas propriedades individuais que deviam ser distribuídas pelos amigos, a título de lembrança; nisso, repentinamente, levantou os olhos para o teto, para o ponto mais afastado do quarto, e olhou com viva atenção, como se estivesse ouvindo alguém falar; em seguida, fez um pequeno gesto de assentimento com a cabeça e disse:

— Sim, vovó, eu vou; eu vou; espera um único instante, te peço.

Meu pai perguntou:

— Hattie, vês tua avó?

Ela pareceu surpresa com a pergunta e respondeu prontamente:

— Mas, papai, não a vês? Ela me espera ali.

Assim dizendo apontava com o dedo o ponto para onde havia fixado o olhar. Voltando-se, em seguida, de novo para sua mãe, acabou de ditar as disposições relativas ao pequeno tesouro a distribuir pelos amigos. Tornou-se ainda para sua avó, como a escutá-la, parecendo que esta a convidava a vir sem mais tardar, e depois deu a todos o extremo adeus. Tinha a voz fraca, mas o olhar que dirigia, sucessivamente, a cada um de nós era cheio de inteligência e de vida. Voltou-se, enfim, vela última vez, para o ponto em que se achava a visão, e com um fio de voz ligeiramente perceptível, disse:

— Agora, estou pronta, minha avó.

E olhando sempre naquela direção, sem luta, sem sofrimento, extinguiu-se,

Sua avó tinha morrido alguns anos antes e afeto grande e recíproco ligava-as em vida.

O episódio do reconhecimento por parte de Hattie foi todo realista em seus pormenores, que não nos parece possível explicá-lo sem admitir a presença efetiva da avó, com forma idêntica a que tivera em vida. Em suma, o episódio foi autêntico, indiscutível, real (DOUTOR E. PRATT).

Caso 10 – O reverendo H. Harbough, em sua obra *Heavenly recognition*, conta o fato seguinte:

Em família de meu conhecimento, uma gentil e afetuosa menina teve a desgraça de perder a mãe em muito tenra idade, de sorte que seus traços não lhe puderam ficar gravados na memória. Essa criança doce, boa, religiosa, era o ídolo da inconsolada família. Flor definhada, não tardou a apresentar sinais da morte prematura. Por vezes, quando brincava nos joelhos da senhora que lhe substituíra a genitora, torneava-lhe o pescoço com os magros bracinhos, dizendo-lhe:

— Fale-me, agora, de mamãe.

E sendo-lhe a mesma narrativa repetida uma vez mais, pedia ela docemente:

— Leve-me para o salão, que quero ver mamãe.

O pedido era sempre executado e a criança ficava deitada, durante horas, mirando o retrato materno.

Chegou, por fim, a hora suprema; toda a família, com os amigos, se reunira em torno da pequena agonizante. O orvalho da morte já se estendia sobre esta bonina e, à medida que a vida se lhe ia extinguindo, o corpinho era sacudido por convulsões espasmódicas.

— Conheces-me, meu anjo — murmurou-lhe, chorando ao ouvido, a voz do pai; mas a resposta não veio.

Repentinamente, aquele rosto pálido pareceu animar-se por uma influência do Paraíso; abriram-se-lhe os olhos, grandes, radiosos, e os bracinhos delgados se estenderam ao alto, num supremo esforço impulsivo; o olhar quedou-se no Infinito, como se penetrasse no Além, e os lábios não pronunciaram mais que uma frase:

— Ó Mãe!

Nela havia um acento de surpresa, de alegria, de transporte e, com esse grito supremo, a criança parecia ter passado para os joelhos de sua mãe, que a esperava no outro mundo.

O ministro, que assistia a essa partida, não pôde deixar de dizer: "Se não tivesse até aqui acreditado na existência de nossos trespassados junto aos leitos mortuários, já não poderia mais duvidar agora". (Citado por R. Pike, em seu livro: Life's borderland and beyond, *p. 11 e 12.)*

Caso 11 – Este outro episódio veio a lume em consequência de minha primeira monografia sobre a classe de casos de que aqui nos ocupamos.

A senhora Le Normand des Varennes escreveu nos seguintes termos ao diretor da *Revue du Monde Invisible*, em julho de 1906:

O artigo de Ernesto Bozzano, sobre aparições de defuntos no leito de morte, tem-me tanto mais interessado, quanto eu própria fui testemunha de um episódio análogo...

Tínhamos perdido um de nossos filhos, pelo tifo. Havia eu estado em Paris para tratá-lo e três dias depois trazia-lhe o corpo.

Deixara meu marido com um sofrimento de estômago, já antigo. Depois da morte de nosso Paulo, as crises do mal punham-no cada vez mais fraco; declinava rapidamente, suportando com coragem e resignação admiráveis seus atrozes sofrimentos. Em pouco, não pôde deixar mais o leito e não me foi mais possível iludir-me sobre seu estado. Ele recebeu os sacramentos com perfeita lucidez e pediu que lhe trouxessem algumas flores de crisântemos que tinha plantado no túmulo do filho.

No curso da noite seguinte minha filha veio substituir-me à cabeceira do pai; mas, lá para as 5 horas, chamou-me; o doente piorava rapidamente e pareceu alegre por ver-me. Assentei-me à borda da cama e coloquei uma de suas mãos entre as minhas.

— Tu ficarás agora, não é? — disse ele — e não irás enquanto... — e hesitou no pronunciar a palavra fatal.

— Não te deixarei mais — respondi-lhe.

— Obrigado — murmurou ele.

Depois do que, ficamos todos em silêncio.

Parecia que ele havia perdido o uso da voz e não sentia mais o contato de minhas mãos, pois que, para assegurar-se de minha presença, murmurava, de quando em quando:

— Acaricia, acaricia!

Eu friccionava docemente essa pobre mão gelada e sua fisionomia retomava expressão mais tranquila.

De repente, vimo-lo estender a mão livre e fazer o gesto de apertar uma outra, murmurando:

— Sim, sim, meu Paulo.

— Vês Paulo? — perguntei-lhe.

— Sim, vejo-o — respondeu ele, quase espantado com a pergunta.

Tivemos todos o mesmo pensamento: Paulo vem assisti-lo e ajudá-lo a morrer.

Sonhávamos, certamente, em outro leito de morte, perto do qual me encontrava só, 18 meses antes; não creio, porém, que nenhum de nós tivesse tido a ideia da intervenção tangível de nosso caro morto; não podia, pois, tratar-se de transmissão involuntária de pensamento.

Meu pobre marido renovou, por diversas vezes, o gesto de apertar a mão a um ser invisível; depois disso, sem nenhum espasmo, sua alma exalou-se do corpo com um pequeno suspiro, e suprema serenidade baixou sobre o seu semblante.

Caso 12 – O doutor W. C. de Seranyn, em sua obra: *Contribuição ao estudo de certas faculdades cerebrais desconhecidas*, conta o fato seguinte que ele observou, pessoalmente, no curso de sua longa carreira médica:

João Vitalis era homem robusto, gordo, sanguíneo, casado, sem filhos, gozando perfeita saúde. Devia ter 39 anos quando foi subitamente tomado por febre violenta e dores articulares. Eu era seu médico e, quando o vi, os sintomas que ele apresentava eram os de reumatismo articular agudo...

Fiquei surpreso, na manhã do 16º dia, por encontrá-lo vestido, assentado na cama, sorridente, tendo os pés e as mãos inteiramente desembaraçados e sem mais apresentar a menor febre.

Eu o havia deixado na véspera em triste estado. As articulações da espádua, do cotovelo, das mãos, dos joelhos, dos pés, estavam tumefatas e doloridas. Tinha febre muito forte e eu não podia prever que o fosse encontrar tão fresco e bem disposto.

Muito calmamente, disse-me ele que atribuía sua cura súbita a uma visão que tivera durante a noite. Pretendia que seu pai, falecido havia alguns anos, lhe tinha aparecido.

Fenômenos psíquicos no momento da morte

Eis mais ou menos o que me disse ele:

— Meu pai veio visitar-me esta noite. Entrou em meu quarto pela janela que dá para o jardim. A princípio, olhou-me de longe; depois, aproximou-se de mim, tocou-me um pouco em toda parte do corpo para tirar-me as dores e a febre, e, em seguida, anunciou-me que eu ia morrer, esta noite, precisamente às 9 horas. No momento da partida acrescentou que esperava que eu me preparasse para esta morte, como bom católico. Mandei chamar meu confessor, que chegará logo. Vou confessar-me e comungar, e depois quero receber a extrema-unção. Agradeço-lhe muito os cuidados que tem tido para comigo; minha morte não será causada por nenhuma falta de sua parte. É meu pai que o deseja; ele tem, sem dúvida, necessidade de mim e virá tomar-me esta noite, às 9 horas.

Tudo isso me era dito de modo calmo, com rosto sorridente; uma expressão real de contentamento e felicidade irradiava de seus traços.

— Você teve um sonho, uma alucinação — disse-lhe eu — e me espanto que tenha dado crédito a isso.

— Não, não — disse-me ele —, eu estava perfeitamente acordado; não era um sonho. Meu pai veio, de fato, e eu bem o vi; bem o entendi; ele tinha o ar bem vivo.

— Mas essa predição de sua morte, com hora fixa, não crê nela, sem dúvida, desde que está curado.

— Meu pai não me pode ter enganado. Tenho a certeza de que vou morrer esta noite, na hora por ele indicada.

Seu pulso estava cheio, calmo, regular, sua temperatura normal, nada indicava que estivesse eu em presença de um doente grave.

Preveni, entretanto, à família que a morte sobrevinha, por vezes, em casos de reumatismo cerebral, e o doutor R..., velho e excelente prático, foi chamado para uma consulta.

O doutor R... proferiu, diante do doente, toda sorte de gracejos, por motivo de sua alucinação e morte próxima; mas, à parte, junto à família reunida, declarou que o cérebro tinha sido atingido e que, nesse caso, o prognóstico era grave.

— A calma do doente — acrescentou — é estranha e insólita. Sua crença na objetividade da visão e na morte próxima é surpreendente. Ordinariamente, todos têm medo da morte. Ele tem o ar de não se importar com isso, pelo contrário,

parece feliz e contente por morrer. Posso assegurar-vos, no entanto, que não tem o aspecto de quem vai morrer esta noite; quanto a fixar, de antemão, o momento da morte, é farsa.

Fui ao meio-dia ver meu doente, que me interessava vivamente. Encontrei-o em pé, passeando no quarto, e isso com passo firme, sem o menor sinal de fraqueza ou dor.

— Ah! — disse-me ele — esperava-o. Agora que me confessei e comunguei, posso comer alguma coisa? Tenho uma fome atroz, mas não queria tomar nada sem sua permissão.

Como ele não tivesse a menor febre e apresentasse todas as aparências de um homem em perfeita saúde, permiti-lhe comesse um bife com batatas.

Voltei às 8 horas da noite. Queria estar ao pé do doente para ver o que ele faria quando chegassem as 9 horas.

Conservava-se sempre alegre; tomava parte nas conversas com animação e raciocínio. Todos os membros da família estavam reunidos no quarto. Conversava-se, ria-se, o confessor, que aí estava, disse que fora obrigado a ceder às instâncias reiteradas do doente e que acabava de administrar-lhe o sacramento da extrema-unção.

— Não queria contrariá-lo — acrescentou —, ele insistia de tal maneira... Aliás é um sacramento que se pode administrar muitas vezes.

Havia uma pêndula no quarto e João, que eu não perdia de vista, lançava para ela, de vez em quando olhares ansiosos.

Quando o pêndulo marcava 9 horas menos um minuto, e enquanto continuavam todos a rir e a conversar, ele se levantou do sofá onde estava sentado tranquilamente e disse:

— Chegou a hora.

Abraçou a mulher, os irmãos, as irmãs, depois pulou para a cama com muita agilidade. Assentou-se, acomodou as almofadas e, como um ator que saúda o público, curvou muitas vezes a cabeça, dizendo:

— Adeus! Adeus!

Estendeu-se sem se apressar e não se moveu mais:

Aproximei-me lentamente dele, persuadido de que ele simulava a morte. Com grande surpresa minha, estava realmente morto; nenhuma angústia, nenhum estertor, nenhum suspiro; morrera de morte que eu nunca vira.

A princípio esperou-se que fosse uma síncope prolongada, uma catalepsia. O enterro foi por muito tempo demorado, até que nos tivemos que render à evidência, diante da rigidez do cadáver e dos sinais de decomposição que se seguiram.

Caso 13 – Tomo-o da *Light* (1915, p. 502). A senhora C. J. Chambers, enfermeira voluntária, conta este fato:

O seguinte episódio de uma criança moribunda, que percebe e reconhece seu pai morto, veio ao meu conhecimento, há algumas semanas apenas, quando me achava de serviço no Hospital de Comté.

Estava destacada na sala dos militares, quando vi chegar a enfermeira H..., que servia na sala dos homens, no andar superior.

Dispondo de meia hora de liberdade, veio tomar uma xícara de chá comigo. Conversamos sobre diversos casos interessantes confiados a nosso cuidado, e, em certo momento, perguntei:

— Como vai o pequeno Brown?

Minha amiga balançou a cabeça. Tommy Brown era uma criança de 12 anos, a quem tinham feito grave operação, na esperança de salvá-la. Mas o pobre corpinho, esgotado, mostrou-se impotente para resistir à prova.

O rapaz pertencia a uma família numerosa e muito pobre, onde a mãe tinha achado impossível resolver o problema da existência; justo na idade em que a criança deveria nutrir-se para se desenvolver, raramente sabia ela o que era não ter fome; o comum era deitar-se em jejum. Nessas condições, sua viabilidade mostrou-se muito fraca para suportar uma operação cirúrgica; em lugar de melhorar, piorou rapidamente, apesar dos constantes cuidados e das caridosas atenções dos doutores e das enfermeiras.

— Não creio — respondeu minha amiga — que ele possa chegar até amanhã... Há dois anos, precisamente nesta data, seu pai morria na cama em face daquela em que agora se encontra seu Tommy.

E depois de uma pausa, minha amiga acrescentou:

— Pobre criança! Por muitas vezes já a acreditei morta; mas logo que lhe dou a injeção ordenada pelo doutor, ela torna à vida.

Quando volta a si, tem um grande abalo, ofega, abre os olhos e logo olha fixamente para o leito em frente. A noite passada, quando sua mãe velava junto à sua cama, ele disse:

— *Mamãe, papai está ali.*

A mãe olhou na direção indicada pelo filho, mas só viu a cama vazia e a parede branca.

— *Não, meu filhinho, não tem ninguém.*

— *Sim, mamãe, ele está lá, não o vê perto dessa cama?*

E mostrava, de novo, o leito em que o pai tinha morrido.

— *Mamãe, vá cumprimentá-lo e falar-lhe.*

A mãe não via ninguém, além de mim e da outra criada de serviço. Perguntou então:

— *Que faz teu pai, meu filho?*

— *Ele olha para a senhora — e pouco depois —, agora ele olha para mim; faz-me um sinal com a mão; queria que eu fosse com ele.*

Dizendo isto, procurou fracamente levantar-se; retivemo-lo, esforçando-nos por acalmá-lo.

Certa vez, a mãe, acreditando que o enfermozinho não a ouvisse, nos disse em voz baixa:

— *Seu pai morreu há dois anos.*

Mas Tommy replicou logo:

— *Não, não é possível; ele está ao lado da cama e faz-me sinais com a mão. Olhem-no todas; ele ali está me chamando.*

Pronunciando estas palavras, perdeu a consciência...

Às 5 horas da manhã, o pobre Tommyzinho tinha respondido ao apelo do pai.

Caso 14 – Neste caso que se vai ler, nota-se uma circunstância interessante, sob o ponto de vista científico; e que o moribundo vê fantasmas de defuntos que não conhece, se bem que fossem eles conhecidos dos de sua roda. Isso elimina a hipótese da autossugestão; não, porém, a da sugestão possível dos presentes.

Extraio o caso do *Journal of the American S. P. R.* (1907, p. 47). O nome do narrador, conhecido de Hyslop, não nos é revelado:

Esta tarde (14 de maio de 1906), fui encontrar uma senhora, cujo filho, uma criança de 9 anos, é morto há 15 dias.

Tinha sido operado de apendicite, dois ou três anos antes, e a operação havia provocado uma peritonite, de que se tinha, no entanto, curado. Mas caiu de novo enfermo e foi preciso transportá-lo ao hospital para nova operação.

Quando acordou do sono dos anestésicos, estava perfeitamente consciente, reconheceu seus pais, o médico e a enfermeira.

Teve, no entanto, o pressentimento de morrer e pediu à sua mãe que lhe segurasse a mão até a hora de se ir embora.

Devo ajuntar que depois da operação lhe haviam administrado estimulantes, os quais, provavelmente, lhe tornaram a mentalidade muito ativa.

Olhando para o alto, disse:

— Mamãe, não vês lá em cima minha irmãzinha?

— Não querido, onde a vês tu?

— Aqui; ela olha para mim.

Então a mãe, para acalmá-lo, assegurou-lhe que a via também.

Algum tempo depois, a criança sorriu de novo e disse:

— Quem está agora é a senhora C..., que também vem ver-me. (Era uma senhora de quem ele gostava muito e que tinha morrido dois anos antes.) Ela sorri e me chama.

E depois de curtos instantes:

— Chega também Roy. Eu vou com eles, mas não te queria abandonar, mamãe, e tu virás em breve ter comigo, não é? Abre a porta e pede-lhes para entrar. Eles estão esperando do lado de fora.

E assim dizendo, expirou. Ia esquecendo a mais importante visão: a da avó. Enquanto a genitora lhe segurava a mão, ele diz:

— Mamãe, tu te tornas cada vez menor; estás sempre com a minha mão presa: A avó está aqui comigo e é muito maior e mais forte que tu, não é? A sua mão é também muito maior que a tua.

É preciso não esquecer que a criança tinha 9 anos. Viu ela, pois, os Espíritos que descreveu e reconheceu? Ou as visões eram a consequência da hiperestesia cerebral, consecutiva aos remédios administrados?

A mãe do pequeno confirma o que precede, e de um inquérito procedido a esse propósito resultou a convicção de que o pequeno nunca tinha visto a avó, morta quatro anos antes do seu nascimento. Roy era o nome de um seu amigo, morto um ano anteriormente.

Disse, no começo, que neste caso a hipótese da autossugestão estava eliminada pelo fato de haver o doente visto fantasmas que desconhecia, mas que se não podia eliminar a tese da sugestão provável dos assistentes. Faço assim uma concessão devida aos métodos de estudos científicos, apesar de se me afigurar absolutamente improvável que os assistentes tenham dirigido seu pensamento para a avó da criança, morta vinte anos antes.

Caso 15 – Nos três casos que se seguem, os moribundos têm a visão de entidades espirituais que não são as de seus mortos — circunstância bastante rara na categoria de visões de que nos ocupamos. Inútil é advertir que, do ponto de vista da hipótese alucinatória, o fato entraria na ordem natural, em tais acontecimentos; do ponto de vista da hipótese espírita, seriam "Espíritos guias" ligados a cada um de nós e que, nessas ocasiões, se manifestariam no leito mortuário.

Extraio o primeiro exemplo da *Light* (1907, p. 118). O doutor G. J. Grote conta o seguinte:

Eu tinha um doente, chamado D..., antigo inspetor de finanças, que sucumbiu em consequência de ingurgitamento do fígado.

Meu irmão era seu amigo íntimo e foi chamado telegraficamente à sua cabeceira, onde ficou até que ele falecesse, o que sucedeu algumas horas depois.

Havia outro amigo do doente, um Br. M. R., também agente de finanças, que ficou surpreso por ver o seu superior, moribundo, pedir-lhe que o interrogasse sobre a maneira de medir o conteúdo de um tonel de cerveja, etc. Contentou-o o amigo; e o agonizante, depois de ter dado as respostas, interrogou se o havia feito acertadamente.

— Inteiramente certo — disse M. R.

— A razão pela qual — continuou o moribundo — lhe pedi que me fizesse perguntas foi para convencê-lo de que estou de posse de todas as minhas faculdades mentais e, por forma alguma, alucinado.

Ora, devo declarar-lhe que vejo no quarto, com minha mulher e vocês dois, outras formas espirituais que não conheço, mas que aqui vieram, certamente com um fim qualquer. Ignoro qual é ele, mas desejo que se saiba que o mundo espiritual não é uma hipótese.

Depois de assim ter falado, finou-se rapidamente. Meu irmão, M. D. e M. R. eram todos membros da Igreja Congregacionista.

Caso 16 – Este é tirado da *Light* (1901, p. 36). O doutor H. W. Worthen narra o episódio seguinte, contado por um clérigo de Vermont (Estados Unidos):

Sou um eclesiástico e há alguns anos era pastor de uma cidade da Nova Inglaterra, onde fiquei em serviço muitos anos. Entre os membros da Congregação havia uma jovem de cerca de 30 anos, dotada de notável inteligência e nobre caráter, a quem chamarei Alice. Era bonita, genial, estimada por toda a comunidade. Atacada de febre infecciosa, que degenerou num abscesso lombar, morreu após algumas semanas de sofrimento.

Na noite precedente à de sua morte, chamou-me, cerca de duas da manhã. Assistiam-na três senhoras, que pouca atenção prestaram à minha chegada. Dir-se-ia que estavam tomadas de estranha mania, que as impedia de falar.

Assentei-me perto do leito da doente e perguntei-lhe como ia.

— Muito fraca — respondeu-me.

Depois da troca de algumas palavras voltaram todos ao silêncio embaraçoso anterior.

Enfim, dirigiu-se a mim uma das senhoras e disse em voz baixa:

— Alice viu um anjo.

Compreendi, então, que o silêncio das senhoras era devido a temor e respeito; percebiam que se encontravam no sólio do mundo espiritual.

Não respondi logo, querendo assegurar-me se havia na doente sinais de delírio. Rompi, afinal, o silêncio, perguntando:

— *Alice, teve a visão de um mensageiro espiritual?*

Ela respondeu:

— *Sim, realmente.*

— *E quando foi a visão?*

— *À meia-noite.*

— *Onde e como a viu?*

— *Parece-me que adquiri novas faculdades visuais e, enquanto olhava ao longe, no espaço, vi como que uma luminosidade global que se dirigia para mim e na qual percebi uma forma espiritual humana, que penetrou em meu quarto.*

— *Como estava vestida?*

— *De branco imaculado.*

— *Onde estava?*

— *Entre a cama e o piano.*

Nesse momento, as senhoras presentes me disseram que, durante a visão, a doente tinha conversado com alguém.

Perguntei, então:

— *Que lhe disse o Espírito que a visitou?*

— *Muitas coisas e entre outras que viria buscar-me dentro de 24 horas.*

Perguntei ainda:

— *Pode dizer-me que dia da semana é hoje?*

— *Sexta-feira — respondeu-me. (Eram, com efeito, 3 horas da madrugada de sexta-feira.)*

Perguntei mais:

— *E poderia dizer-me o dia do mês?*

Ela o disse e acrescentou:

— *Ó meu pastor, não deveria fazer-me estas perguntas; estou de posse de todas as minhas faculdades e sei bem o que digo.*

Entrementes, enfraquecia cada vez mais; quando pareceu que dormia, voltei para casa. À meia-noite do dia seguinte, a bela alma de Alice deixava a Terra pela morada dos imortais. Quando depus o corpo no ataúde, notei que doce sorriso lhe iluminava os traços tão experimentados pela dor. A casa estava cheia de amigos e alguns pensavam encontrar-se em uma ambiência tornada sagrada pela presença de um anjo e por aí haver habitado uma mulher de quem se pode dizer que realmente o era.

Caso 17 – Foi-me este comunicado pelo redator-chefe dos *Anais de ciências psíquicas*, M. C. de Vesme, e diz respeito à morte da senhora Lena Botrel, a 11 de junho de 1916, em Pont-Aven, na Bretanha.

O marido da morta, que é célebre bardo bretão, Teodoro Botrel, escreve o que se segue, ao senhor de Vesme, em data de 1º de novembro de 1919:

Caro confrade,

Li com atenção e emoção o estudo de Bozzano... e compreendo por que você me pede um exemplar do In memoriam, *publicado por ocasião do falecimento da senhora Botrel. Parece evidente que, em pleno uso da razão, minha cara desaparecida viu um anjo, entreviu um canto radioso do Outro Mundo e, no momento da morte, percebeu, de repente, o Espírito de sua mãe. Só lhe posso enviar uma edição simplificada do Memento pedido. Transcrevo, para o senhor Bozzano, o testemunho de duas boas bretãs — sua criada e sua costureira —, as quais, enquanto eu estava no* front, *não deixaram a cabeceira da agonizante, morta de peritonite, em cinco dias, sem ter perdido um instante a lucidez de espírito.*

Testemunho de *Mme.* Josephine Mainguy:

— *Ela erguia os olhos ao teto e dizia: "Como é belo o que me espera! Como Deus é bom para mim, deixando-me vê-lo um pouco! Minhas amigas, ali está um anjo, à minha esquerda; foram vossas preces que o fizeram vir. Mas como é curioso, não têm asas!..*

E depois, cada vez que alguém se dirigia ao biombo, à esquerda do leito, ela parava a conversa para dizer: "Não passe aí, que vai incomodar meu anjo!".

Testemunho da senhora Josephine Allanie:

— O rosto torna-se-lhe radiante, por momentos, e ela fica em êxtase, fixando os olhos no alto: "Oh! o Céu — dizia — como é belo! Eis os anjos, eis mamãe!" Não ousávamos mover-nos, tão comovente era ver-lhe tais instantes de alegria em meio a seus padecimentos.

Testemunho de Teodoro Botrel:

Copio do meu caderno de notas estas linhas: Só cheguei a Pont-Aven, quarta-feira, às 10 horas; ela não falava desde as 5 da manhã, mas estava em pleno uso da razão; às 14 horas, precisas, disse, de repente com voz bem clara e alegre: — Mamãe! — E foi tudo: Tinha exalado a última palavra no último suspiro (TEODORO BOTREL).

O senhor Botrel, a propósito da surpresa de sua mulher, ao ver um anjo sem asas, observa justamente em uma nota:

Esta frase prova bem que ela não era joguete da imaginação, pois que esperava ver asas nas costas dos anjos! Ela se espanta de que eles não as tenham!

Já citei um fato (Caso 8), no qual o moribundo percebendo aparições semelhantes, exclama:

— Como! Mas são pessoas como nós! — sobre o que o narrador observa: provavelmente ele sentia a imaginação cheia das imagens habituais dos anjos alados e das harpas angélicas; por consequência, nada mais provável que no último momento haja exprimido surpresa, vendo que os mortos que o vinham acolher tinham o aspecto de "pessoas como nós".

Contarei mais adiante (Caso 24) um terceiro episódio concernente a uma menina de 10 anos que, por seu turno, manifesta admiração vendo "anjos sem asas".

Ora, esses incidentes apresentam um valor probante real, pois que os fantasmas alucinatórios, como se sabe, tomam formas correspondentes às ideias que se têm figurado, anteriormente, na mentalidade do doente, e não podia ser de outra maneira.

Resulta daí que, se a ideia dos anjos alados (de que temos ouvido falar por nossa mãe durante nossa infância e de que mais tarde lemos a descrição na *Bíblia* e vemos centenas de vezes representada nos quadros de assuntos religiosos) se tivesse gravado nas vias cerebrais do doente, este deveria supor estar vendo anjos com asas.

Ora, como vimos nos casos narrados, os moribundos, dominados por essa ideia preconcebida, perceberam fantasmas cuja aparência era contrária à ideia em questão; devemos, pois, concluir que, nas circunstâncias descritas, se trata de aparições verídicas de fantasmas de defuntos e não de alucinações patológicas.

* * *

Os casos precedentes representam a mais simples expressão da fenomenologia de que nos ocupamos. Passemos agora a outros casos, nos quais se encontra um elemento sensacional a mais, constituído pela circunstância de que a percepção de um fantasma de defunto e a repetição ou revocação de outra objetivação alucinatória idêntica a que o mesmo percipiente anteriormente houvera tido, por vezes em época muito afastada de sua existência.

Acontece também que, em certos casos, no curso da objetivação anterior, o suposto fantasma tenha anunciado ao percipiente que se manifestara a ele ainda uma vez. Em algumas circunstâncias, muito raras, tinha mesmo precisado que se apresentaria no momento da morte.

Em outro caso, que vamos narrar, o fantasma aparecido no leito de morte é o de uma personalidade mediúnica que, em época anterior, tinha o hábito de manifestar-se ao percipiente por meio da escrita automática.

Tendo em conta tais circunstâncias, a hipótese autossugestiva basta para explicar esses exemplos de revogações alucinatórias — salvo quando incidentes especiais conferem aos fatos uma significação supranormal.

Os casos de que se trata se manifestam em formas muito variadas; mas os episódios seguintes bastarão para deles dar uma adequada ideia.

Caso 18 – Extraio-o da obra *A memoir of Mario*, de Godfrey Pearse e Frank Hird; refere-se à morte da senhora Julie Grisi, a célebre prima-dona:

Na primavera de 1869, a senhora Julie Grisi teve estranha visão: viu aparecer junto a seu travesseiro o fantasma de sua filha Belay, morta ainda criança, em Brighton, no ano de 1861; a visão anunciou-lhe que ela não tardaria a se lhe reunir para sempre.

O tenor Mário fez o possível para desviar o espírito da Grisi do estado de abatimento no qual esta mergulharia. Foi, porém, em vão; ela se mostrava convencida da realidade do que vira, e, por consequência, também do seu fim iminente.

A grande cantora morreu a 3 de novembro de 1869. A última palavra que pronunciou foi o nome da filha morta. Ela se havia levantado, estendera os braços como para receber pessoa invisível e murmurou: "Bela!" — e retombou no travesseiro, dando o último suspiro. (Obra citada, p. 270-274.)

Nesta narrativa não se diz claramente se a primeira visão da Grisi se realizara em sono ou se se tratava de uma visão em estado de vigília; não se precisa, também, de que moléstia morreu. É, pois, impossível estabelecer consideração sobre a hipótese que melhor se adapta ao acontecimento em questão; com efeito, só no caso de doença acidental poder-se-ia razoavelmente afastar a hipótese autossugestiva.

Caso 19 – Neste episódio é preciso notar a circunstância de que a visão aparecida no leito de morte tinha-se produzido, em outras ocasiões, com a mesma pessoa, como símbolo premonitório da morte de terceiros, a ela ligados por laços de afeto; de sorte que haveria nessas aparições um elemento verídico, inconciliável com as hipóteses alucinatória, sugestiva e telepática.

Eu o extraio do *Journal of the American S. P. R.* (1918, p. 614). A senhora Lida M. Street escreve, nestes termos, ao professor Hyslop:

> *Minha mãe tinha o hábito de dizer que, na iminência da morte de algum próximo parente ou amigo, sua mãe lhe aparecia, fixando-a com insistência.*
>
> *A primeira vez que vim a conhecer essas visões de minha mãe, tinha 12 anos. Sua mais íntima amiga estava doente, e nessa tarde, como de hábito, minha mãe chegou da casa de sua amiga e deitou-se perto de mim.*
>
> *Quando acordei, pela manhã, vi-a assentada à borda da cama, em atitude de concentração dolorosa. Perguntei-lhe o que tinha e ela respondeu:*
>
> *— Minha mãe apareceu-me neste instante.*
>
> *E acrescentou que a genitora lhe aparecia infalivelmente na iminência da morte de algumas pessoas a quem estimava. E depois repetiu:*
>
> *— Quando abri os olhos, vi minha mãe ao pé do leito, olhando-me com insistência.*
>
> *Uma hora depois, minha tia chegou da casa da doente, anunciando-me sua morte, que sobreviera, cedo, pela manhã.*
>
> *Não me lembram nitidamente outros exemplos de casos de alucinação de minha mãe, até a manhã do dia do seu falecimento, que se realizou quinze anos mais tarde.*
>
> *Ela estava atacada de pneumonia, mas o médico a encontrou muito melhor e eu me senti tranquila. Essa noite, era eu só a velar, e lá para as 4 horas da madrugada, aproximei-me para fazê-la tomar o remédio. Ela pareceu acordar de um sono ligeiro, olhou-me com expressão de intenso amor e disse-me:*
>
> *— Minha mãe me apareceu!*
>
> *A significação dessas palavras veio-me subitamente à memória. Administrei a poção, tremendo, e corri a acordar meu pai, para que ele fosse chamar o médico. Antes que este chegasse ela tinha caído em coma e algumas horas mais tarde finou-se.*

As palavras narradas foram as últimas que ela me dirigiu e as tinha pronunciado com voz clara e firme.

Morreu de fraqueza de coração, em consequência da pneumonia.

Minha avó havia falecido um mês antes do meu nascimento.

Caso 20 – O caso seguinte, rigorosamente documentado, foi comunicado por Alexandre Aksakof aos *Annales des Sciences Psychiques* (ano 1894, p. 257-267).

Dada a sua extensão, limitar-me-ei a contar algumas passagens necessárias a compreensão do assunto:

Minha irmã Catarina morreu deixando uma filhinha de 3 anos, de cuja educação me encarreguei. Com a idade de 8 a 9 anos, Júlia, que não se lembrava quase da mãe, começou, de repente, a falar dela, dizendo que queria ver sua mamãe, que a tinha visto em sonho.

Certo dia em que estávamos todos juntos no salão, disse a pequena:

— Aí vem mamãe.

E foi como que ao seu encontro e nós a ouvimos falar-lhe.

Essas visões, depois, repetiram-se muitas vezes. A princípio, procurei persuadir a menina que se tratava de uma fantasia, que sua mãe não podia vir a casa; mas quando a ouvi narrar acontecimentos do passado, sucedidos antes do seu nascimento e que lhe eram desconhecidos, transmitir-nos da parte de sua mãe conselhos muito profundos e muito sérios, que não os podia compreender em sua idade... foi preciso acreditar nas aparições.

Também nelas acreditei com toda a alma. (Testemunho da senhora Dimitrief.)

A aparição materna começava sempre assim: a menina corria ao seu encontro, parecia receber um beijo na fronte; depois, sentava-se numa cadeira, na sala, "ao lado da qual mamãe gostava de tomar lugar" — dizia invariavelmente a pequena.

Depois Júlia, da parte de sua mãe, começava a falar sempre assim: Dize a tua tia, etc.

Um dia, por exemplo, falou desta forma: "Mamãe me disse: — Dize a tua tia que eu me posso tornar visível a ela também, mas que isso lhe causaria tal abalo nervoso, que a deixaria doente. As crianças têm menos medo de nós; e por isso que eu falo por ti". (Testemunho da senhora Maria Sabourof.)

A última vez que ela apareceu a Júlia foi com sua companheira, senhorita Keraskof; dizendo-lhe adeus, acrescentou que suas aparições deveriam cessar, mas que um dia, em momento sério de sua vida, viria ainda...

Com a idade de 21 anos, Júlia esposou um guapo e honesto marinheiro, o senhor Dobrovolsky, que a tornou inteiramente feliz. Há uma dezena de anos, casando a filha, Júlia resfriou-se, e apanhou, como sua mãe, tísica fulminante. Morreu com 41 anos na Crimeia, para onde tinha sido levada, na esperança de cura.

Terminou seus dias em pleno uso da razão, como a maior parte dos tísicos. No último momento, voltou-se subitamente de lado, e seu rosto exprimiu espanto, misturado com tristeza e talvez certo pavor; a que faz supor que, nesse instante, a mãe lhe tivesse aparecido uma vez ainda.

— É possível! — disse ela, como se dirigindo a alguém, e foram estas suas últimas palavras. (Testemunho de Natália R...)

No episódio que acabamos de ler, encontram-se modos de manifestação que sugerem, de forma irresistível, a interpretação espírita dos fatos; com especialidade, a circunstância da menina que, no curso de suas aparentes conversas com a mãe morta, mostrava-se ao corrente de casos ignorados e produzidos antes de seu nascimento.

É, infelizmente, de deplorar que os narradores não se tenham lembrado de precisar os fatos, limitando-se, apenas, a fazer-lhes alusões de modo geral.

Caso 21 – Tiro este outro caso da obra muito conhecida de *Mme.* d'Espérance: *Au pays de L'ombre* (p. 140-143); e o caso de que já falei e no qual o fantasma, aparecido no leito de morte do percipiente, era o de uma personalidade mediúnica que tinha o hábito de manifestar-se anteriormente, pela escrita automática. *Mme.* d'Espérance escreve:

Mais tarde, o nosso círculo de amigos invisíveis aumentou com uma espanholinha que escrevia mal o inglês, entremeando-o de palavras espanholas; sua escrita era estritamente fonética e suas expressões as de uma criança voluntariosa e impetuosa de 7 ou 8 anos.

Disse-me ela ter sido queimada com sua irmã mais velha em uma igreja de Santiago. Ligou-se prontamente a um dos membros de nosso círculo; chamava-lhe Geórgio e lhe manifestava suas preferências.

Desde esse tempo parecia prodigalizar todas as suas atenções a esse novo amigo. Se Geórgio não vinha, por uma razão qualquer, Ninia também não vinha ou se mostrava inconsolável.

Fiel amiguinha! Alguns anos mais tarde, Mme. F... e eu viajávamos a muitos milhares de milhas de distância para assentar-nos à cabeceira de Geórgio, que morria.

Acabava eu tristemente de escrever uma carta, sob seu ditado, e lha relia.

— *Obrigado* — *disse-me ele* —, *está bem. Vou tentar agora assiná-la.*

Mas logo exclamou:

— *Como! Ninia! Como isso é gentil de tua parte!*

Eu o olhava ansiosamente, empolgada por sua expressão alegre. Tinha o rosto inundado de felicidade.

— *Cara Niniazinha, não partas* — *disse o enfermo, com olhos súplices.*

Depois, notando o nosso ar inquieto, ajuntou:

— *Esta querida filhinha!... Estou tão fatigado... quero ver se posso dormir um pouco.*

Fechando os olhos, adormeceu, tendo espelhados no rosto um sono feliz e uma expressão de paz. Ficáramos com medo que fosse aquele o seu último sono.

Quando acordou, lançou a vista, ansiosa, em torno de si; parou-lhe o olhar e fixou-se no espaço, lá, onde antes tinha visto a pequena amiga. Para logo sorriu, fazendo ligeiro sinal de satisfação. Chamou-a muitas vezes nas horas que se seguiram:

— *Ela vai ficar cansada de me esperar* — *disse em certo momento.*

Do espírito nunca se lhe distraiu esse pensamento; sabia que o aguardava grande transformação e a presença de Ninia parecia dar-lhe coragem. Falou-nos docemente e com calma durante a hora que lhe precedeu a morte e suas últimas palavras foram:

— *Querida Ninia, querida amiguinha!*

Caso 22 – O exemplo que vou narrar pertence a uma categoria de casos bastante raros, que diferem ligeiramente dos outros, pelo fato de que a visão de um fantasma de defunto, em vez de produzir-se no momento pré-agônico, sucede muitas horas, ou mesmo um dia antes da morte do percipiente; este não é, no entanto, uma pessoa gravemente doente; antes parece estar em estado normal de saúde. Há a notar, em seguida, que o fenômeno se realizou depois de uma promessa feita por esse mesmo fantasma ao percipiente, em uma aparição precedente.

Nessas condições, compreende-se facilmente que a realização da morte do percipiente, a hora profetizada, possa ser atribuída à influência bem conhecida que os fenômenos autossugestivos produzem no organismo humano.

Trata-se de um caso publicado pelos *Proceedings of the S. P. R* (v. VIII, p. 367).

Thomas James Norris conta o que segue:

Há cerca de 60 anos, a senhora Carleton morreu no condado de Leitrin. Ela e minha mãe eram amigas íntimas. Alguns dias depois de sua morte, apareceu em sonhos à minha mãe e lhe disse:

— Não me verás mais, nem mesmo em sonho, exceto uma vez ainda e esta será justamente 24 horas antes de tua morte.

Em março de 1864 minha mãe vivia em Dalky com minha filha e meu genro, o doutor Lyon.

Na noite de 2 de março, no momento de retirar-se para seu quarto, estava ela de muito bom humor; ria e gracejava com Mme. Lyon. *Essa noite, ou antes, pela manhã, o doutor Lyon ouviu ruído no quarto de minha mãe; acordou a esposa e mandou-a ver o que se passava.*

Esta encontrou minha mãe, meio fora do leito, apresentando na fisionomia uma expressão de horror.

Fizeram-na deitar-se, reconfortaram-na. Pela manhã ela parecia inteiramente sossegada. Almoçou, como de costume, em sua cama, mas com bom apetite.

Quando minha filha a deixou, ela pediu que lhe preparassem um banho e tomou-o. Em seguida mandou chamar minha filha e lhe disse:

— Mme. *Carleton veio, enfim, depois de 56 anos. Declarou-me que a morte me estava próxima e que eu morreria amanhã de manhã, à hora em que esta madrugada me encontraste meio fora da cama. Tomei um banho para que não tenham que lavar meu corpo.*

A partir desse instante começou a definhar e expirou a 4 de março, a hora previamente anunciada (THOMAS JAMES NORRIS). *O doutor Richard St. John Lyon confirma esta narrativa.*

Caso 23 – Foi colhido por F. W. Myers. Sendo substancialmente diferente dos outros, apresenta com o último a analogia de uma predição de morte, feita por meio da aparição de um defunto.

Lloyd Ellis apresentava já sintomas de moléstia do peito, por ocasião da morte de seu pai. Não, porém, a ponto de fazer prever um desfecho fatal próximo. Entretanto, sua saúde começou a declinar rapidamente para o fim do ano e, no mês de janeiro de 1870, já estava reduzido à última extremidade.

Uma noite, depois de se haver deitado durante algum tempo, em estado aparente de meia sonolência (era uma segunda-feira, ao que me recordo), acordou e perguntou repentinamente à sua mãe:

— *Onde foi papai?*

Ela lhe respondeu chorando:

— *Meu filho, tu bem sabes que ele não vive mais, que está morto há mais de um ano.*

— *É verdade...* — *murmurou o filho* — *no entanto ele estava aqui há pouco, veio marcar um encontro comigo para as 3 horas, quarta-feira próxima.*

Às 3 horas da manhã, na quarta-feira seguinte, o pobre Lloyd Ellis dava o último suspiro. (Journal of the american S. P. R., v. III, p. 359.)

* * *

Acabo esta primeira categoria de casos citando um episódio que pode ser considerado como excepcional, por causa da duração absolutamente inabitual das visões e das conversações no leito de morte. Ele merece, sob este ponto de vista, ser examinado à parte.

Caso 24 – Foi tomado do *Journal of the american S. P. R.* (1919, p. 375-391). E a história comovente de uma menina doente que, em seus três últimos dias de vida, vê o irmãozinho falecido e outras entidades espirituais, e conversa com eles, do mesmo passo que percebe visões fugitivas do Além.

Infelizmente, a narrativa ocupa dezessete páginas do *Journal*. Dever-me-ei, pois, limitar a algumas citações.

O pai da menina era o reverendo David Anderson Dryden, missionário da Igreja Metodista; foi sua mulher quem guardou o que disse a criança no curso de seus últimos dias de vida. Por morte da senhora, as notas tomadas por ela foram publicadas numa brochura, a fim de que pudessem levar o conforto a alguma alma duvidosa e sofredora.

A criança chamava-se Daisy; nascera em Marysville (Califórnia), a 9 de setembro de 1854; morreu em S. José da Califórnia, a 8 de outubro de 1864. Tinha, pois, 10 anos de idade.

O reverendo F. L. Riggings, na *Introdução* da referida brochura, observa:

> *O que é muito notável no caso de Daisy é a duração inabitual e, portanto, a lucidez extraordinária de suas visões e revelações.*
> *Ela teve tempo de familiarizar-se com as maravilhas que via e ouvia.*

Tendo caído doente com febre tísica, teve o pressentimento de seu fim, apesar do prognóstico favorável de seus médicos. Três dias antes de sua morte tornou-se clarividente. Os que com ela conviviam notaram-no pela primeira vez, depois de uma citação da *Bíblia*, feita por seu pai; esta citação levou a enferma a observar que "ela esperava voltar algumas vezes para os consolar".

— Pedirei a Alie, se for possível — acrescentou.

Alie era seu irmãozinho, morto 7 meses antes, de escarlatina. Depois de algum tempo disse mais:

— Alie declarou que é possível e que eu poderei vir algumas vezes, mas que vocês não saberão que estou presente; poderei, no entanto, conversar com os seus pensamentos.

Extraio esta passagem das notas tomadas pela mãe:

Dois dias antes de Daisy nos deixar, o diretor da escola veio visitá-la. Ela lhe falou desembaraçadamente de sua próxima partida e enviou um extremo adeus a suas companheiras.

Antes de se ir embora, o diretor dirigiu à doente uma frase bíblica um tanto obscura:

— Minha boa Daisy, estás próxima a atravessar o grande rio tenebroso.

Quando o diretor partiu, a menina perguntou ao pai o que queria ele dizer pelas palavras "o grande rio tenebroso".

O pai procurou dar-lhe a significação; ela, porém, explicou:

— Que erro! Não há rio a passar a vau; nada de cortinas de separação; não há mesmo linha de distinção entre esta vida e a outra.

Estendeu sua mãozinha por fora das roupas, dizendo com um sinal apropriado:

— O Além é o Aquém; eu sei bem que é assim, porque eu vejo a vocês ao mesmo tempo em que vejo os Espíritos.

Pedimos que nos informasse sobre o Além; ela observou, então:

— Não posso descrevê-lo; é muito diferente do nosso mundo e eu não chegarei a fazer-me compreender.

Enquanto eu estava sentada ao lado de sua cama, ela apertava minhas mãos e, encarando em mim, me disse:

— Querida mamãe, eu queria que pudesses ver Alie, que se acha perto de ti.

Olhei em torno de mim, instintivamente, e Daisy continuou:

— Ele diz que tu não podes vê-lo porque os teus olhos espirituais estão fechados, e que eu o posso, porque o meu Espírito está ligado ao corpo por um muito fraco fio de vida.

Perguntei, então:

— *Ele to disse neste momento?*

— *Sim, neste momento.*

Observei:

— *Daisy, que fazes para conversar com ele? Eu não os ouço falar e tu não moves os lábios.*

Ela sorriu, dizendo:

— *Conversamos com o pensamento.*

Perguntei, então:

— *De que forma nosso Alie te aparece. Tu o vês vestido?*

E ela:

— *Oh, não; ele não está precisamente vestido como nós; podia-se dizer que tem o corpo envolvido em alguma coisa de muito branco, o que é maravilhoso. Se tu visses como é delicado, leve, resplandecente esse manto! E como é branco! Entretanto, nele não se veem dobras nem sinal de costura, o que prova que não é uma vestimenta. Como quer que seja, vai-lhe tão bem!*

Seu pai citou-lhe o seguinte versículo dos salmos:

— *Ele está vestido de luz!*

— *Sim, sim, é verdadeiramente assim — respondeu ela.*

Daisy gostava muito que sua irmã Loulou cantasse para que ela ouvisse, sobretudo, pedaços tirados do livro dos hinos religiosos. Em certo momento, quando Loulou cantava um hino no qual se falava de anjos alados, Daisy exclamou:

— *Ó Loulou, não é estranho? Tínhamos sempre pensado que os anjos possuíam asas; mas é um erro, eles não a têm, absolutamente.*

Loulou notou:

— *Mas é preciso que eles a tenham para poderem voar para o céu.*

Ao que Daisy replicou:

— *Eles não voam, transportam-se. Vês tu, quando eu penso em Alie, ele o sente e vem logo.*

Outra vez perguntei:

— *Que fazes para ver os anjos?*

A enferma respondeu:

— *Eu não os vejo sempre, mas quando os percebo, é como se as paredes do quarto desaparecessem e minha visão chegasse a uma distância infinita; os Espíritos que vejo, então, são inumeráveis. Há uns que se aproximam de mim; são os que conheci em vida; os outros nunca vi.*

Na manhã do dia do seu trespasse, pediu-me que lhe desse um espelho; hesitei, temendo que ficasse impressionada pelo aspecto do rosto descarnado.

Mas o pai disse:

— *Deixe que ela contemple suas pobres feições, se o deseja.* — *Estendi-lhe o espelho e ela olhou muito tempo sua imagem com expressão triste, mas calma. E disse em seguida:*

— *Meu corpo está gasto para sempre; parece a roupa velha de mamãe, presa no cabide. Ela não a veste mais e eu não tardarei a despir a minha vestimenta. Mas eu possuo um corpo espiritual que a substituirá; tenho-o, mesmo, já comigo; e com os olhos espirituais que eu vejo o mundo espiritual, se bem que meu corpo terrestre esteja ainda ligado ao Espírito.*

Depositem meu corpo no túmulo, porque eu não terei mais necessidade dele; foi ele feito para a vida daqui da Terra; esta está terminada; é natural que o ponham de lado. Mas revestirei outro corpo, bem mais bonito, e semelhante ao de Alie. Mamãe, não chore; se eu vou cedo, é em meu benefício.

Se eu crescesse, talvez me tivesse tornado uma mulher má, como sucede a tantas outras e só Deus sabe o que nos convém.

Pediu em seguida:

— *Mamãe, abre-me a janela; desejo contemplar, pela última vez meu belo mundo. Antes que apareça a aurora de amanhã, não estarei mais viva.*

Satisfiz o seu desejo e, voltando-se para o pai, disse ela então:

— *Papai, levanta-me um pouco.*

E, sustentada pelo pai, olhou através da janela aberta, exclamando:

— *Adeus, meu belo céu! Adeus minhas árvores! Adeus flores! Adeus, rosazinhas gentis! Adeus, pequenas e vermelhas rosas silvestres! Adeus, adeus, meu belo mundo.* — *E acrescentou* — *Eu o amo muito ainda! E, entretanto, não desejo ficar.*

Nessa noite mesmo, às 8 horas e meia, olhou o pêndulo e declarou:

— São 8 e meia; quando soarem 11 e meia, Alie virá buscar-me. Papai, é assim que eu queria morrer! Quando a hora chegar, eu te prevenirei.

Às 11 horas e um quarto disse:

— Papai, levanta-me; Alie veio buscar-me.

E, posta na posição que desejava, pediu que cantassem.

Alguém lembrou:

— Vamos chamar Loulou.

Ao que Daisy observou:

— Não; não a perturbem; ela dorme.

E então, justamente no momento em que os ponteiros marcavam 11 horas e meia — a hora pressagiada para a partida —, ela estendeu os braços ao alto, dizendo:

— Eu vou, Alie — e deixou de respirar.

Seu pai recolocou no leito o corpozinho inanimado, balbuciando:

— Nossa querida filha partiu; cessou de sofrer.

Um silêncio solene reinava no quarto, mas ninguém chorava. Por que chorar? Devemos, pelo contrário, agradecer ao Pai Supremo pelos ensinos que nos aprouve dar, por intermédio de uma criança, nesses três dias consagrados à glória dos Céus.

E enquanto se contemplava a figura da pequena morta, tinha-se a impressão de que o aposento estava cheio de anjos vindos para confortar-nos. Uma paz muito doce descia sobre nossos espíritos, como se os anjos repetissem:

— Ela não está aí, ela ressuscitou!

O professor Hyslop entrou em contato, por correspondência, com a irmã da pequena vidente, *Mme.* Loulou Dryden, que confirmou a veracidade escrupulosa dos fatos expostos no jornal de sua mãe e o autorizou a reimprimi-los em sua revista.

Lamento não poder reproduzir por inteiro a narrativa.

Neste episódio, além da prolongação excepcional das visões supranormais, com ausência completa de delírio até o último momento, é preciso notar a circunstância de que as observações da vidente, no mundo espiritual, concordam admiravelmente com a Doutrina

Espírita — e tudo isso por intermédio de uma criança absolutamente ignorante da existência dessa doutrina.

Quem tal lhe sugeriu?

Certamente que não foram os pais, por meio de transmissão de pensamentos, pois que eles ignoravam, tanto quanto a filha, as doutrinas espíritas que, em 1864, apenas desabrochavam.

Que fazia, pois, para conceber, só, tantas verdades transcendentais, diametralmente opostas às que aprendeu com a religião paterna?

Como podia, espontaneamente, formular concepções profundas, tais como as implicadas na afirmativa que o Além e o Aquém? Que não há linha de demarcação entre a morada dos homens e a dos Espíritos? Que estes últimos conversam entre si pelo pensamento? Que percebem o pensamento telepaticamente, que os vivos se voltam para eles e eles acodem logo, sem limite de distância? Que os Espíritos não voam, mas se transportam? Que os defuntos retornam para ver as pessoas que amam, mas que sua presença é geralmente ignorada, posto que conversem com o pensamento (ou subconsciência)? Que o homem possui um corpo espiritual (ou perispírito)? Que o mundo espiritual é de tal forma diferente do nosso, que não é possível descrevê-lo, porque não se chegaria a compreender.

Convenhamos francamente que, em tudo isso, as hipóteses alucinatórias, autossugestivas e telepáticas nada têm que fazer.

Segue-se que as visões da pequena Daisy não podem ser explicadas senão admitindo que a vidente formulava suas observações sobre a base de dados possuindo certa objetividade e que transmitia as explicações que lhe eram comunicadas por um terceiro, conforme, aliás, o que afirmava.

Sobre este assunto parecem bastante curiosos os esforços de dialética do reverendo Higgings, para distinguir os fenômenos produzidos no leito da pequena Daisy Dryden, dos do Moderno Espiritualismo, a fim de provar que somente os primeiros são conformes aos ensinamentos da Sagrada Escritura, e que, portanto, devem somente eles ser encarados como revelação divina.

Nota o reverendo:

A criança não era de nenhum modo médium espírita, como o não eram Moisés ou São João, que também ditaram Livros de Revelações. Nenhum Espírito tomou posse de seu corpo, um único instante, nem falou por sua boca. Ao contrário, graças a uma concessão de Deus, os sentidos espirituais foram-lhe abertos a fim de que, nos últimos dias de sua existência, pudesse gozar o espetáculo do mundo espiritual, sem deixar de estar ligada ao corpo; prova-o o fato, notado já pelo doutor, de que ela levou três dias para morrer.

Inútil fazer notar que as observações do reverendo Higgings apenas provam que são muito vagos os conhecimentos que tem da doutrina que combatia.

A verdade é bem esta: se eliminarmos a hipótese alucinatória, as visões da pequena Daisy aparecem nítida e classicamente espíritas.

SEGUNDA CATEGORIA:
Casos nos quais as aparições de defuntos são ainda percebidas unicamente pelo doente, mas se referem a pessoas cuja morte era por ele ignorada.

Os fatos pertencentes a esta categoria dividem-se em duas classes distintas. A primeira compreende aqueles nos quais os assistentes estavam informados da morte da pessoa, que se teria manifestado subjetivamente ao enfermo, ignorando este o fato. A segunda se relaciona com os casos em que o percipiente e os assistentes ignoravam igualmente o fato em questão.

Tanto numa como noutra circunstância, pode-se chegar ainda a explicar os mesmos fatos pela hipótese alucinatória combinada com a telepática.

No primeiro caso bastará supor um fenômeno de transmissão telepática inconsciente da parte dos assistentes; no segundo dever-se-á recorrer à transmissão telepática à distância.

Fico por aqui, por enquanto, reservando-me para explicar, na síntese conclusiva deste estudo, por que razões a hipótese alucinatória-telepática não parece satisfatória na maior parte dos acontecimentos.

Começo por quatro exemplos, concernentes aos primeiros dos dois grupos.

Caso 25 – O doutor E. H. Plumpbtre (eclesiástico Primaz de Well) escreve nestes termos, na revista *The Spectator* de 26 de agosto de 1882:

Lagniez, 10 de junho.

Em abril de 1854, a mãe de um dos maiores pensadores e teólogos de nosso tempo estava em seu leito mortuário e se achava desde alguns dias em condições de inconsciência quase total. Mas, alguns momentos antes de morrer, agitou os lábios e chegou a murmurar distintamente:

— Aqui está William, aqui está Elisabeth, aqui estão Emma e Anna.

Depois, após uma pausa:

— Aqui está também Priscila!

William era um de seus filhos, morto na primeira infância e cujo nome não aparecia nos lábios maternos havia muitos anos; quanto a Priscila, morrera esta dois anos antes; mas a notícia do triste acontecimento, posto que conhecido da família, era ignorado da doente.

Caso 26 – Este fato foi recolhido pelo reverendo C. J. Taylor, membro da Society for P. R.:

2 de novembro de 1885.

Nos dias 2 e 3 de novembro de 1810, tive a desdita de perder meus dois primeiros filhos: David Edwards e Harry. Uma epidemia de escarlatina mos arrebatou.

Um deles tinha 3 anos de idade e o outro 4. Harry morreu em Abbot's Langley, a 2 de novembro, a 14 milhas de distância de meu vicariato de Apsley. David expirou no dia seguinte, no próprio vicariato.

Cerca de uma hora antes do trespasse, assentara-se este no leito e, indicando alguma coisa invisível, aos pés da cama, exclamou:

— O meu irmãozinho Harry me chama.

Disseram-me, em seguida, que a criança acrescentara:

— Ele tem uma coroa na cabeça.

Não me lembro destas últimas palavras. É preciso, no entanto, dizer que minha dor, meu cansaço eram tais, que é perfeitamente possível que elas me tenham escapado. Mas estou perfeitamente certo da autenticidade da primeira frase, que foi ouvida também pela ama da criança (X. Z... Vigário de H).

Nas cartas e numa palestra que teve com Podmore, Taylor aduziu os seguintes pormenores:

O reverendo Z... assegura-me que houve o cuidado de impedir que David chegasse a conhecer a morte do irmão Harry, e que está convencido de que David a ignorava. O próprio senhor Z... estava presente e ouviu as palavras da criança. Esta não delirava na ocasião. (Charles Taylor, nos Proceedings of the S. P. R., v. V, p. 459.)

Caso 27 – Este outro caso foi comunicado à Society for P. R., pelo reverendo J. T. Macdonnald, que o teve de primeira mão de *Miss* Ogle, irmã do percipiente:

Manchester, 9 de novembro de 1884.

Meu irmão John Alkin Ogle morreu em Leeds, a 17 de julho de 1879; uma hora e pouco mais ou menos antes de morrer, teve a visão do irmão, falecido 16 anos antes; parecia que o encarava com expressão de profunda surpresa e exclamou:

— Joe! Joe!

Imediatamente depois, com sinais de espanto ainda mais vivos, disse:

— Tu, Georges Hanley!

A essas palavras, minha mãe, que tinha chegado de Melbourne, cidade situada a 40 milhas de Leeds, e onde habitava Hanley, ficou excessivamente admirada.

— Como é interessante — notara ela — que ele veja Georges, que morreu há dez dias!

Em seguida, dirigindo-se à minha cunhada, perguntou se o doente havia sido informado a respeito — obtendo resposta negativa.

Verificou-se que minha mãe era a única pessoa presente conhecedora do fato (HARRIET H. OGLE).

Respondendo às perguntas que lhe haviam sido feitas sobre o assunto, *Miss* Ogle escreveu mais tarde à Society of P. R.:

Meu irmão John Alkin Ogle não estava em delírio e tinha o uso pleno da razão quando pronunciou as palavras que narrei. Georges Hanley era para ele um simples conhecido e não um amigo íntimo. Nunca se houvera falado diante dele da morte de Hanley (Proceedings of the S. P. R., v. V, p. 460).

Caso 28 – Em uma cidade situada nos arredores de Boston, achava-se moribunda uma menina de 9 anos. Ela acabava de entreter-se com os pais sobre quais os objetos que desejava deixar a esta ou àquela de suas amiguinhas. Entre elas havia uma graciosa criança de sua idade, chamada Jeni, e a agonizante lhe havia legado também alguns de seus brinquedos, a título de lembrança.

Pouco tempo depois, ao aproximar-se a hora da agonia, começou a pequena a declarar que percebia em torno de si rostos de pessoas amigas, às quais ia nomeando. Anunciou ver, entre outros, o avô e a avó; depois do que, manifestando viva surpresa, dirigiu-se a seu pai, perguntando:

— Por que não me disseste que Jeni tinha morrido? Ei-la, a minha Jeni, ela veio com as outras para receber-me.

É de notar que a criança moribunda ignorava completamente o que se relacionava com a amiguinha, porque os pais evitaram cuidadosamente falar a respeito, em sua presença, a fim de lhe provocarem emoções, que podiam ser funestas. Mas a pequena Jeni tinha morrido, efetivamente, havia pouco.

Tal é o fato. Parece-me que ele contém um elemento de natureza não comum e persuasiva. Com efeito, se é possível compreender-se que a menina pudesse imaginar que via seus avós, não havia, no entanto, nenhuma razão para que supusesse ver também Jeni. A circunstância, aliás, de ter-lhe destinado lembranças, a surpresa experimentada e as palavras que então pronunciara, provam que tudo isso não pode ser facilmente explicado por meio das hipóteses habituais. (Reverendo MINOT SAVAGE, *Can telepathy explain?*, p. 42, 43.)

* * *

Passo agora a relatar um caso que diz com a segunda das classes de que falei. Os casos desta espécie são excessivamente raros. Com efeito, como muito bem o notou Mistress Sidgwick, se fosse possível recolher-lhes um número suficiente, teria dado, por isso mesmo, grande passo, a demonstração científica da existência objetiva das aparições dos defuntos. (*Proceedings*, v. Ill, p. 93.)

Mas não chegamos ainda lá e a Ciência vê-se limitada à análise dos raros casos conhecidos, com os juízos inspirados na maior reserva, isto é, conservando-se afastada de qualquer apreciação sentimental ou mística.

Por consequência, se se encontrassem outras hipóteses muito menos ousadas, por meio das quais se chegasse a dar a interpretação dos fatos, aí devia parar, imediatamente, toda a especulação científica.

Tal parece, justamente, acontecer com a hipótese telepática, posto que seja necessário o admitir-se que, nessas circunstâncias, e atingido, verdadeiramente, o limite extremo em que a telepatia cessa de ter um caráter baseado na experiência, para tornar-se exclusivamente indutiva, ou, antes, facultativa.

Caso 29 – Este primeiro exemplo apresenta fraco valor científico, pois que a circunstância essencial exigida para esse grupo de casos, isto é, que os assistentes ignorem a morte da pessoa aparecida ao enfermo, não constitui mais que uma probabilidade; de fato, o inquérito a respeito deste caso ficara incompleto, por causa da recusa oposta pela genitora da morta em fornecer os esclarecimentos, por motivo de prevenções religiosas.

Extraio a narrativa do *Journal of the American S. P. R.* (1918, nº 590). O professor Hyslop a precede com estas considerações:

O caso seguinte seria muito importante, porque a criança percipiente não sabia que sua professora tivesse falecido; por infelicidade, a mãe, irracionalmente, recusou-se a expor os fatos.

A condição de espírito das pessoas religiosas sobre este tema é incompreensível, a menos que se não deduza que elas consideram o problema da sobrevivência dum ponto de vista inteiramente egoísta. A decisão irredutível de não ajudar os outros a entrar em sua ordem de ideias tende a confirmar o juízo crítico de que, de uma parte, a crença não é confirmada por provas, e, de outra, que os crentes apenas mostram um interesse egoísta pela vida futura.

E, muitas vezes, estas observações são fundadas. Nas circunstâncias presentes temos a confirmação dos fatos por parte de outra testemunha.

Colho as passagens seguintes das cartas em que o caso é narrado pelo doutor H. L. Coleman ao professor Hyslop.

Desejar-lhe-ia falar de estranho fato que se produziu na família de meus primos, moradores em Gresly, no Colorado. Eles tiveram a infelicidade de perder um filho, e este, um pouco antes de morrer, disse à sua mãe que via no quarto aquela que fora sua professora.

Asseguraram-me que a criança estava em plena posse das faculdades mentais. O lado estranho do fato consiste em que a professora tinha morrido uma hora antes. Ninguém poderia ter-lhe previsto a morte e a criança não o sabia de forma alguma. Da mesma maneira, não o sabiam, ao que parece, os assistentes.

Se eu chegasse a obter uma boa confirmação do fato, não se revestiria ele de valor científico?

Infelizmente o doutor Coleman não chegou a obter as confirmações desejadas e apenas pôde exibir o testemunho de outra prima, que tinha conversado a respeito do fato com a mãe da criança falecida.

Conta ela:

A criança tinha 8 anos; parecia exuberante de vida e era a favorita da mestra. Esta ainda foi buscá-la um dia antes de falecer.

O pequeno ignorava absolutamente que a professora tivesse morrido e, pouco antes de finar-se, a viu com as vestes com que a haviam posto no caixão. Falava-lhe como em monólogo...

Caso 30 – Tiro-o do v. XXX, p. 32 dos *Proceedings of the S. P. R.*
Foi comunicado à Sociedade por um coronel irlandês. Como o principal papel deste acontecimento foi representado pela própria mulher do coronel, compreende-se que este deseje que se lhes não publiquem os nomes.

Há cerca de 16 anos, Mrs. ... me disse:

— Teremos hóspedes durante toda a próxima semana. Conheces alguém que possa cantar com as nossas filhas?

Lembrei-me de que meu armeiro — M. X. — tinha uma filha, cuja voz era muito bela e estudava o canto com fim profissional. Eu a indiquei, pois, e ofereci-me a escrever a X... a fim de lhe pedir que permitisse à sua filha vir passar uma semana conosco.

Assim foi decidido. Escrevi ao armeiro e Miss *Júlia X... foi nossa hóspede durante o tempo fixado.*

Eu não sei se Mrs. ... tornou a vê-la depois. Quanto a Miss *Júlia, em vez de se consagrar à arte do canto, esposou mais tarde Henry Wehley. Nenhum de nós teve mais ocasião de revê-la.*

Seis ou sete anos se passaram. Mrs. ..., que estava doente havia alguns meses, ficou bastante grave e expirou ao dia seguinte daquele de que vos vou falar.

Eu estava assentado ao seu lado; conversávamos acerca de certos interesses que ela desejava vivamente regular. Parecia perfeitamente calma e resignada, em plena posse de suas faculdades intelectuais; isso ficou demonstrado mais tarde, por se haver verificado a justeza de sua opinião, em contrário aos conselhos errôneos de nosso advogado, que julgava inútil certa medida sugerida pela doente.

Repentinamente, ela mudou de conversa e, dirigindo-se a mim, perguntou:

— Notas essas doces vozes que cantam?

Respondi que nada ouvia e a enferma acrescentou:

— Já as tenho percebido muitas vezes, hoje não duvido que sejam anjos que vêm desejar-me as boas-vindas para o céu. O que é estranho é que, entre essas vozes, há uma que estou certa de conhecer, mas não me posso lembrar donde.

E, de repente, interrompendo-se e indicando um ponto sobre minha cabeça:

— Olha, ela está no canto do quarto; é Júlia X... agora se dirige para cá, inclina-se sobre ti, eleva as mãos, orando. Olha, já se vai...

Voltei-me, porém não vi nada.

Mrs. ... disse ainda:

— Partiu, agora.

Afigurou-se-me que suas afirmativas não eram outra coisa mais que as imaginações de um moribundo.

Dois dias depois, percorrendo um número do Times, *sucedeu-me ler, no necrológio, o nome de Júlia X... mulher do senhor Webley.*

Isso me impressionou tão vivamente que, logo após as exéquias de minha mulher, fui a ..., onde procurei X..., e lhe perguntei se a senhora Júlia Webley, sua filha, era realmente morta.

— É absolutamente certo; morreu de febre puerperal. No dia em que faleceu cantou de manhã, cantou e cantou até que se finou.

Em ulterior comunicação acrescentou o coronel:

Mrs. *Júlia Webley morreu a 2 de fevereiro de 1884, cerca de 4 horas da tarde. Eu havia lido a notícia da morte da senhora Júlia a 14 de fevereiro.*

Mrs. ... *nunca foi sujeita a alucinações de qualquer espécie.*

Por seu turno, Henry Webley, marido de Júlia, escreveu a Gurney:

Birmingham, Wenman Street, 84, 18 de maio de 1885.
Respondo de bom grado à vossa carta, fornecendo-vos as informações que me pedistes. Minha mulher morreu a 2 de fevereiro de 1884, às 5h50 da manhã.
Durante as últimas horas de vida cantou sem cessar. Isso foi dez minutos antes de morrer. Posto que sua voz tivesse sido sempre bela, nunca me pareceu ela tão deliciosa como nesse momento supremo (HENRY WEBLEY).

Tal é o fato que farei seguir de algumas palavras de comentário. Não me afastarei, mesmo agora, da teoria telepática, considerada em suas modalidades múltiplas de manifestação.

Se afastarmos a hipótese da transmissão subconsciente do pensamento dos assistentes, visto que nenhum deles tinha conhecimento da morte de dona Júlia Webley; se afastarmos a outra hipótese da transmissão telepática direta entre o agente e o percipiente, visto que a morte da senhora Webley se dera mais de onze dias antes da morte da percipiente, restam duas outras modalidades de manifestação telepática, para forçar a explicação dos fatos.

Segundo uma dessas suposições, dever-se-ia procurar a fonte do impulso telepático gerador do fenômeno alucinatório no pensamento subconsciente do marido ou do pai de madame Webley, ou de outra pessoa qualquer que tivesse tido conhecimento da morte dessa senhora.

Tudo bem calculado, essa hipótese parece, entretanto, muito improvável, posto que não possa ser afastada de todo.

Primeiro, a percipiente não conhecia nem o pai, nem o marido, nem nenhuma outra das relações da senhora Webley; faltava, pois, um dos elementos principais e constantes de todo fenômeno telepático: o da existência de relações simpáticas entre o agente e o percipiente.

Em segundo lugar, sabe-se que, na quase totalidade dos fenômenos telepáticos espontâneos, o agente transmite ao percipiente a visão alucinatória de sua própria pessoa, e não a de outra, como sucedeu no episódio que acabamos de narrar.

Enfim, este caso contém outra circunstância bastante difícil de explicar pela hipótese da transmissão telepática colateral: a da audição alucinatória de um canto coral, no qual se distingue uma voz familiar à percipiente, percepção muito clara e muito prolongada para que seja possível atribuí-la seriamente a efeito do pensamento subconsciente de terceira pessoa.

Posto que estas três objeções não tenham importância decisiva, possuem, no entanto, certo valor, pelo fato da extrema raridade dos casos nos quais a telepatia se afasta das modalidades habituais de manifestação — o que torna muito improvável que as três formas insólitas, em apreço, se encontrem reunidas em um só episódio.

A última circunstância episódica que citamos, sugere, antes, uma outra modalidade telepática que parece melhor aplicável ao caso vertente; a que se chama *telepatia diferida*.

Segundo esta hipótese, dever-se-ia supor que o episódio do canto, que se efetuara no delírio febril da senhora Webley, tinha sido percebido telepaticamente, posto que subconscientemente, pelo senhor... no momento em que esse canto se produzia; que havia ficado em estado latente na sua subconsciência até o momento em que as condições de hiperestesia e hipermnesia pré-agônica determinaram sua irrupção no domínio da consciência normal.

Somente, ser-nos-ia preciso observar que, logo que pensamos em estender o alcance desta hipótese além do intervalo de algumas horas, entre a morte do agente e a visão do percipiente, ela começa a tornar-se uma suposição puramente gratuita, visto que não é apoiada pela menor prova.

Entretanto, ela se apresenta como a única hipótese capaz de reunir em si e de explicar de qualquer maneira o conjunto desse acontecimento.

É preciso, pois, que nos firmemos aí, se não quisermos ser forçados a recorrer à hipótese espírita.

TERCEIRA CATEGORIA:
Casos nos quais outras pessoas, coletivamente com o moribundo, percebem o mesmo fantasma de defunto.

Esse grupo de casos, com percepção coletiva do mesmo fantasma, apresenta um grande interesse teórico, embora possamos vir ainda a explicar os fatos pela hipótese da transmissão telepática do pensamento, a menos que não nos encontremos em face de alguma circunstância especial.

Com efeito, a coincidência da aparição vista por terceiras pessoas, coletivamente com o moribundo, nos casos de visualidade simultânea, pode atribuir-se a ter este último servido de agente transmissor de uma forma alucinatória elaborada em seu cérebro. Se, ao contrário, o fantasma é percebido pelos assistentes e pelo moribundo em momentos e em lugares diferentes, o caso, então, atinge grande significação teórica no sentido de sua interpretação espírita.

Aliás, num caso como noutro, chegamos raramente a conclusões decisivas, porque não é possível nunca certificar-nos de que os fantasmas sejam completamente independentes da mentalidade do moribundo; e não nos aproximamos da demonstração requerida senão nas circunstâncias seguintes:

Em primeiro lugar, quando os assistentes percebem a aparição no momento em que o doente se encontra no estado de coma, o qual exclui toda e qualquer elaboração do seu pensamento; em segundo lugar, quando o moribundo é criança de tenra idade, circunstância que, na maior parte dos casos, exclui a possibilidade de que o seu pensamento tenha podido servir de agente transmissor de alucinações telepáticas aos assistentes.

Citarei mais adiante um exemplo que se aproxima da prova ideal desejada, por causa das condições comatosas do moribundo (Caso 33); e, em seguida, outros casos interessantes, pela tenra idade da criança agonizante (Casos 35, 39, 40), aos quais se devem juntar os que já citamos.

Caso 31 – Começo por um episódio em que há simultaneidade de percepções entre o doente e aquele que o assiste, posto que as percepções de um e outro difiram entre si.

Extraí-o do *Journal of the American S. P. R.* (1918, n° 503).

A senhora Laura C. Homers escreve:

O senhor Quimby ficou de cama cerca de três semanas e durante os dezesseis últimos dias não tomou nem alimentos nem remédios. Na segunda semana de sua doença, pelas 11 horas da noite, vi ao lado do leito uma espécie de nebulosidade um tanto opaca, localizada entre mim e o doente, com a forma de uma grande beterraba, de ponta para baixo, tendo o comprimento aproximado de pé e meio e talvez outro tanto de largura.

O todo estava a 3 ou 4 pés do chão.

Minha primeira ideia foi que se tratasse de alguma fumaça, mas o fenômeno se apresentava muito opaco e imóvel. Além disso, do ponto em que me achava, podia ver os outros quartos e não percebia fumo em nenhum deles.

Ficou parada no mesmo ponto durante um período bastante longo e eu não poderia dizer como desapareceu. Quando não a vi mais, contei o curioso caso ao doente, que respondeu:

— Eu senti que minha mãe estava a meu lado; agora o sei.

Caso 32 – *No mês de novembro de 1864, fui chamado a Brighton, onde minha tia, a senhora Harriet Pearson, estava gravemente doente.*

Seu quarto tinha três janelas e estava colocado acima da sala. Eu dormia com Mme. *Coppinger no quarto ao lado.*

Usualmente, uma de nós passava a noite à cabeceira da enferma.

Na noite de 22 de dezembro de 1864, ela era, porém, velada pela senhora J. Pearson, enquanto nós repousávamos.

Em todos os lugares havia luz e a porta que dava para o quarto da doente estava aberta. Entre 1 e 2 horas da madrugada, em ocasião em que a senhora Coppinger e eu estávamos acordadas, porque o nosso estado de ansiedade fazia que percebêssemos o menor ruído proveniente do outro quarto, produziu-se um incidente que muito nos impressionou.

Percebemos, ambas, uma figura de mulher, pequena, envolvida em um xale, com um chapéu fora da moda e uma cabeleira ornada com três fileiras de cachos; a aparição tinha atravessado a soleira da porta que separava os dois quartos e entrara no da doente.

A senhora Coppinger, dirigindo-se a mim, exclamou:

— Ema, viste? Levanta-te, é tua tia Ana! (Ana era uma irmã da doente, já falecida.)

Respondi, logo:

— Sim, sim, era a tia Ana e isso é um bem triste presságio.

Descemos ambas da cama; nesse momento, a senhora John Pearson precipitou-se para o nosso quarto, dizendo por sua vez:

— Era bem a tia Ana; para onde ela foi?

A fim de acalmá-la, lhe disse:

— Provavelmente devia ter sido Elisa, que desceu para ver como vai sua patroa.

Ouvindo isto, Mrs. Coppinger subiu, correndo ao andar superior, onde encontrou Elisa dormindo profundamente. Ela a acordou e fê-la vestir-se. Pesquisou-se em todos os quartos, mas em vão.

*A tia Harriet morreu na noite desse mesmo dia, tendo-nos contado antes haver visto a irmã, que viera chamá-la (*EMA M. PEARSON. ELISA QUINTON *— Proceedings of the S. P. R., v. VI, p. 21).*

Caso 33 – Este foi comunicado à Society for P. R., pelo professor W. C. Crosby, um de seus membros:

Mrs. *Caroline Rogers, com 72 anos de idade, viúva de dois maridos — cujo primeiro, o senhor Tisdale, morrera 35 anos antes —, viveu, durante os últimos 25 anos de sua existência em Roslindale (Mass., Estados Unidos), na Rua Ashland.*

Depois da morte do seu último filho, que se deu há alguns anos, ela vivia constantemente só. Nos primeiros dias de março deste ano foi atacada de paralisia e, após uma doença de cerca de seis semanas, expirou na tarde de 15 de abril.

Mary Wilson, enfermeira, de 45 anos, assistiu a senhora Rogers durante toda sua moléstia e ficou, quase sem interrupção, à sua cabeceira, até que ela expirou.

Nunca, antes dessa época, tinha visto a senhora Rogers e ignorava o que dizia respeito à sua existência ulterior. A doente conversava frequentemente com ela, bem como com outras pessoas, sobre o seu segundo marido, o senhor Rogers, e sobre o filho, exprimindo a esperança de revê-los um dia.

Na tarde de 14 de abril, Mrs. *Rogers caiu em estado de inconsciência, no qual ficou até a morte, que sobreveio 24 horas depois.*

A senhora Wilson sentia-se esgotada pelas vigílias prolongadas; e como esperasse assistir, de um momento para outro, ao passamento da enferma, estava naturalmente nervosa e inquieta, tanto mais quanto Mrs. *Rogers lhe tinha dito que havia percebido, muitas vezes, em torno de si, os fantasmas dos seus mortos queridos. Ela experimentava, ao mesmo tempo, estranha sensação, como se aguardasse uma visita de Além-Túmulo.*

Entre as 2 e as 3 da manhã — quando sua filha dormia, e estando ela própria estendida, acordada, no canapé — a senhora Wilson voltou, por acaso, o olhar para a porta que comunicava com o outro quarto; e percebeu, nos umbrais, a figura de um homem de talhe médio, com aspecto feliz, tendo largas espáduas, que trazia um pouco inclinadas para trás.

A cabeça estava descoberta; os cabelos e a barba eram-lhe de cor vermelha carregada; trazia um sobretudo escuro e desabotoado; tinha a expressão do rosto nem muito áspera nem muito amável.

Parecia olhar ora para a senhora Wilson, ora para a senhora Rogers, ficando em imobilidade absoluta.

A senhora Wilson acreditou, naturalmente, achar-se em presença de uma pessoa viva, sem que pudesse descobrir, no entanto, como poderia ela ter entrado na casa.

Vendo, em seguida, que o visitante continuava imóvel como uma estátua, começou a suspeitar que se tratasse de algo anormal; inquieta, voltou a cabeça para outro lado, chamando a filha em altas vozes, a fim de acordá-la. Algum tempo depois, começou a olhar na primitiva direção, mas tudo havia desaparecido.

Tanto a aparição como a desaparição do fantasma se tinham produzido sem ruído.

Durante esse tempo, a senhora Rogers ficara absolutamente tranquila, provavelmente mergulhada no mesmo estado de inconsciência no qual se encontrava havia muitas horas.

O quarto para o qual a porta dava acesso não estava iluminado; a senhora Wilson não pôde, pois, verificar se a aparição era transparente. Ela foi, instantes depois, a esse quarto, e ao outro do apartamento; logo que o dia rompeu, desceu ao andar inferior e encontrou todas as portas fechadas a chave; tudo estava em seu lugar.

Nessa mesma manhã, a senhora Hildreth, sobrinha da enferma, que morava não longe daí, e que vivia, desde alguns anos, em grande familiaridade com a tia, foi visitá-la. A senhora Wilson aproveitou para fazer-lhe a narrativa do que se tinha passado, perguntando-lhe se a aparição que houvera visto parecia-se com a do defunto senhor Rogers.

A senhora Hildreth respondeu negativamente (outras pessoas que conheceram o senhor Rogers fizeram, em seguida, a mesma declaração).

A conversa foi interrompida nesse momento; mas, algumas horas depois, a senhora Hildreth voltou ao assunto e disse a Mme. *Wilson que a descrição, que lhe acabara ela de fazer, correspondia perfeitamente com o aspecto pessoal do senhor Tisdale, primeiro marido da senhora Rogers.*

É preciso observar, agora, que a senhora Rogers se tinha estabelecido em Roslindale depois do segundo casamento; a senhora Hildreth era a única pessoa do lugar que conheceu o senhor Tisdale; em casa da senhora Rogers não existiam retratos nem qualquer outro objeto capaz de fazer reconhecer os traços da aparição (Mary Wilson).

A narrativa que precede constitui a exposição completa e cuidadosa do fato sucedido à senhora Wilson, tal como me foi contado por ela própria na manhã de 15 de abril (Mrs. P. E. Hildreth. — Proceedings of the S. P. R., *v. VIII, p. 229-231*).

No caso que acabamos de ler, há a notar que, apesar de a doente haver declarado muitas vezes ter visto em torno de si os fantasmas de seus mortos, não é, entretanto, verossímil que tenha participado da percepção alucinatória da senhora Wilson, em razão do estado comatoso no qual se achava, havia muitas horas, e em que ficou até a morte.

Tudo leva, pois, a supor que a alucinação não foi coletiva e simultânea e que a visão da senhora Wilson foi inteiramente independente.

Não é permitido ir mais longe nessas suposições, não estando provado o grau da inconsciência em que se encontrava a doente; não se pode, com efeito, afastar completamente a dúvida de que ela conservava um resto de consciência suficiente a determinar um fenômeno de alucinação subjetiva, transmissível telepaticamente a uma terceira pessoa.

Caso 34 – Extraio também esta narrativa do *Proceedings of the S. P. R.*, v. X; p. 372. Ela foi comunicada à mesma sociedade pela senhora B..., dama conhecida de Podmore.

Falando da morte de sua mãe, conta, entre outras coisas, o que se segue:

Minha irmã mais moça, hoje defunta, foi chamada ao leito de morte de minha mãe e deixou o Devonshire, onde morava com uma família amiga, para correr a casa.

Uma vez chegada, logo que entrou na sala, parou, cheia de espanto, declarando ter visto o fantasma da madrinha, sentada ao lado do fogão, no lugar habitual em que nossa mãe costumava fazê-lo.

A madrinha morrera em fins do ano de 1852. Tinha sido a governanta de minha mãe e quase sua nutriz.

Com ela vivera durante todo o período da vida conjugal desta, fora madrinha de sua primeira filha e, quando meu pai veio a falecer, tinha-se comprometido a substituí-lo e esforçou-se o mais possível por evitar à minha mãe quaisquer espécies de preocupação — o que executou, nobremente, até a morte.

Com a exclamação de X, minha outra irmã correu à sala e pôde perceber o que tinha acontecido. Ela também teve ocasião de ver o fantasma, absolutamente na mesma posição em que X o tinha encontrado.

Mais tarde ele foi percebido ao lado da cama de minha mãe; depois assentado à borda dela. Minhas duas irmãs e minha velha criada viram-no conjuntamente.

A aparição era a reprodução exata do que foi a "madrinha" durante a vida — exceção feita da vestimenta cinzenta que trazia, visto que tinha o hábito — se bem me lembro — de só se vestir de preto. Minha mãe também percebeu a madrinha e, voltando-se de lado, exclamou: — Maria! — que era justamente o nome da defunta.

Também, neste último caso, há fortes presunções em favor da independência completa do fantasma, percebido pela primeira vez pelas duas irmãs.

Apenas para haver a certeza de que se tratava, efetivamente, de fenômenos não simultâneos, teria sido necessário que, no momento em que se produzia a primeira manifestação, alguém tivesse pensado em questionar a doente sobre o assunto, o que não houve.

Caso 35 – O episódio que se segue é teoricamente importante, em muitos pontos de vista, mas, infelizmente, o editor da *Light*, revista donde o tirei (1917, p. 262), em vez de publicar-lhe a relação integral, dá-lhe um resumo, e isto por causa da redução das páginas da revista, em consequência de guerra.

De sorte que faltam aí os detalhes indispensáveis para que se possa conferir aos fatos valor científico.

Decido-me, entretanto, a narrá-lo, lamentando dever declarar que, pela negligência dos editores ou narradores, me vejo obrigado, muitas vezes, a pôr de lado matéria de incomparável valor.

A senhora M. S., de Edimburgo, posto que não seja enfermeira profissional, dedicou--se, por altruísmo, grandemente a esse mister; ela nos remete, agora, a descrição da morte, em consequência de febres, de uma menina de 6 anos, filha de seus vizinhos.

A mãe negligenciava tristemente os seus deveres para com a criança, não imaginando que ela estivesse tão gravemente enferma, e a deixava, durante muitas horas, sob a guarda de um irmãozinho de 2 anos.

Um dia em que a senhora M. S. foi assistir a pequena Neli, observou que radiosa alegria se refletia no pequenino rosto da doente e, de repente, pareceu-lhe que o quarto fora invadido por luz muito viva "tal como se as paredes não existissem"; por sobre o leito percebeu ela que pairava uma entidade de menina, em atitude de espera. Ao mesmo tempo viu surgir da cabeça da doentinha uma nebulosidade característica, a qual, flutuando-lhe acima do corpo, modelou-se noutra silhueta de menina, envolta em nevoeiro.

Esta pequenina forma já estava meio condensada, quando a mãe da enferma entrou no quarto, e imediatamente toda a condensação fluídica desapareceu e filtrou-se no corpo da criança, enquanto a expressão de alegria se lhe transmudava em aspecto de sofrimento.

A senhora M. S. aconselhou a mãe a retirar-se e de novo o pequeno rosto foi invadido por expressão extática.

Alguns instantes depois, a menina exclamou: — Lili! — e isso dizendo, finou-se. Ao mesmo tempo refez-se a forma que estava sobre si e ficou completa. A senhora M. S. viu ainda outra entidade espiritual de criança aproximar-se dessa forma, tomá-la consigo e desaparecerem juntas.

Só depois destes acontecimentos é que a Senhora M. S. soube que Lili era uma irmãzinha de Neli, morta um ano antes.

Ninguém deixara de perceber a importância que reveste o episódio exposto, se estivesse ele inteiramente consolidado pelas testemunhas necessárias.

Origina-se-lhe a importância do fato de ser produzido no leito de morte de uma criança de muito tenra idade.

Com efeito, não se pode supor que uma menina de 6 anos, sem a consciência de que ia morrer e presa de grandes sofrimentos, pudesse pensar na irmãzinha defunta com intensidade de afeição capaz de transmitir a visão telepático-alucinatória à pessoa que a assistia.

Uma vez eliminada essa eventualidade, a versão espírita do fato não poderia ser posta em dúvida, sobretudo se considerarmos a aparição da menina Lili, de concerto com o fenômeno de desdobramento realizado no leito de morte, fenômeno de que a agonizante não podia transmitir a imagem alucinatória à senhora M. S., pela simples razão de ignorar-lhe a possibilidade.

Caso 36 – Fizeram aparecer recentemente, na Inglaterra, um pequeno livro sobre Metapsíquica, devido à senhora Joy Suell, a qual, depois de ter exercido a profissão de "nurse" (enfermeira diplomada), durante uma vintena de anos, conta suas próprias experiências como sensitiva clarividente, à cabeceira de inumeráveis doentes a que assistira. O livro é interessante, atraente e instrutivo.

A respeito de suas experiências no leito de morte, a autora observa que a maior parte dos doentes se extinguem em condições de torpor comatoso, incapazes de sentir ou exprimir qualquer emoção; há, porém, muitas exceções à regra e, grande número de vezes, independentemente das condições fisiológicas do moribundo e do seu estado de alma, este percebe, ao lado do leito, personalidades de defuntos que reconhece, mas que são invisíveis para os outros.

Chegou, entretanto, o dia em que se desenvolveram na senhora Suell as faculdades de clarividência e ela percebeu, conjuntamente com os moribundos, as personalidades espirituais vindas para acolhê-los e ajudá-los na grande passagem.

Ela escreve:

> *A primeira vez que tive esta prova ocular foi no leito mortuário de* Mlle. L..., *graciosa jovem de 17 anos, que era minha amiga e morria de tísica, sem sofrimentos; mas o extremo langor do corpo tornava-a moralmente fatigada e desejosa de repouso eterno.*
>
> *Chegada a hora suprema, percebi-lhe ao lado duas formas espirituais, uma à direita, outra à esquerda do leito. Não me havia apercebido de sua entrada; quando se tornaram visíveis para mim, estavam já dispostas ao lado da moribunda; eu as via, porém, tão distintamente como a pessoas vivas.*
>
> *Designei essas radiosas entidades com o nome de anjos e de agora em diante lhes chamarei assim.*

Reconheci logo, nessas formas angélicas, duas meninas que tinham sido, quando vivas, as melhores amigas da doente, possuindo as três a mesma idade.

Um instante antes dessa aparição, a agonizante dissera:

— Fez-se, de repente, a obscuridade; não vejo mais nada.

Apesar disso, viu e reconheceu, logo depois, uma de suas amigas. Sorriso de suprema felicidade iluminou-lhe o rosto, e, estendendo os braços, perguntou ela, cheia de felicidade:

— Vieram buscar-me? Sinto-me feliz com isso, porque estou fatigada.

E enquanto a agonizante estendia as mãos aos anjos, estes faziam outro tanto, apertando-lhe um a mão direita e outro a esquerda. Seus rostos tinham um sorriso ainda mais doce do que aquele que brilhava no rosto da moribunda, alegre esta, por cedo encontrar o repouso que tanto almejava.

Não falou mais, mas continuou, durante cerca de um minuto, com os braços levantados ao céu, e as mãos unidas às de suas defuntas amigas, não cessando de contemplá-las, com expressão de ventura infinita.

Em dado momento, as amigas abandonaram-lhe as mãos, que caíram pesadamente sobre o leito. A expirante emitiu um suspiro, como se se dispusesse tranquilamente a dormir, e, depois de alguns instantes, seu Espírito deixava o corpo para sempre. Sobre o rosto, porém, ficou-lhe gravado o doce sorriso que o tinha iluminado, quando percebeu ao lado as duas amigas mortas (JOY SUELL — The Ministry of Angels).

Caso 37 – Encontro o episódio seguinte no *Journal of the American S. P. R.*, 1921, p. 114-122.

Trata-se de um fato rigorosamente documentado, de que os historiadores tomaram nota, logo após o acontecimento.

Sucedeu no leito de morte do poeta e pensador norte-americano, muito conhecido, Horácio Traubel (1859–1919), que foi o Boswell desse outro grande poeta norte-americano, que é Walt Whitman.

Tinha ele sido o amigo íntimo deste último; estudou-o, durante toda a vida, com amor imenso, como Boswell havia estudado Samuel Johnson; depois da morte do amigo, publicara um *Jornal* de muitos volumes para ilustrar-lhe a vida e o pensamento.

Horácio Traubel foi, por seu turno, um poeta genial da mesma escola de Walt Whitman; em algumas críticas de arte os poemas do discípulo rivalizam com os do mestre.

A senhora Flora Mac Donald Denison, que esteve presente no leito mortuário de Horácio Traubel, relata o que se segue:

A 28 de agosto, Horácio estava muito deprimido de espírito. A doença de Ana e a partida dos Bains constituíam aflições muito graves para sua fibra. Mildred lhe fez companhia muito tempo; nós decidimos não o deixá-lo um só instante. Quando chegamos à varanda para transportá-lo para o quarto, encontramo-lo radiante de alegria. Vendo-me, de longe, exclamou:

— Flora, olha, olha; depressa, que ele se vai!

— Onde? que vês, Horácio, eu não percebo nada.

— Ali, naquela saliência do rochedo, Walt me apareceu. Eu lhe vi a cabeça e o tronco; tinha chapéu; estava esplêndido, radiante; parecia circundado de uma auréola de ouro. Saudou-me com a mão, como para encorajar-me e falou-me. Percebi-lhe perfeitamente o timbre da voz, mas só lhe ouvi estas palavras: — Vem, eu te espero.

Nessa ocasião chegou Franck Bains, a quem ele contou a mesma coisa; durante toda a noite mostrou-se aliviado, radiante, feliz...

Na noite de 3 de setembro, Horácio passou mal. Eu velei durante algumas horas. Quando lhe vi os olhos, até ali imóveis, voltarem-se para mim, acreditei que tinha entrado em agonia. Não era, porém, isso: desejava somente que o mudassem de posição.

Enquanto lhe executava o desejo, notei que o enfermo parecia prestar atenção a algum ruído. Logo depois me disse:

— Ouço a voz de Walt; ele me fala.

— Que te diz? — perguntei.

— Repete-me: vem comigo, vem, eu te espero.

Depois de alguns instantes acrescentou:

— Flora, todos os amigos aqui estão reunidos com Walt; aqui se acham Bob, Bucke e os outros.

O coronel Cosgrave chegou na mesma noite para velar Horácio; ora, ele percebeu o fantasma de Walt Whitman, o qual apareceu do outro lado do leito, se lhe aproximou e lhe tocou a mão direita, que Horácio conservava no bolso. A esse contato o coronel sentiu como que um choque elétrico. Horácio viu também Walt e o disse.

Essas aparições tiveram o efeito de fazer desaparecer, como por encanto, toda melancolia. Ninguém se sentia mais abatido; um sentimento de exultação triunfal impregnava a atmosfera da casa (FLORA MAC DONALD DENISON).

O doutor Prince, secretário da American Society of P. R., escreveu ao coronel Cosgrave, a fim de obter novos pormenores sobre este acontecimento. Extraio das cartas do coronel as passagens de maior relevo:

No curso dos meses de agosto e setembro de 1919, vivi em relações familiares com Horácio Traubel, conhecido de todos por suas obras e suas nobres aspirações espirituais.

Até esse momento eu o não conhecia pessoalmente; do mesmo modo, tinha apenas um conhecimento superficial das obras e do idealismo de Walt Whitman. Faço notar isso para mostrar que minha mentalidade, consciente ou subconsciente, não estava, por forma alguma, influenciada pelas obras ou idealismos desses escritores. Acrescento, ainda, que meu longo serviço militar na França, com o Exército canadense, passado quase sempre na 1ª linha, desde janeiro de 1915 até o armistício, me tinha naturalmente familiarizado com a morte; e de tal maneira que a ambiência que cerca os moribundos, inspirando-me grande respeito, não gerava em mim essa tensão nervosa e essas superexcitações emotivas que se realizam, geralmente, entre pessoas não familiarizadas com o ato final da existência.

Faço esses reparos para demonstrar que me encontrava em condições normais de espírito, quando se produziu o acontecimento de que tratou Miss *Flora Denison, acontecimento que confirmo em todos os seus detalhes.*

Em suma, eis o que se passou:

No curso de três noites que precederam o trespasse de Horácio Traubel, ia velá-lo nas últimas horas da madrugada.

Esperava o seu fim de um momento para outro e meus pensamentos permaneciam serenos e elevados, conforme a solenidade da hora e da ambiência, bem como em virtude de uma espécie de magnetismo especial, que parecia desprender-se do homem que expirava — grande altruísta, que tinha consagrado a existência a serviço da Humanidade. Em outras vezes observava essa espécie curiosa de magnetismo espiritual e sempre em presença de grandes caracteres — nunca com homens ordinários.

Horácio Traubel finava-se por paralisia e esgotamento, mas não parecia sofrer. Era semiconsciente e articulava dificilmente as palavras, por causa da paralisia da língua; mas os olhos, sempre vivos e expressivos, faziam com que se lhe adivinhassem os desejos.

Na última noite, pelas 3 horas da manhã, ele piorou de repente; a respiração tornou-se quase imperceptível; os olhos se lhe fecharam. Parecia mergulhado em condições comatosas, enquanto o corpo era abalado por movimentos convulsivos.

Algum tempo depois, reabriu os olhos, olhando fixamente para os pés do leito; os lábios se agitavam em esforço vão para falar. Supondo que ele tivesse necessidade de respirar mais livremente, recoloquei, com delicadeza, sua cabeça em situação normal; ele, porém, logo se voltou, olhando de novo na mesma direção e fixando um ponto colocado a três pés acima do leito.

Fui, então, levado irresistivelmente a olhar para esse lado. O aposento era iluminado insuficientemente por uma lamparina, colocada atrás de uma cortina, num canto do quarto.

Pouco a pouco o ponto para onde se dirigiam os nossos olhares esclareceu-se; apareceu pequena nuvem que se espalhou e aumentou rapidamente, tomando logo forma humana, na qual se moldaram os traços de Walt Whitman. Ele se mantinha de pé, ao lado do leito do moribundo, vestido com rude mas leve casaco, tendo na cabeça o habitual chapéu de feltro e a mão direita no bolso, postura que lhe era familiar e que se vê em alguns de seus retratos.

Olhava para Traubel e lhe sorria com afeto, como se tivesse querido encorajá-lo e lhe desejasse as boas-vindas. Por duas vezes fez-lhe sinal com a cabeça; lia-se-lhe, na expressão do rosto, que desejava levantar o moral do enfermo.

Ficou inteiramente visível cerca de um minuto e depois se esvaeceu pouco a pouco. Mas antes de aparecer, enquanto Horácio e eu o olhávamos intensamente, moveu-se, aproximando-se daquele. Horácio, que por causa da paralisia, não podia ter a cabeça por muito tempo voltada de um só lado, teve que tomar a posição normal; e, fazendo isso, murmurou:

— Aqui está Walt.

Nesse momento o fantasma dirigiu-se para mim, pareceu atravessar o leito e tocou-me com a mão, como para dizer-me adeus. Senti esse contato como ligeiro abalo elétrico. Enfim, Walt sorriu uma última vez para Horácio e desapareceu a nossos olhos.

Isto se deu às 6 horas da manhã de um dia de setembro, duas horas antes de o doente expirar, horas que ele passou, em grande parte, em coma; a paralisia tirava-lhe o uso da palavra, mesmo nos intervalos de vigília; mas o olhar estava cheio de mensagens silenciosas; compreendia-se que estava percebendo outras manifestações, que não as percebíamos nós (CORONEL COSGRAVE).

Nesse muito interessante episódio de visão coletiva no leito de morte, encontram-se indícios em favor da objetividade do fantasma aparecido. Primeiramente, por causa da maneira por que se constituiu: pequena nuvem luminosa que se alongou, condensou e aumentou de dimensões até atingir as proporções e a forma humanas, nas quais apareceram os traços do poeta falecido, Walt Whitman, amigo íntimo do outro poeta moribundo.

Ora, sabe-se que é assim que se formam ordinariamente as materializações experimentais de fantasmas, tanto quando tomam uma forma concreta como quando guardam uma forma imponderável (em nosso caso tratava-se de um fantasma fluídico imponderável, capaz de atravessar um leito).

Em seguida, a objetividade provável da aparição ressaltaria dessa outra circunstância — a de que o fantasma aproximou-se do percipiente e lhe tocou a mão —, contato que foi percebido sob a forma de ligeiro choque elétrico.

Não se pode contestar que as duas circunstâncias em questão — posto que não possam ser consideradas como definitivas para provar a objetividade do fantasma — são, no entanto, suficientes para autorizar a conclusão de que as maiores probabilidades são em favor desta última hipótese — e, portanto, da interpretação espírita dos fatos. Aliás, a interpretação espírita desses fatos seria legítima, mesmo se se tratasse de um fantasma telepático, transmitido pelo pensamento consciente do defunto ao amigo moribundo.

Notarei, sobre o caso, que a única hipótese que se pode opor às duas que acabo de citar — a da transmissão do pensamento alucinado do moribundo ao percipiente (hipótese que apenas tenho acolhido e discutido nesta obra por um sentimento de retidão científica) — deve ser absolutamente excluída em todos os casos de percepções coletivas desta natureza, porque é ela combatida pelos fatos até o ponto de ser por eles demolida — assim como o provarei na síntese final deste trabalho.

Caso 38 – Eis um último caso, em que não se trata precisamente de uma visão coletiva no leito de morte, mas de uma aparição percebida em relação com uma pessoa que devia morrer 18 meses mais tarde, e que a viu por seu turno. É, pois, uma visão premonitória, repetida no leito de morte.

Extraio o caso do *Journal of the A. S. P. R.* (1905, p. 327).

Johsna Hodgson escreve:

Na noite de sexta-feira, 29 de julho de 1898, minha mulher estava ocupada com os cuidados domésticos e eu estava sentado perto dela, fumando e lendo, até que adormeci.

Meu sono durou até depois de meia-noite e, quando acordei e olhei em torno de mim, fiquei imensamente surpreendido por ver, em minha frente, duas figuras humanas: minha mulher, assentada numa poltrona e mergulhada em profundo sono, e outra figura, vestida de branco e suspensa acima dela. Olhando o rosto desta última figura, com imenso espanto, reconheci a mãe de minha mulher! Logo que a reconheci, ela desapareceu, enquanto minha mulher continuava a dormir tranquilamente, ignorante do que se tinha passado.

Julguei prudente não a informar do acontecido, com receio de impressioná-la, e disso me abstive durante muitos meses; mas devo declarar que a visão tinha deixado em mim a impressão penosa de que se tratava do prognóstico de desgraça iminente.

Minha mulher morreu a 18 de março de 1900, dezoito meses depois que a mãe lhe aparecera, durante o sono.

Alguns dias antes de morrer, ela disse que via a genitora com o seu próprio filho, morto 11 meses antes, os quais a esperavam e chamavam. Depois destas palavras passou ao estado de inconsciência e assim ficou até expirar.

QUARTA CATEGORIA:
Casos de aparições no leito de morte, coincidindo com prenúncios ou confirmações análogas, obtidas mediunicamente.

Esta categoria coloca-se entre as mais importantes, do ponto de vista científico, porque pressupõe a aplicação, aos fenômenos, dos métodos de investigação experimental.

No estado em que se encontra, não representa, sem dúvida, mais que um bom começo, mas esse começo é de bom augúrio e deixa entrever a possibilidade de chegar-se um dia ao fim, de maneira suficiente e decisiva — o que constituiria um coroamento digno do mais elevado ideal científico.

Como quer que seja, não é menos verdade que, unicamente por meio desses métodos, será possível esperar atingir a solução final dos problemas perturbadores que se ligam às manifestações metapsíquicas em geral, problemas cujo alto valor teórico não interessa unicamente às doutrinas científicas e filosóficas, mas se estende e se eleva até tornar-se social e moral.

Não se pode dizer, entretanto, que a introdução do prenúncio ou da reconfirmação mediúnica, no quadro fenomenológico das aparições, baste a eliminar totalmente a hipótese telepático-alucinatória. A esta os pesquisadores de hoje atribuem multiformes manifestações hipotéticas, de maneira a tornar quase impossível a sua eliminação na maior parte dos fenômenos mediúnicos.

Em nosso caso poder-se-ia sempre imaginar que o fato de uma aparição no leito de morte, prenunciada ou reconfirmada mediunicamente, tem nascimento de uma relação telepática produzida entre a consciência do médium e a do doente ou entre a do médium, do doente, e dos consultantes.

Dos sete casos que se seguem, os quatro primeiros parecem mais ou menos insuficientes, sob aspectos diversos, e só me decido a citá-los para acumular material metapsíquico, a serviço dos futuros pesquisadores; não se poderia, porém, dizer outro tanto dos três restantes, que representam, ao contrário, uma importante contribuição em favor da objetividade das aparições de defuntos.

Caso 39 – Extraio-o do *Journal of the American S. P. R.* (1907, p. 49). O professor Hyslop publicou uma série de "visões de moribundos"; cita, entre outros, este episódio concernente a duas damas de seu conhecimento e transcrito por ele a ditado delas:

Quatro a cinco semanas antes da morte de meu filho, eu me achava em companhia de minha amiga, a senhora S..., dotada de faculdades mediúnicas; e foi-lhe ditada uma mensagem, em que o Espírito guia — uma menina que se designava pelo nome de Bright-Eyes (Olhos Brilhantes) promete ir ao leito de meu filho, gravemente doente de carcinoma. Ora, na noite que precedeu a de sua morte, meu filho queixou-se de que em torno de sua cama circulava uma menina e perguntou quem era. Tudo isso sucedia em Muskoka, a 160 milhas ao norte de Toronto. O doente ignorava absolutamente a mensagem obtida com a senhora S...

O professor Hyslop observa:

A amizade íntima existente entre a senhora S... e a senhora G..., mãe do defunto, deixa supor a possibilidade de que alusões ou sugestões tivessem sido inconscientemente transmitidas ao filho antes da morte deste; ou que, no momento da experiência mediúnica, algumas observações tivessem sido trocadas, capazes de tirar ao incidente o valor que ele aparentemente apresenta.

Caso 40 – Por ocasião da morte do senhor Ferneyhough (de Maritzburgo, Colônia do Cabo), espiritualista inglês bem conhecido, diretor de revistas espíritas e médium psicográfico, publicou-lhe a *Light* o necrológio, de que extraio este parágrafo:

A 22 de fevereiro de 1892, o senhor Ferneyhough teve a infelicidade de perder seu filho primogênito, de 5 anos de idade. Nessa época, as doutrinas espiritualistas não tinham atrativo para ele; deixou-se, porém, algum tempo depois, levar a uma sessão experimental. Lê-se em seu jornal pessoal, na data de 28 de novembro de 1894, o seguinte:

A primeira prova de identificação se me apresentou justamente no momento em que ia renunciar às pesquisas.

Manifestou-se certa senhora Nelson, que tinha sido, durante a vida, enfermeira de Maritzburgo, e que ditou:

— Vai já a tua casa porque é lá que se encontra teu filho.

A significação da mensagem estava ligada à doença do outro filhinho, Cirilo.

Ferneyhough teve a impressão imediata — e logo após perfeitamente justificada — de que o filho que se achava em sua casa era Reginaldo, vindo para receber seu irmãozinho Cirilo, também ele destinado a morrer.

E o fato de que essa impressão não era fruto de uma imaginação exaltada, foi confirmado pelo seguinte: Cirilo, um instante antes de morrer, pronunciou com irritação o nome do irmãozinho Reginaldo, dizendo-lhe que se fosse embora, que não queria ir com ele, que queria ficar com sua mamãe.

Caso 41 – Extraio-o dos *Annali dello spiritismo in Italia*, 1875, p. 120 e 149. A relação do caso ocupa dez páginas dessa revista. Narrarei tão somente as passagens principais. O relator e o conhecido espírita da primeira hora, Rinaldo Dall'Argine, e os protagonistas, pessoas de sua intimidade.

Ele escreve:

O doutor Vincent Gubernari, natural de Maremmes, na Toscana, instalou-se definitivamente em Arcétri, deliciosa região perto de Florença, e, se bem que não fosse médico oficial, exercia aí igualmente sua profissão.

Gubernari, favorecido dos bens da fortuna, esposara Isabel Begardiy de Sienne, descendente duma família patrícia dessa cidade. Também ela era rica e tinha trazido ao marido um dote não desapreciável.

Os esposos conviram no fazer doação recíproca de bens e a senhora Gubernari fizera seu testamento nesse sentido e supusera que o marido tinha feito outro tanto em seu benefício.

Posto que o senhor Gubernari, materialista como era, zombasse do Espiritismo e dos Espíritos, não pôde deixar de impressionar-se, vendo muitos de seus amigos, que ele sabia bem instruídos, isentos de preconceitos, e outrora mais antiespíritas que ele, tornarem-se repentinamente crentes com as manifestações espíritas.

Um belo dia, pois, o doutor, ou porque se quisesse convencer pessoalmente, ou porque se quisesse divertir à custa dos amigos, manifestou-lhes o desejo de tentar uma experiência na própria casa e convidou-os a nela tomar parte.

Logo que os experimentadores formaram a cadeia em torno da mesa, um Espírito agitou-a com força surpreendente... E o doutor ficou extremamente admirado quando, perguntando-se o nome do Espírito presente, este lhe respondeu:

— Tua tia Rosa.

O doutor ficara órfão, com pouca idade, e fora educado com ternura por essa tia, que lhe tinha servido de mãe.

Quando voltou a si da surpresa, exclamou:

— Pois bem, se és verdadeiramente minha tia Rosa, ajuda-me a ganhar muito dinheiro!

— Estou aqui para bem outra coisa — respondeu o Espírito —. Aqui estou para aconselhar-te a mudar de vida e pensar em tua mulher.

— Já pensei em minha mulher — respondeu, sem vergonha, o doutor —, tanto que ambos fizemos nossos testamentos, com benefícios recíprocos.

— Mentira! — respondeu o Espírito, sacudindo fortemente a mesa, para demonstrar o seu descontentamento — ela te deixou tudo, sim, mas tu não lhe deixaste nada!

A senhora Gubernari tomou parte, então, no diálogo, e, querendo persuadir o Espírito de que seu marido tinha feito testamento em seu favor, disse, corajosamente, que ele podia prová-lo, mostrando o mesmo testamento aos amigos presentes.

O doutor, em consequência dessa intervenção inesperada de sua mulher, viu-se comprometido e sem saber como sair-se do aperto. Sabia o que lhe dizia a consciência e lhe era impossível mostrar os documentos, declarando que o Espírito não tinha dito a verdade.

Muito perturbado com o incidente, declarou, então, que não faria ver a ninguém o testamento.

E o Espírito, agitando a mesa com força ainda maior, respondeu:

— Tu és um impostor! Sim, eu te repito: esqueceste tua mulher e em teu testamento só te lembraste da tua criada, por que... Muda, sim, teu modo de vida e teu testamento e apressa-te, porque não tens tempo a perder, dentro de alguns dias estarás conosco no Mundo dos Espíritos.

Essa revelação foi como que um raio sobre a cabeça do doutor. Ele ficou aterrado e, depois, com raiva, gritou:

— Como? Tenho que morrer antes de minha mulher, eu que sou mais moço que ela? Não, isso não acontecerá nunca; quero viver ainda e viverei.

Assim dizendo, levantou-se irritado e ordenou que levassem a mesa que servira à experiência.

No dia seguinte, um dos seus amigos, o coronel Maurício — para acalmar-lhe a agitação —, falou-lhe de possíveis mistificações espíritas e lhe disse que, nessa noite mesma, iria à casa da condessa Passerini, a fim de pedir uma sessão de contraprova.

O doutor pareceu acalmar-se e esperou com impaciência o resultado da nova experiência.

O coronel Maurício foi, com efeito, à casa da condessa Passerini e, começada a sessão, perguntou ao guia se conhecia o que se tinha sucedido à noite precedente em casa do doutor Gubernari.

Responderam-lhe:

— Não houve mistificação; o Espírito da tia do doutor revelou-lhe a pura verdade.

— Então — perguntou o professor Capeli —, o doutor Gubernari deve morrer em breve?

— Sem dúvida nenhuma — continuou o Espírito —, e antes do fim do ano corrente.

— Mas — acrescentou Capeli — como podemos contar ao doutor a terrível confirmação do que sua tia lhe revelou? Não queremos nem podemos aumentar sua perturbação.

— O que eu disse é a vós que o digo; com o doutor comportai-vos como quiserdes.

Escreveram imediatamente ao doutor Gubernari que o Espírito assegurara que se tratava de mistificação.

O doutor leu avidamente a carta e acalmou-se, rindo-se de si próprio e de seus terrores e, como gozasse de perfeita saúde, teve vergonha de haver acreditado, um único instante, na morte próxima.

Apesar de tudo, na noite de 12 de novembro foi assaltado por febre muito forte, acompanhada de muitas dores... Os médicos diagnosticaram moléstia sem importância e que não merecia se preocupassem com ela... Mas, com o tempo, o mal aumentava, e ele sofria horrivelmente.

Seus amigos foram de novo à casa da condessa Passerini, a fim de obterem uma sessão mediúnica. Manifestou-se a entidade habitual. Interrogada a propósito, respondeu:

— Como se trata de uma doença e não conheço esse gênero de coisas, procurarei, para satisfazer-vos, um Espírito que tenha exercido a medicina durante a vida e vo-lo enviarei. Esperai um momento.

A mesa parou, mas depois de alguns minutos agitou-se de novo e o mesmo Espírito disse:

— Achei o médico; está aqui; interrogai-o:

P. — Podeis dizer-nos alguma coisa sobre a doença de Gubernari?

R. — Digo que, como Espírito, acho Gubernari gravemente doente; declararei, entretanto, que, se estivesse entre vós, diria dele o que dizem os meus colegas vivos.

P. — Mas, se é verdade que ele está gravemente doente, como podem declarar os médicos que seu mal é negócio de alguns dias?

R. — *Se o corpo, que tem a alma aprisionada, fosse como uma caixa que se pudesse abrir à vontade, os médicos veriam o mal que consome Gubernari, enquanto ele parece exteriormente bem.*

P. — *Seu mal é somente físico ou também moral?*

R. — *Ambas as coisas.*

P. — *Curar-se-á ou morrerá?*

R. — *Lamento vo-lo dizer; mas estará ele brevemente entre nós.*

P. — *Podei-nos dizer quem sois?*

R. — *Um médico cujo nome não vos é conhecido.*

P. — *Sede bastante bom para nos fazer conhecido o vosso nome.*

R. — *Eu vo-lo digo e já me vou porque estou com pressa. Panattoni. Boa noite a todos. (O doutor Panattoni, parente do deputado do mesmo nome, tinha sido um bom médico e havia exercido sua profissão em Florença.)*

Foram feitas outras consultas e os médicos sentenciaram, por fim, que o doutor tinha um quisto interno.

Ele morreu a 30 de dezembro de 1874.

Em estado de agonia, dizia ver perto do leito o Espírito do doutor Panattoni, que não o abandonava um só momento e, à sua cabeceira, os Espíritos de sua mãe e de sua tia Rosa, que o consolavam com sua presença e o encorajavam a deixar a vida terrestre.

Temendo que o não acreditassem, exclamou mais de uma vez:

— O que eu digo é a pura verdade; estou na agonia e na agonia não se mente.

Caso 42 – Este episódio deveria ser classificado na categoria seguinte, que compreende os casos de aparições vistas unicamente pelos assistentes; mas, como contém um episódio de reconfirmação mediúnica da visão advinda, eu o junto aos desta categoria.

No ano de 1917, grande interesse foi suscitado na Inglaterra por um caso de identificação espírita narrado pelo senhor Richard Wilkinson, homem de negócios muito conhecido, e endurecido cético em matéria de Espiritismo e religiões.

Tendo perdido o filho na guerra, foi levado pela mulher a assistir a uma sessão mediúnica, durante a qual se obtiveram excelentes provas da presença e da identidade do jovem. Outras sessões se seguiram e outras provas extraordinárias se acumularam até a convicção absoluta do cético Wilkinson, o qual, para consolo de tantas almas sofredoras, decidiu-se a relatar os fatos na revista *The London Magazine*, do mês de outubro de 1917.

Extraio esta passagem do relato:

Quando minha mulher estava em Brighton para tratar do pai doente (e que morreu pouco tempo depois), certa manhã, às 8 horas, em pleno dia, ela percebeu a seu lado a aparição do filho. Nenhuma explicação científica, nenhuma teoria poderá jamais fazê-la admitir que se tratava de autossugestão e alucinação. Ela está bem certa de que o filho estava a seu lado.

Alguns dias mais tarde, chegava a Londres. Não tinha contado o acontecimento a ninguém, na expectativa de ver-me na gare e mo participar. Nessa mesma noite fomos juntos à casa da médium, a senhora Annie Brittain; e logo que chegamos à sessão, as primeiras palavras que pronunciou Annie foram as seguintes:

— Vosso filho deseja que sua mãe saiba que não se trata de um sonho, mas que lhe foi realmente permitido erguer por um instante o véu que nos separa.

Depois acrescentou:

— Jane também o viu.

Ora, Jane é uma nossa amiga íntima, a qual, alguns dias antes, havia contado a minha mulher ter visto a aparição de nosso filho em circunstâncias que excluíam absolutamente a possibilidade de um sonho.

Inútil acrescentar que a senhora Brittain nunca ouvira falar desta Jane.

Se alguém me tivesse dito, há somente um ano, que eu teria podido ler — já não digo escrever — coisas semelhantes e nelas acreditar, teria respondido que era impossível.

Caso 43 – Este foi recolhido pelo doutor Hodgson, e o extraio do v. VIII, p. 227 e 228 dos *Proceedings of the S. P. R.*.

28 de janeiro de 1891 — Há cerca de 11 anos, quando me achava em grande ansiedade por ver minha mulher atacada de um câncer no estômago, fui informado de que um médium — Miss *Susie Nickerson White* — *tinha dado provas muito notáveis de faculdades supranormais. Ia vê-la, sem me fazer conhecer, e pedir uma sessão, que me foi concedida.*

Apresentou-se, na sessão, uma entidade que afirmava ser a irmã de minha mulher; disse chamar-se Maria, o que era exato; prosseguiu falando de fatos e de negócios de família, absolutamente verdadeiros; deu exatamente o nome de minha mulher — *Elisa-Ana* — *; descreveu-lhe a doença, predisse que ela não sobreviveria e que não lhe restava mais que alguns meses de vida.*

Surpreendido por tantas informações exatas, perguntei:

— *Que nome daremos a estes fenômenos? Psiquismo? Sonambulismo?*

A que se dizia Maria respondeu:

— *Eu sabia bem que me íeis fazer esta pergunta; li-a em vosso pensamento.*

— *Tirais, pois, do meu pensamento tudo que dizeis?* — *perguntei.*

— *Não* — *respondeu ela* —, *e para o provar direi alguma coisa que não está em vosso pensamento. Anuncio-vos que daqui a três dias Elisa-Ana dirá que eu lhe apareci, ao mesmo tempo que nossa mãe, que espero trazer comigo.*

Farei notar que a mãe de minha mulher estava morta havia 45 anos e a irmã, 6 a 7 anos apenas. Guardei naturalmente segredo do que se havia passado.

Três dias depois, a enfermeira correu, muito agitada, para advertir-me que o estado de minha mulher tinha piorado, que ela mostrava evidentes sinais de delírio, que tinha chamado, de repente, sua mãe e sua irmã, falecidas, depois do que tinha saltado da cama e corrido para a porta, gritando:

— *Fique mamãe; pare, Maria! Não vão ainda!...*

Depois desta prova tão flagrante, fui de novo consultar Miss White. *Logo que principiou a sessão, apresentou-se a mesma entidade. Eu estava, então, muito preocupado, porque, já havia alguns dias, minha mulher não podia mais conservar no estômago nenhum alimento sólido ou líquido, nem mesmo leite e água. Estava, pois, absolutamente esgotada, tanto mais quanto se via atingida de implacável insônia.*

Maria aconselhou que lhe dessem café muito forte e muito quente, com um pouco de creme. Posto que esta prescrição me surpreendesse, decidi prepará-la e administrá-la. A doente tomou-a de boa vontade e a digeriu perfeitamente. Durante muitos dias não viveu de outra coisa; pouco a pouco, porém, não pôde reter, mesmo, essa alimentação.

Consultei de novo Miss White; Maria *aconselhou dar-lhe algumas colheradas de suco de limão, muitas vezes por dia, a fim de lhe fazer voltar o apetite e permitir-lhe conservar o alimento.*

Esta prescrição teve pleno êxito. Minha mulher não tardou, entretanto, a piorar de novo; fui pela quarta vez à casa de Miss White *e perguntei a Maria quanto tempo de sofrimento restava ainda à doente.*

Ela respondeu que não estava em condições de me dizer, mas que procuraria prevenir-me.

— A primeira vez — disse ela — que a doente declarar haver-me visto, não deveis mais vos afastar de sua cabeceira.

Alguns dias depois, pelas 3 ou 4 horas da manhã, fui substituir a enfermeira, que me advertiu:

— Mammie (fazia alusão à minha mulher) disse há pouco que viu de novo sua irmã falecida.

Alguns instantes depois, minha mulher murmurou:

— Eu me vou — e dizendo estas palavras exalava o último suspiro (E. PAIGE; MARY A. PAIGE, aliás, MARY DOCKERTY, a enfermeira).

No fato que precede e a propósito da primeira dupla aparição, poder-se-ia muito razoavelmente dizer que sua realização matematicamente exata foi produzida por um impulso telepático, originado no pensamento subconsciente do médium ou então no do marido.

É menos fácil explicar a visão que precedeu imediatamente a morte da doente.

A tarefa não seria difícil se a visão fosse produzida em presença do marido; nesse caso, poder-se-ia legitimamente supor que E. Paige, verificando no rosto da doente os sinais da agonia, tivesse pensado na promessa que havia recebido de "Maria", transmitindo assim à enferma o fenômeno alucinatório correspondente.

Mas o episódio não se passou dessa forma. Viu-se que foi a enfermeira quem avisou o marido da aparição que se dera. A explicação de que se trata não é, portanto, aplicável a este caso. Parecerá, pois, insuficiente a hipótese telepática, salvo se se quiser procurar a chave deste mistério (assim como já foi proposto para explicar profecias análogas obtidas por madame Piper), na possibilidade de que haja fenômenos de comunicação telepática entre subconsciente e subconsciente, isto é, fora da participação das consciências normais respectivas, excetuadas algumas irrupções acidentais do subconsciente no consciente, de modo a determinar os episódios que acabo de citar.

Segundo esta hipótese seria preciso imaginar que o eu subconsciente do doente tivesse tido o pressentimento da iminência de sua morte e esse pressentimento fosse percebido telepaticamente, quer pela consciência do médium, quer pela do marido, e tivesse sido a fonte do fenômeno correspondente de repercussão telepática na consciência normal da doente.

Concebe-se que esta hipótese não se recomenda pela simplicidade e não tem o dom de convencer facilmente um investigador imparcial.

É claro que, por semelhantes teorias, tão embrulhadas e bem mais engenhosas que sérias, ultrapassam-se as fronteiras da indução científica para entrar-se de velas pandas no domínio ilimitado do fantástico.

Caso 44 – A fim de facilitar a compreensão do interessante acontecimento que vou narrar, devo observar primeiramente que, sob o nome de empréstimo de Elisa Mannors, se oculta uma senhora que foi conhecida pelos professores Hodgson e F. W. Myers. Esta senhora tinha um tio, designado no relato por M. F., o qual morreu na véspera do dia em que Hodgson teve com *Mme*. Piper a sessão de que tratamos:

A nova da morte de M. F., tio de Elisa Mannors, foi inserta em um jornal de Boston e aconteceu-me lê-la quando ia para a sessão.

A primeira mensagem escrita foi recebida de Mme. Elisa, o que eu não esperava. Ela escreveu de forma ágil e clara, anunciando que F... se encontrava na sessão, embora não estivesse em condições de poder comunicar-se diretamente. Acrescentou que queria informar-me do modo por que tinha ajudado F... a se reunir a ela. Explicou que se achara presente em seu leito de morte, e que lhe tinha dirigido palavras de encorajamento (que nos fez conhecer, e que continham uma forma de expressão desusada). Afirmou ainda que ele, F..., tinha ouvido essas palavras que a tinha mesmo visto e reconhecido.

Ora, tudo isso me foi confirmado, ponto por ponto, pela única maneira por que era então possível, isto é, por meio de um amigo muito íntimo de Mme. *Elisa, de mim mesmo e dum próximo parente de F...*

Mostrei-lhe a ata da sessão e, um ou dois dias depois, o parente que se tinha achado no leito de morte declarou espontaneamente a esse amigo que F..., morrendo, tinha-lhe dito que havia visto diante de si sua sobrinha Elisa; que esta lhe falara, e repetiu, então, as palavras que lhe havia ela dirigido.

Essas palavras que o parente de F... repetiu ao amigo eram bem as que Mme. *Elisa relatara por intermédio de* Mme. *Piper em transe. Inútil acrescentar que eu ignorava absolutamente isso. (Professor R. Hodgson,* Proceedings of the S. P. R. v. XIII, p. 378.)

Este fato parece sugerir quase irresistivelmente a explicação espiritualista. É preciso, entretanto, não esquecer que as pessoas de que F..., moribundo, estava rodeado conheciam necessariamente o incidente, o que permitiria supor um fenômeno de percepção telepática ou telestésica, entre a subconsciência da senhora Piper em transe e a subconsciência das demais pessoas. Apenas, a explicação deve necessariamente parecer forçada e gratuita, tanto mais se considerarmos que a senhora Piper não conhecia essas pessoas. Se esta circunstância não basta a afastar completamente a hipótese telepática, torna-a, pelo menos, inteiramente improvável.

Caso 45 – Tiro este episódio da relação do professor Hodgson, sobre as experiências com a senhora Piper (p. 121), relação que foi impressa no v. VIII, dos *Proceedings of the S. P. R.*

Os nomes dos protagonistas deste fato são designados por suas iniciais.

5 de abril de 1889 — Fui à casa de Mme. *Piper, em fins de março do último ano (desde o começo de fevereiro tinha o hábito de lá ir de 15 em 15 dias).*

Ela predisse a morte de um dos meus próximos parentes, o que devia suceder dentro de seis semanas e trazer-me vantagens pecuniárias.

Pensei, naturalmente, em meu pai, que havia atingido avançada idade e de quem Mme. *Piper traçara a personalidade com admirável evidência, algumas semanas antes, embora o tivesse feito de forma a deixar supor que falava, não de meu pai, mas simplesmente de pessoa à qual estava eu ligado por estreito parentesco.*

Perguntei se a criatura que devia morrer era a mesma que me tinha sido descrita nessa circunstância; ela, porém, evitou dar-me resposta satisfatória.

Alguns dias depois, minha noiva foi à casa da senhora Piper, que lhe predisse, então, sem nenhuma reticência, que meu pai faleceria ao fim de algumas semanas.

Em meados do mês de maio, meu pai, que se restabelecia de um ligeiro acesso de bronquite, morreu, de repente, em Londres, em consequência de uma paralisia cardíaca. Isso se passou no próprio dia em que os médicos o tinham declarado fora de perigo.

Algum tempo antes, "Finuit", por intermédio de Mme. *Piper, me havia anunciado que iria para junto de meu pai, a fim de exercer sobre ele sua influência relativamente a certas disposições testamentárias que ele havia tornado. Dois dias depois de haver recebido a notícia telegráfica de sua morte, fui, com minha mulher, à casa da senhora Piper, e "Finuit" declarou que meu pai estava presente, tendo a sua vinda ao Mundo dos Espíritos sido súbita.*

Assegurou-me, em seguida, haver exercido sua influência junto a meu pai, para o persuadir a respeito das disposições testamentárias de que se tratara. Informou-me, então, do conteúdo do testamento, descreveu os traços do principal executor testamentário e acrescentou que este, logo depois de minha chegada a Londres, emitiria certa proposição em meu favor, destinada a ser submetida ao consentimento de dois outros executores.

Três semanas depois, achava-me em Londres. O executor testamentário era precisamente o de que "Finuit" tinha feito a descrição; o testamento estava redigido da maneira por que ele tinha anunciado, a proposição a meu favor foi efetivamente emitida, e minha irmã, que não tinha nunca deixado a cabeceira de meu pai nos três últimos dias de sua vida, contou que o doente se havia queixado, por muitas vezes, da presença, ao pé da cama, de um velho que o importunava, querendo discutir os seus interesses privados (M. N. e senhora M. N).

É preciso convir que também este episódio pode ser admiravelmente explicado pela hipótese espírita.

É-nos preciso, entretanto, procurar saber, friamente, até que ponto a hipótese telepática poderá satisfazer-nos, a princípio do ponto de vista do fenômeno da aparição, em seguida dos outros incidentes considerados em relação com o próprio fenômeno.

Chega-se, pela hipótese telepática, a explicar o conjunto dos fatos, desde que, bem entendido, não nos ponhamos a olhar muito de perto o caráter mais ou menos artificial das conjecturas.

De acordo com essa hipótese, pelo que se relaciona com a coincidência entre a aparição no leito de morte e o que fora predito na sessão de *Mme.* Piper, dever-se-á supor que a subconsciência do médium em transe, personificando a entidade espírita que se dizia "Doutor Finuit", e objetivando-a sob a forma de um velho, tenha transmitido telepaticamente ao centro de ideação do doente a mesma objetivação alucinatória. Quanto ao episódio verídico da profecia de morte, dever-se-lhe-á procurar a origem em um fenômeno de percepção telestésica da afecção orgânica que ameaçava, em breve prazo, a vida do pai de M. N.

Enfim, para o que se liga aos outros incidentes que se verificaram, assim como, por exemplo, a descrição do aspecto pessoal de um dos executores testamentários, a revelação do conteúdo do testamento paterno, e a proposição feita em favor de M. N., bastará recorrer à simples hipótese da percepção ou leitura do pensamento a distancia.

Pode-se ver que todos os episódios, mesmo os de caráter mais sensacional, são mais ou menos suscetíveis de serem explicados pela hipótese telepática, considerada em suas diferentes modalidades de manifestação.

De forma geral, o fato bem merece meditado, antes de nos aventurarmos em novas conjecturas. Não é menos verdade, entretanto, que, se viemos a esse resultado, não foi sem conferir a hipótese em questão poderes de tal maneira extensos e maravilhosos, que somos conduzidos por outro caminho — o da subconsciência — ao sólio desse transcendental, que queríamos evitar a todo preço.

QUINTA CATEGORIA:
Casos nos quais os familiares do moribundo são os únicos a perceberem os fantasmas de defuntos.

Os casos desta natureza são os mais raros e é natural que assim aconteça, porque, na ordem das probabilidades, deveríamos atender a que, na maior parte dessas manifestações, o moribundo é o único percipiente e que as aparições percebidas coletivamente pelos moribundos e pelos assistentes são relativamente raras e mais raras ainda as percebidas pelos assistentes somente.

No caso da interpretação teórica dos fatos e no ponto de vista absolutamente científico, são eles ainda suscetíveis de serem explicados pela hipótese telepática, supondo-se um fenômeno de transmissão de pensamento da parte do moribundo — salvo circunstâncias especiais.

Caso 46 – Neste primeiro episódio, o assistente tem a percepção de um fantasma rudimentar, provavelmente em vias de formação. Eu o extraio do *Journal of the S. P. R.* (1908, p. 312). A narradora e percipiente é irmã de um membro da referida sociedade. Ela escreve:

A 1º de novembro de 1905, achava-me de serviço, na qualidade de enfermeira, e tive uma prova interessante.

Eu assistia uma certa senhora S..., doente de câncer, aleitada havia seis meses no hospital, e em agonia nessa manhã. Ela estava em coma cerca já de cinco horas e o ritmo da respiração se tinha reduzido a três aspirações por minuto.

Fiquei só, assistindo-a, com a atribuição de vigiar qualquer alteração em suas condições e protegê-la das moscas. Lia um artigo de revista, sentada perto de sua cama e de quando em quando olhava para ela.

Ao meio-dia e 5 minutos (não havia relógio no quarto), quando levantei os olhos para a agonizante, vi do outro lado do leito uma figura humana; digo figura humana, porque, pela forma, era indubitavelmente como se o fosse, embora se não lhe distinguissem os traços e parecesse, em seu conjunto, constituída de neve ou vapor condensado, com extremidades incertas e confusas. Sua altura era quase a minha (5 pés e 7 polegadas).

Havia uma janela de cada lado da cama e se encontrava por trás da forma um pára-vento de madeira coberto de tela.

Notei que as junturas do pára-vento eram visíveis através do corpo vaporoso do fantasma.

Não experimentei nenhuma sensação de terror, embora não me sentisse com disposições de interrogar a aparição.

Depus a revista que lia, ficando completamente absorvida na contemplação do fantasma, por um lapso de tempo que avalio em 10 ou 15 minutos. Depois, apareceu na sala outra enfermeira e a figura começou a atenuar-se, a dissolver-se, até que desapareceu.

Tateei as pulsações da moribunda no pescoço e verifiquei que eram percebidas ainda, se bem que tivesse cessado de respirar.

Quando a forma estava presente, a agonizante ainda respirava.

Nada de notável neste episódio; entretanto, no ponto de vista da hipótese telepática, esta questão se apresenta espontaneamente ao espírito: desde que a enferma se achava em coma havia cinco horas, de modo definido e profundo, é razoável ainda atribuir a origem da aparição ao pensamento dela?

Francamente, creio mais perto da verdade os que respondem negativamente à questão.

Caso 47 – Extraio-o do livro bem conhecido de Camille Flammarion: *L'Inconnu.*[1]

A senhora B. de L. de Lacapelle escreve a Flammarion:

---

[1] N.E.: Publicado pela FEB como *O desconhecido e os problemas psíquicos*.

Eu tinha uma filha de 15 anos, que era minha alegria e meu orgulho. Durante uma curta viagem deixei-a em companhia de minha mãe. Devia estar de volta a 17 de maio e na noite de 17 sonhava que minha filha estava gravemente enferma, que me chamava e me invocava chorando. Acordei muito agitada, repetindo a mim mesma a frase proverbial que "todo sonho é mentira".

De dia, recebi uma carta de minha filha, em que ela me dava explicações sobre negócios domésticos sem se queixar de nada.

No dia seguinte, chegando a casa, não vi minha filha vir a meu encontro; a mulher do quarto avisou-me que tinha ela sido tomada por indisposição súbita. Subi ao seu quarto e a encontrei com forte dor de cabeça, Fi-la deitar-se em seguida. Ah! ela não mais se levantou. Dois dias depois declarou-se uma angina membranosa e, apesar dos cuidados prodigalizados, expirou a 29 de maio.

Ora, duas noites antes da catástrofe, eu me tinha deitado em um leito, separado por uma porta, do quarto de minha filha. Fechara os olhos, mas não dormia; minha filha adormecera e a enfermeira velava. Repentinamente, uma viva luz, comparável ao Sol do meio-dia no mês de agosto, iluminou o quarto; chamei logo a enfermeira, que custou a responder.

Fui para junto da cama de minha filha, mas a luz se tinha extinguido. A enfermeira parecia aterrada e não me respondia às perguntas.

No dia seguinte ela contou aos íntimos e continua a repetir a cada um que vira meu marido, morto seis meses antes, ao pé da cama de minha filha.

Essa enfermeira está ainda viva e pronta a repetir a narrativa a quem quiser ouvi-la.

Neste caso, durante a manifestação supranormal, a menina doente estava adormecida; é, pois, provável que ela tenha percebido também a aparição em forma de sonho.

Caso 48 – Extraio-o do *Journal of the American S. P. R.* (1918, p. 608). S. M. Bennet comunica ao professor Hyslop o fato seguinte:

Um dos mais antigos habitantes do quarteirão de Wert Pittston era uma senhora, ruiva e mãe de duas filhas, das quais uma era viva e casada com o senhor Merrimon, tendo a outra morrido de febre tífica em 1876.

Durante a última doença de sua mãe, a senhora Merrimon esteve quase sempre à sua cabeceira. Havia aí, também, seu filho e uma enfermeira de meia-idade, mulher prática e séria.

Uma noite, a senhora Merrimon deitou-se por instantes no quarto vizinho, por trás de uma cortina, enquanto a enfermeira se sentara no quarto da moribunda, de modo a perceber-lhe a cama, apesar da luz muito fraca.

Em dado momento, viu ela uma mulher, em pé, perto do leito, olhando intensamente a doente e isso durante algum tempo. A enfermeira, supondo que era a senhora Merrimon, não se levantou. Mas, pouco depois, viu a forma dissolver-se; e como o seu talhe e corpulência não correspondiam à forte estatura da senhora Merrimon, a assistente foi ver ao quarto vizinho e aí encontrou essa senhora, que dormia tranquilamente.

A enfermeira deu, em seguida, boa descrição da forma percebida, descrição que correspondia exatamente à da defunta Stela.

Caso 49 – Extraio-o da *Light* (1916, p. 301). *Sir* George Kelrewich, eminente professor de literatura clássica greco-latina, apresenta, no correr de uma entrevista, seu modo de pensar sobre a existência e a sobrevivência da alma, isto é, o de um pesquisador sem ideias preconcebidas, que espera saber primeiro, antes de chegar a conclusões definitivas. Declara, ao mesmo tempo, que o tema o interessa de modo particular, e isso em consequência a certas experiências extraordinárias de que ele e seus amigos foram objeto.

Relata algumas dessas provas, a primeira das quais se realizou no leito de morte de sua mãe. Eis-lhe a descrição:

Minha irmã, que se achava no quarto, no momento de sua morte, veio a mim, dizendo: "Na ocasião em que nossa mãe exalava o último suspiro, vi flutuar acima dela um fantasma de cabelos vermelhos; isso é tanto mais inexplicável quanto minha mãe tinha aversão às pessoas com cabelos dessa cor".

Respondi: "Verdade que nossa mãe tinha aversão pelas pessoas de cabelos vermelhos, mas devo dizer-te que sua irmã mais moça, a quem ela muito queria, os possuía assim. Morreu jovem, com imenso desgosto de nossa mãe;

de sorte que, se há no Além pessoa a quem ela desejasse ardentemente unir-se, é a essa irmã".

Em minha opinião, a conclusão a tirar desse fato é que a irmã morta veio recebê-la para guiá-la do Outro Lado.

Como se vê, o professor Kelrewitch é também irresistivelmente conduzido a tirar dos fatos essas conclusões racionais e espontâneas, às quais chegam todos, desde que não tenham as vias cerebrais obstruídas por longa familiaridade com as variedades multiformes da hipótese telepático-alucinatória, de que tanto se abusa hoje.

Caso 50 – Este episódio é teoricamente importante, porque o moribundo e o percipiente são ambos crianças de muito pouca idade.

O reverendo William Stainton Moses conta, na *Light* (7 de abril de 1888), o caso seguinte, acontecido à filha de outro ministro da Igreja Anglicana e narrado verbalmente por este a Stainton Moses:

A senhorita H... assistia uma criança moribunda, na paróquia paterna. No quarto existiam duas camas — das quais uma era o berço onde dormia uma criança de 3 ou 4 anos, irmãozinho do outro doente, que estava mergulhado em sono desde algumas horas.

A senhorita H..., com a mãe das crianças, estava ao lado da cama onde jazia o pequeno moribundo, já tomado de espasmos da agonia. De repente, frágil voz alteou-se do berço e as duas mulheres, voltando-se, viram o menino de 3 anos assentado, completamente acordado e com o rosto impregnado de alegria extática; apontava com o dedo para certo lugar do quarto e exclamou:

— Ó mamãe, que belas senhoras ao redor do irmãozinho! Bonitas senhoras! Mamãe, mamãe, elas querem tomar o irmãozinho!

Quando as duas mulheres voltaram o olhar para o leito do pequeno enfermo, este não vivia mais.

Moses acrescenta estes comentários:

Em vista da crítica que prevalece contra os fenômenos mediúnicos, seria de grande importância recolher casos análogos, porque as crianças de 3 anos e as de mama não podem, certamente, ser consideradas como prestidigitadores e trapaceiros.

Os comentários de Moses deveriam ser completados pela observação de que estas mesmas crianças não podem ser erigidas à categoria de telepatizadores de fantasmas. A esse propósito, é deplorável que o reverendo Moses tenha negligenciado referir a idade do pequeno moribundo; mas como ele fala em crianças de mama, é de acreditar que tal devia ser a condição do enfermozinho.

Caso 51 – Eis um segundo episódio em que o moribundo e o percipiente são crianças de tenra idade, e este segundo episódio é mais importante que o primeiro, porque aí se encontra indicada a idade da criança expirante (4 meses); isso permite excluir de modo categórico toda forma de autossugestão no moribundo com a relativa transmissão telepática à menina percipiente; e a idade desta última (3 anos) exclui, por seu turno, a possibilidade de que ela tenha podido autossugestionar-se a ponto de perceber fantasmas alucinatórios, porque seu pequeno cérebro não chegava, certamente, a conceber a possibilidade de aparições transcendentais na cama do irmãozinho moribundo.

Extraio-o da revista *Ultra* (1909, p. 91). O senhor Pelusi, ordenador da Biblioteca Real Victor Emmanuel, em Roma, escreve, com data de 12 de dezembro de 1908:

Na casa situada em Roma, Rua Reggio, n° 21, apartamento habitado pela família Nasca, acha-se como sublocatário G. Notari, casado e pai de família, que aí mora com sua mãe viúva.

O senhor Notari, a 6 de dezembro último, perdeu um filho de 4 meses, às 10h45 da noite. Ao redor do leito do pequeno moribundo achavam-se o pai, a mãe, a avó, a dona da casa, senhora Júlia Nasca, e a irmãzinha do doente, Hipólita, de

3 anos de idade, semiparalítica, a qual, assentada na cama do pequeno agonizante, olhava-o, cheia de pena.

Em dado momento, exatamente um quarto de hora antes que a morte tivesse posto fim a essa tenra existência, a irmãzinha Hipólita estendeu os braços para um canto do quarto e exclamou:

— Mamãe, vê a tia Olga? — e se agitou para descer da caminha e ir abraçá-la.

Os assistentes ficaram petrificados e perguntaram à menina:

— Mas onde? Onde está ela?

E a criança repetia: Ei-la! ei-la! — e quis a viva força descer, indo até uma cadeira vazia; mas, lá chegando, ficou um tanto perplexa, porque a visão se tinha dirigido a outro ponto. E a criança foi para esse ponto, dizendo:

— Olha a tia Olga!

Depois calou-se, logo que sobreveio o doloroso momento da morte do anjinho.

Essa tia Olga, irmã da mãe da menina, envenenara-se, havia um ano, por amor; e seu noivo, ausente, quando soube da morte de sua amada, depois de três meses de choros, suicidou-se. Na noite de seu suicídio, apareceu em sonho à irmã de Olga, isto é, à mãe da clarividentezinha, dizendo-lhe:

— Vês! Caso agora com a Olga.

Na manhã seguinte soube-se pelos jornais do suicídio.

Garanto a veracidade dos fatos, que me foram repetidos esta noite, em seus menores detalhes, pela família Nasca, meus amigos íntimos e pela avó da menina clarividente (PELUSI, ordenador da Biblioteca V. E).

Caso 52 – O publicista inglês muito conhecido William Stead, diretor da *Review of reviews*, em sua obra intitulada *Real ghost stories*, conta o seguinte episódio:

Termino o capítulo pela exposição de uma das manifestações de fantasmas, a mais detalhada que se produziu nos tempos modernos. É também a única manifestação aqui contada que ilustra a crença consoladora de que o Espírito das pessoas que nos são caras vem receber-nos no leito de morte, para servir-nos de guia na existência espiritual.

Durante o verão de 1880, catorze oficiais do 5º Regimento de Lanceiros estavam sentados, conversando na sala de refeições do quartel de cavalaria, em Aldershot.

Eram cerca de 7 horas da noite e eles tinham vindo de marchar, quando viram entrar na sala uma senhora vestida com uma roupa de seda branca, tendo longo véu de casada sobre o rosto. Ela parou, por momentos, em frente à mesa, depois dirigiu-se para a cozinha, onde entrou:

Caminhava com passo rápido, mas os cinco oficiais, colocados à cabeceira da mesa, a viram todos.

Nenhum deles duvidou um só instante que fosse uma senhora de carne e osso, aparecida ali não se sabia por que acaso.

O capitão Norton, ajudante de campo, levantou-se de salto e, correndo à cozinha, perguntou ao sargento onde estava a senhora que tinha entrado naquele momento.

— Ninguém entrou na cozinha — respondeu o sargento, asserção que o cozinheiro e ajudantes foram unânimes em apoiar.

Quando o capitão Norton contou a seus colegas a assombrosa narrativa, travou-se entre todos animada discussão e acabaram por concluir que se devia tratar de um fantasma. Discutiram também acerca dos trajes da aparição; os que a viram foram acordes em afirmar que ela era bela, morena, exprimindo-se-lhe no rosto grande tristeza.

O coronel Vandeleur, que não a tinha visto, ouvindo a descrição dos traços do fantasma, observou:

— Mas é a mulher do veterinário X., morta na Índia.

O oficial que ele nomeava estava nessa ocasião, ou pelo menos assim o supunham, em licença, por motivo de moléstia.

Em todo caso, mesmo que o fantasma aparecido tivesse sido o de sua mulher, não se sabia por que razão se tinha manifestado na sala de refeições, por essa forma estranha.

Veio ter-se notícia, entretanto, que o referido oficial veterinário havia voltado da licença na tarde do mesmo dia, sem que seus colegas o soubessem, posto que tivesse ainda à sua disposição muitos dias de folga.

Também se soube que ele subira a seu quarto, situado acima da cozinha, e tocara a campainha para chamar a ordenança, acusando mal-estar e pedindo que lhe trouxessem aguardente com soda.

Na manhã seguinte, por volta de 8h30, a ordenança subiu ao quarto do oficial e o encontrou morto na cama.

O capitão Norton, na qualidade de ajudante de campo, entrou no quarto para proceder ao inventário dos bens deixados pelo defunto e apor os selos. E o primeiro objeto que lhe caiu sob as vistas foi a fotografia da senhora, que ele tinha visto na tarde precedente e com as mesmas vestes.

Eis o nome dos oficiais que perceberam a aparição: capitão Norton, ajudante de campo; capitão Aubrey Fife, do Clube Militar e Naval; capitão Benion, do mesmo clube; o médico do regimento (nome esquecido); o lugar-tenente Jack Russel, redator do Sporting Times, *sob o pseudônimo de Brer Babbit.*

O lado particularmente importante deste episódio é o do fantasma desconhecido aos percipientes e em seguida identificado por uma fotografia, lado que daria, em aparência, ao fato o valor de autêntica identificação espírita. E nada impede que o seja, com efeito.

Não se pode negar, entretanto, que, do ponto de vista científico, a hipótese telepática estaria ainda em condições de explicar o fenômeno. Com efeito, se se levar em conta que, no andar superior e precisamente acima da cozinha onde entrara a aparição, achava-se o marido da defunta que os oficiais viram, é permitido supor que essa aparição pudesse ser uma alucinação telepática, causada por seu pensamento, e nesse momento elevado à morta querida.

Isso posto, é preciso notar, para a correção científica na exposição das hipóteses, que o acontecimento se realizou na iminência da morte do marido da defunta, de sorte que este acontecimento tomaria um caráter de preanúncio de morte iminente e visita de falecido no leito mortuário, duas circunstâncias muito impressivas e que não podemos deixar de ter em consideração. Se a aparição se tivesse produzido na proximidade do marido da defunta, mas sem a circunstância da morte deste último, a explicação puramente telepática do acontecimento seria mais verossímil; e se não propendo para ela, mesmo nestas circunstâncias, é por causa das razões seguintes (admissíveis para toda classe de manifestações das de que nos ocupamos); em 1° lugar, porque as alucinações telepáticas entre vivos se realizam geralmente entre pessoas efetivamente ligadas entre si, condição essencial a fim de que a relação psíquica entre o agente e o percipiente possa estabelecer-se, e esse laço efetivo falta no episódio exposto; em 2° lugar, porque — salvo raras exceções que não infirmam a regra —, nas manifestações telepáticas entre vivos, o agente transmite ao percipiente o fantasma alucinatório de si mesmo e não o de terceiras pessoas, nas quais pense por acaso; isto é — se se tratasse de telepatia, os camaradas do moribundo deveriam ter percebido o fantasma deste último e não o de sua defunta mulher.

Tendo em conta, por conseguinte, essas circunstâncias que contradizem a explicação telepática do acontecimento, a espírita adquire grandes probabilidades de ser a explicação verdadeira e autêntica.

Caso 53 – Extraio-o dos *Proceedings of the S. P. R.* (v. VI, p. 293). Foi comunicado a essa sociedade por *Miss* Walker, prima da protagonista. Escreve ela:

Meus pais tiveram muitos filhos, a maior parte dos quais morreram na infância. Sobreviveram Susana, Carlota e eu.

Por causa dessas numerosas lacunas, Susana tinha a mais que eu 20 anos de idade.

Meu pai era proprietário dum domínio inalienável, o que fez com que a morte desses dois rapazes, William e John — o primeiro, morto na adolescência, e o outro, na infância —, tivesse sido a maior desgraça de sua vida.

Susana lembrava-se dos dois rapazes; William nascera e morrera muito antes de meu nascimento; John finara-se com a idade de 2 anos, mal tinha eu nascido. Não existia retrato de William; tu conheces o retrato de John.

Trata-se desse quadro a óleo, no qual está representada uma criança em tamanho natural, vacilante sobre seus pezinhos, vestida de branco, com sapatinhos azuis, ao lado da qual se vê um galgo deitado e diante dele uma laranja que lhe rola aos pés.

Eu tinha atingido a idade de 20 anos; Susana estava com 40, e Carlota, com 30. A saúde de nosso pai declinava rapidamente.

Vivíamos, então, unidos em deliciosa e pequena casa, nos limites da comuna de Harrogate.

No dia a que me refiro, Carlota sentira-se mal; havia sido tomada repentinamente de arrepios, e o doutor lhe tinha aconselhado que se deitasse.

À tarde dormia ela tranquilamente. Susana e eu estávamos assentadas ao lado da cama. O Sol já se tinha posto, e começava a sombrear, embora não estivéssemos ainda em profunda obscuridade. Ignoro desde quando estávamos assim assentadas; na ocasião em que levantei a cabeça, percebi uma luminosidade dourada sobre o travesseiro de Carlota; nessa luminosidade apareceram dois pequenos rostos de querubins, que encaravam fixamente a doente. Fiquei algum tempo a olhar, como extasiada, e a visão não desaparecia. Enfim, estendendo a mão a Susana, por cima da cama, disse simplesmente:

— Susana, olha um pouco para o alto.

Ela olhou e exclamou com expressão de grande espanto:

— Oh! Emelina, são William e John!

Continuamos a olhar essa visão, como se fôramos fascinadas, até que tudo desapareceu como um quadro que se dissolvesse.

Algumas horas mais tarde Carlota era atacada de repentino acesso inflamatório e expirava poucos minutos depois. (Proceedings of the S. P. R., v. VI, p. 293-294.)

O caso que acabamos de ler é contado por Podmore, o qual nota que, para explicar a visão, não é necessário supor a presença espiritual dos dois irmãozinhos mortos, visto como é possível supor, com mais probabilidade, que a aparição fosse o reflexo do pensamento da doente.

À falta de atestados opostos e precisos, não nos restaria mais que aceitar a explicação proposta por Podmore, se na narrativa acima não se encontrasse uma circunstância que poderia ter o valor de demonstração indireta do contrário. Esta circunstância é contida no parágrafo em que se diz que Susana se lembrava das duas crianças; que Emelina (a que conta o fato) não se lembrava nem de uma nem de outra e que não existia retrato da primeira.

Ora, se bem refletirmos, tudo isso significa que a outra irmã, Carlota — de menos dez anos de idade que Susana —, devia lembrar-se somente do irmão mais moço, John, sem o que a autora da narrativa não teria deixado de escrever que as *duas irmãs* — e não unicamente Susana — se lembravam dos dois rapazes. Como não o fez, é evidente que Carlota não se encontrava na situação de sua irmã mais velha, Susana. E nem mesmo da mais nova, que não se lembrava de nenhum dos irmãozinhos; a dedução que acabo de tirar parece, pois, inevitável.

É claro, portanto, que a visão percebida por Emelina não podia ser o reflexo do pensamento da irmã moribunda, visto como esta última ignorava os traços do mais velho dos irmãos aparecidos; a explicação espírita deste episódio torna-se, por consequência, impossível de evitar.

Caso 54 – Conto, enfim, um caso rigorosamente verificado e muito interessante, posto que não se saiba a que hipótese nos socorrermos para explicar os fantasmas manifestados ao percipiente e que revestem provavelmente um caráter simbólico.

Extraio o caso do *Journal of the S. P. R.* (1908, p. 308-311).

O doutor O. Burges envia ao doutor Hodgson o episódio seguinte, que se passou em presença do doutor Renz, especialista em moléstias nervosas.

M. G., protagonista do episódio, escreve:

O que se desenrolou diante de mim, durante as cinco últimas horas de vida de minha pobre mulher, converteu-se, a meus olhos, na questão seguinte, muito debatida e que não chegarei nunca a resolver: isto é, se eu estava mentalmente alucinado, ou se, ao contrário, foi-me concedido o dom da clarividência.

Antes de descrever os acontecimentos e no interesse daqueles que lerem estas páginas, tenho a declarar que não faço uso de bebidas alcoólicas, nem de cocaína, nem de morfina; que sou e fui sempre moderado em tudo, que não possuo um temperamento nervoso; que minha mentalidade nada tem de imaginativa e que sempre fui considerado como homem ponderado, calmo e resoluto.

Acrescento que não somente nunca acreditei no que se chama Espiritismo, *com os fenômenos relativos de materializações mediúnicas e do corpo astral visível, como fui sempre hostil a essas teorias.*

Minha mulher morreu às 11h45 da noite de sexta-feira, 23 de maio de 1902; e só às 4 horas da tarde desse mesmo dia foi que me persuadi que estava perdida toda a esperança.

Reunidos em torno do leito, na expectativa da hora fatal, estávamos muitos amigos, o médico e duas enfermeiras.

Eu permanecia sentado à cabeceira da moribunda, apertando nas minhas a sua mão direita.

Os amigos ficaram espalhados pelo quarto, uns sentados, outros em pé. Ninguém falava; atentavam todos na respiração da doente, que se tornava cada vez mais fraca.

Assim se passaram duas horas, sem que se observasse nenhuma alteração.

Os criados anunciavam que o jantar estava à mesa, mas ninguém parecia disposto a ir servir-se.

Às 6h30 pedi com insistência aos amigos, ao médico e às enfermeiras que fossem jantar, sem demora, porque a espera podia prolongar-se ainda.

Todos, menos duas pessoas, seguiram meu conselho.

Quinze minutos mais tarde, isto é, às 6h45 (estou certo da hora porque havia um relógio colocado diante de mim, sobre um móvel), aconteceu-me voltar o olhar para a porta de entrada e percebi sobre o sólio, suspenso no ar, três pequenas nuvens muito distintas, dispostas horizontalmente, parecendo cada uma do comprimento de cerca de 4 pés, com 6 a 8 polegadas de volume. A mais próxima do solo estava dele separada por dois pés, mais ou menos; as outras seguiam com intervalos de cerca de 6 polegadas.

Meu primeiro pensamento foi que os amigos (e lhes peço perdão por esse injustificado juízo) se tinham posto a fumar, além da porta, de maneira que o fumo dos seus charutos penetrasse no quarto. Levantei-me de salto para ir reprochá-los e notei que nas proximidades da porta, no corredor e no quarto, não havia ninguém.

Espantado, voltei-me para olhar as nuvenzinhas que, lentamente, mas positivamente, se aproximavam da cama, até que a envolveram por completo.

Olhando através dessa nebulosa, percebi que ao lado da moribunda se conservava uma figura de mulher, de mais de 3 pés de altura, transparente, mas ao mesmo tempo resplandecente de uma luz de reflexos dourados; seu aspecto era tão glorioso, que não há palavras capazes de descrevê-lo. Ela vestia um costume grego de mangas grandes, largas, abertas; tinha uma coroa à cabeça.

Essa forma mantinha-se imóvel como uma estátua no esplendor de sua beleza; estendia as mãos sobre a cabeça de minha mulher, na atitude de quem recebe um hóspede alegremente, mas com serenidade.

Duas formas vestidas de branco se detinham, de joelhos, ao lado da cama, velando ternamente minha mulher, enquanto outras formas, mais ou menos distintas, flutuavam em torno.

Acima de minha mulher estava suspensa, em posição horizontal, uma forma branca e nua, ligada ao corpo da moribunda por um cordão que se lhe prendia acima do olho esquerdo, coma se fosse o corpo astral. *Em certos momentos, a forma suspensa ficava completamente imóvel; depois, contraía-se e diminuía até reduzir-se a proporções minúsculas, não superiores a 18 polegadas de comprimento, mas conservando sempre sua forma exata de mulher; a cabeça era perfeita, perfeitos o corpo, os braços, as pernas.*

Quando o corpo astral *se contraía e diminuía, entrava em luta violenta, com agitação e movimento dos membros, com o fim evidente de se desprender e libertar do corpo físico. E a luta persistia até que ele parecia cansar; sobrevinha, então, um período de calma; depois o* corpo astral *começava a aumentar, mas para diminuir de novo e recomeçar a luta.*

Durante as cinco últimas horas de vida de minha mulher, assisti, sem interrupção, a essa visão pasmosa, que outros definirão como puderem.

Não havia meio de fazê-la apagar de meus olhos; se me distraía conversando com os amigos, se fechava as pálpebras, se me achava de outro lado, quando voltava a olhar o leito mortuário, revia inteiramente a mesma visão.

No correr das cinco horas experimentei estranha sensação de opressão na cabeça e nos membros; sentia minhas pálpebras pesadas como quando se está tomado pelo sono, e as sensações experimentadas, unidas ao fato da persistência da visão, faziam-me temer por meu equilíbrio mental, e então dizia ao médico muitas vezes: "Doutor, eu enlouqueço".

Enfim, chegou a hora fatal; depois de um último espasmo, a agonizante deixou de respirar e vi, ao mesmo tempo, a forma astral redobrar de esforços para libertar-se.

Aparentemente, minha mulher parecia morta, mas começava a respirar alguns minutos depois, e assim aconteceu por duas ou três vezes. Depois, tudo acabou. Com o último suspiro e o último espasmo, o cordão que a ligava ao corpo astral quebrou-se e eu vi esse corpo apagar-se.

As outras formas espirituais, também, assim como a nebulosidade de que fora invadido o quarto, desapareceram subitamente; e, o que é estranho, a própria opressão que eu sentia sumiu-se como por encanto e permaneci de novo como fui sempre, calmo, ponderado, resoluto; dessa forma fiquei em condições de distribuir ordens e dirigir os tristes preparativos exigidos pelas circunstâncias.

Deixo aos leitores a liberdade de julgarem se realmente eu me encontrava tomado de acesso alucinatório determinado pela ansiedade, sofrimento ou fadiga, ou se, por acaso, se me tinha dado perceber uma parcela da existência espiritual, com sua paz, sua felicidade, sua beleza.

O doutor Renz, testemunha dos fatos, escreve longa carta de confirmação, da qual tiro este trecho:

Desde que a doente se extinguiu, M. G., que durante cinco horas havia ficado à sua cabeceira, sem dali sair, levantou-se e deu as ordens que as circunstâncias requeriam, com expressão tão calma, de homem de negócios, que os assistentes ficaram surpresos. Se ele tivesse sido submetido, durante cinco horas, a um acesso de alucinação, o espírito não se lhe teria tornado claro e normal de um momento para outro.

Dezessete dias já se passaram depois da visão e da morte de sua mulher; M. G. continua a mostrar-se perfeitamente são e normal de corpo e de espírito (Doutor C. Renz).

Este caso é tão interessante como embaraçoso. Com efeito, encontra-se na descrição do *corpo astral*, suspenso sobre a moribunda, detalhes impossíveis de explicar pela hipótese alucinatória, porque concordam com descrições do mesmo gênero, dadas por percipientes, ignorando uns as dos outros; ao mesmo tempo, são bastante curiosos para que possam ser explicadas pela hipótese das circunstâncias fortuitas. Tal é o incidente das alternativas de crescimento e diminuição experimentadas pelo *corpo astral*, antes de exteriorizar-se definitivamente e isso segundo o fluxo e refluxo da vitalidade da moribunda.

Foi citado precedentemente (Caso 35) a descrição de um caso análogo observado no leito de morte de uma criança; e, em minha obra sobre os *Fenômenos de bilocação* (*Annales des Sciences Psychiques*, março e abril de 1911), lembrei um caso análogo de que o reverendo Stainton Moses era o percipiente.

Repito, pois, que como cada um dos percipientes apontados ignorava a experiência dos outros, e como essas concordâncias não podem ser atribuídas a coincidências fortuitas, somos conduzidos a admitir que eles testemunharam a objetividade dos fenômenos percebidos.

Segue-se que, nos casos de que nos ocupamos, a visão do desdobramento fluídico da agonizante deveria ser considerada como objetiva.

Isso admitido, como explicar a aparição de uma forma feminina vestida de costume grego, com uma coroa na cabeça?

Este conjunto de detalhes nos faz supor que a forma tinha um caráter simbólico; neste caso, em que consistia ele?

Seria uma criação alucinatória da mentalidade do percipiente ou uma projeção telepático-simbólica, tendo por origem a mentalidade de uma entidade espiritual?

Na casuística metapsíquica encontra-se certo número dessas projeções telepático-simbólicas, tendo provavelmente uma origem transcendental, e isso, especialmente, no grupo das premonições, de sorte que o exemplo narrado entraria em uma ordem de fatos conhecidos.

Como quer que seja, é inoportuno estendermo-nos no estudo de um episódio que, por enquanto, parece inexplicável.

Mais vale concluir, admitindo que houve neste caso promiscuidade de manifestações, em parte realmente supranormais e em parte alucinatórias.

SEXTA CATEGORIA:
Exemplos de aparições de defunto produzidas pouco depois de um caso de morte e percebidas na mesma casa em que jaz o cadáver.

Todos podem aperceber-se da grande importância teórica dos casos de que nos vamos ocupar. Se chegássemos a recolher-lhes um número suficiente, representariam preciosa contribuição em favor da tese espiritualista. Essa possibilidade está, entretanto, ainda bem longe; os fatos em questão são dos mais raros; isso não pode espantar, dadas as condições excepcionais que são necessárias para que eles se possam produzir.

Caso 55 – O caso seguinte, que tiro do v. V, p. 422, dos *Proceedings of the S. P. R.*, é também o único que conheço.

Agosto, 1886. No sábado, 24 de outubro de 1868, despedimo-nos de nossos amigos (os marqueses de Lys) — com os quais permanecêramos em Malvern Well — para irmos a Cheltenham, residência de um cunhado de meu marido, Georges Copeland.

Desde algum tempo já este estava doente, em consequência de um ataque de paralisia, que o havia reduzido à imobilidade, ficando, no entanto, perfeitamente sãs suas faculdades mentais.

Esta última circunstância fazia que seus amigos ficassem perto do doente, a fim de adoçar-lhe a desventura, tanto quanto possível.

Aproveitando a pouca distância que nos separava, resolvemos, por nossa vez, fazer outro tanto. Fomos, porém, informados de que o doente já tinha outras pessoas em sua casa; decidimos, então, ir para Cheltenham, sem o prevenir, a fim de alugar um apartamento, antes que ele no-lo impedisse de fazer, por um convite.

Tomamos vários quartos situados na vizinhança da habitação de Copeland.

Feito isso, estávamos prontos para nos ausentar dos hotéis quando muitos frascos de remédios, dispostos em uma mesa, atraíram o nosso olhar. Perguntamos se havia doentes na casa e nos informaram que certa senhora R..., hóspede no hotel com sua filha, estava doente desde algum tempo; era coisa de pouca importância e não havia perigo. Depois dessa ocasião não pensamos mais no assunto.

Logo após fomos à casa de Copeland e, no correr da tarde, veio a pronunciar-se o nome dos nossos vizinhos de hotel. Copeland disse, então, que conhecia a senhora R...; explicou que era viúva de um doutor, ex-clínico em Cheltenham, e que uma de suas filhas se casara com um professor de colégio, um certo senhor V... Lembrei-me então de ter conhecido a senhora V... por ocasião de uma recepção em casa do doutor Barry, e ter nela feito reparo por causa de sua grande beleza, enquanto ela conversava com a dona da casa. Era tudo a que eu sabia a respeito dessas senhoras.

Na manhã de domingo, à hora do almoço, observei que meu marido parecia preocupado. Terminado que foi o repasto, perguntou-me ele:

— Ouviste arrastar uma cadeira, há pouco? A velha que mora embaixo morreu na própria cadeira, esta noite; arrastaram esse móvel, trouxeram-na para o quarto.

Fiquei muito impressionada; era a primeira vez que me encontrava nas proximidades de um cadáver; desejei, pois, mudar sem demora, de apartamento. Muitos de nossos amigos, sabendo dos fatos, nos tinham gentilmente oferecido hospitalidade; mas meu marido se opusera, lembrando que uma mudança é sempre um aborrecimento, que meus terrores eram tolos, que ele não achava nenhum prazer em deslocar-se num dia de domingo, que não era generoso partir porque uma pessoa havia morrido e que, enfim, se assim procedessem para conosco, não nos deixaríamos de aborrecer.

Em suma, tivemos que ficar.

Passei o dia em companhia do cunhado e das sobrinhas e só voltamos ao hotel à hora de ir para a cama.

Depois de haver adormecido, acordei de repente, como de hábito alta noite, sem causa aparente, e vi distintamente, ao pé da cama, um velho fidalgo, de rosto gordo, rosado e sorridente, com um chapéu na mão.

Estava vestido com um casaco azul-celeste, de talhe antigo, guarnecido de botões de metal; tinha um colete claro e calças da mesma cor.

Quanto mais o encarava, melhor lhe discernia os menores detalhes do rosto e das vestes.

Não me senti muito impressionada; depois de algum tempo ensaiei fechar os olhos durante um ou dois minutos; quando os reabri, o velho fidalgo tinha desaparecido.

Dormi algum tempo depois. Vindo a manhã, propus-me nada dizer a ninguém do que me tinha acontecido, até que tivesse visto uma de minhas sobrinhas, a qual queria expor o fato, a fim de saber se, por acaso, não haveria nenhuma semelhança entre o doutor R... e o fidalgo da minha visão. Apesar de me parecer absurda esta ideia, queria certificar-me.

Encontrei minha sobrinha, Maria Copeland (hoje senhora Brandling), de volta da igreja, e logo lhe perguntei:

— O doutor R... não tinha o aspecto de velho fidalgo, de rosto cheio, rosado e sorridente, etc., etc.?...

Ela estremeceu de espanto.

— Quem te disse? — perguntou — Nós dizíamos, de fato, que ele se assemelhava mais a um bom feitor de fazenda do que a um doutor. Como é estranho que um homem de aspecto tão vulgar tivesse por filha tão bela criatura!

Tal é a narrativa rigorosamente exata do que me aconteceu. Minhas duas sobrinhas estão ainda vivas e devem lembrar-se exatamente de tudo isso. Naturalmente, não estou em condições de explicar o fato. O corpo da velha senhora jazia no quarto que ficava imediatamente abaixo do nosso. O que me surpreende, sobretudo, é que eu tivesse ficado tão pouco impressionada e que pudesse dormir alguns instantes depois, sem incomodar ninguém (D. BACCHUS).

O marido da senhora Bacchus confirma o acontecimento:

Leamington, 27 de setembro de 1886. — Li a narração de minha mulher a respeito do que sucedeu em Cheltenham, quando nós aí estivemos em 1868., Ela responde exatamente ao que minha mulher contou de viva voz, na manhã que se seguiu ao fato de que perfeitamente me recordo. Também me lembro de que nessa manhã mesma ela contou todos os detalhes do acontecimento à sua sobrinha (Henry Bacchus).

Para mais amplos detalhes e outros testemunhos, envio o leitor aos *Proceedings*, no lugar citado.

No fato que precede, o detalhe mais importante, sob o ponto de vista teórico, é o da declaração da percipiente de não ter nunca conhecido e não haver tido nunca ideia do aspecto do defunto doutor R... — o que levaria a admitir a realidade objetiva da aparição, afastando a hipótese de um fenômeno de autossugestão alucinatória, provocado na senhora Bacchus pelo pensamento desagradável de ter perto de si o cadáver da senhora R...; salvo se se quiser encontrar a causa da visão num fenômeno de transmissão de pensamento, vindo da filha da senhora R..., pensamento que podia estar voltado para a recordação do pai, ou bem a transmissão de uma imagem análoga percebida em sonho pela mesma pessoa — interpretação que não é preciso rejeitar, porque ela parece assaz gratuita.

CONCLUSÕES

Com isso, termino a presente classificação na qual está apenas compreendida pequena parte dos fatos que tenho recolhido.

Que conclusão devemos tirar do conjunto desses fatos? Como vimos, ative-me rigorosamente, em todo este estudo, às interpretações científicas da provável alucinação, combinada com a transmissão telepática do pensamento; e determinei-me a isso, considerando que, pela própria natureza dos fenômenos analisados, não era possível separá-los dos puramente alucinatórios ou telepático-alucinatórios.

Não me restava outro caminho a seguir, assinalando, é bem de ver, os episódios que pareciam provar a insuficiência das hipóteses apontadas e a necessidade de recorrer à espírita.

Esses episódios adquirem valor demonstrativo pela força de seus modos de manifestação: quer porque o doente se encontre, às vezes, em coma, o que exclui a possibilidade de que as visões dos assistentes sejam uma projeção do seu pensamento; quer porque o defunto manifestado e desconhecido do percipiente, sendo em seguida identificado por um retrato; quer porque o fantasma toma um caráter de manifestação premonitória, outra circunstância inexplicável pelas hipóteses alucinatória, sugestiva ou telepática; quer porque se obtém, por vezes, confirmações indiretas em relação à veracidade das informações, sob a forma de prenúncios ou reconfirmações obtidas mediunicamente, o que conduz tais fenômenos para o caminho da experimentação científica; quer, enfim, porque o moribundo ou o percipiente e, por vezes, ambos, são crianças de pouca idade, e, por consequência, incapazes de se autossugestionarem ou sugestionarem os outros a respeito de acontecimentos transcendentais, que seus pequeninos cérebros não podem compreender. E este último grupo de provas é o mais importante, porque exclui de maneira decisiva toda hipótese ou objeção contrária; de sorte que é preciso afirmar que alguns fatos bem observados, desta natureza, bastam a demolir irrevogavelmente a hipótese telepático-alucinatória como explicação dos fenômenos em apreço — considerados em seu conjunto.

A essas inferências que decorrem diretamente dos fatos, é preciso acrescentar as considerações de ordem geral; se os fenômenos, por exemplo, tivessem por causa o pensamento do moribundo dirigido para aqueles que ama, o moribundo em vez de ser exclusivamente sujeito a fenômenos alucinatórios, representando defuntos, deveria perceber mais frequentemente formas alucinatórias representando pessoas vivas; ora, isto não se produz nunca. Da mesma maneira, pode-se dizer que, se na crise da morte se realizam fenômenos de visão alucinatória, é também certo que se produzem ainda fenômenos de telepatia, telestesia, lucidez, premonição, bilocação, etc.: todas as manifestações de ordem supranormal — o que torna muito improvável que as aparições de defuntos não sejam também supranormais.

A essas considerações não seria inútil aduzir mais esta: se a hipótese alucinatória aplicada aos casos de visão de fantasmas, em geral, parecia crível antes do advento das pesquisas metapsíquicas, o mesmo não se dá agora, se refletirmos no número sempre crescente de visões desta natureza, cuja origem verídica está demonstrada, começando pelos fantasmas telepáticos para passar aos de natureza premonitória e acabar pelas visões das casas assombradas, onde, muitas vezes, o mesmo fantasma, vestido de igual maneira, se manifesta a uma multidão de pessoas, ignorando uma a experiência dos outros, o que demonstra a objetividade *sui generis* desse fantasma e a impotência da hipótese alucinatória para explicá-la.

Essas considerações nos levam, pois, a concluir que a hipótese alucinatória, aplicada aos casos de aparições no leito de morte, perde todo direito à exclusividade, dando margem à explicação espírita para muitas dessas aparições.

E tudo isso não basta: porque, se analisarmos as modalidades de manifestação da telepatia — na qual se fundam todas as suposições da tese adversa — chegaremos à conclusão de que essas modalidades são contrárias à hipótese alucinatória aplicada aos fenômenos estudados.

Com efeito, comparando entre si os muitos milhares de casos telepáticos recolhidos, observamos que uma regra indiscutível os governa — regra a que já fizemos alusão, mas que agora precisamos discutir a fundo:

Salvo raras exceções, que não se podem levar em conta quando se estabelece uma regra, é sempre o fantasma do agente que se manifesta ao percipiente, enquanto, nos casos de aparição de defuntos nos leitos de morte, a regra, também indiscutível, é diametralmente oposta. Com efeito, são sempre fantasmas de terceiras pessoas, defuntas, que se manifestam aos percipientes.

Vejamos, agora, a que leva essa verificação. Começarei por notar que, duma extremidade a outra desta obra, concedi a meus oponentes a vantagem de pressupor que as transmissões telepáticas de fantasmas de pessoas, nas quais se pensa com intensidade de afeição, constituam a regra. Mas é útil, presentemente, observar que esta suposição não é absolutamente fundada; constitui, mesmo, um erro grosseiro, que não subsiste diante da prova dos fatos. Eles aí estão para mostrar que, quando uma pessoa pensa intensamente em outra, o que é provável que se realize é que a pessoa na qual se pensa perceba o fantasma telepático do agente e não que este transmita a um terceiro o fantasma da pessoa na qual pensou.

Entre as duas ordens de fatos há um abismo, com esta circunstância agravante, que somente a primeira é real; a outra é fantástica. E, no entanto, os defensores intransigentes da hipótese telepática pressupõem constantemente esta eventualidade, como se se tratasse de uma regra bem estabelecida.

Em apoio do que afirmo farei ainda notar que os tratados de patologia mental registram numerosos exemplos de alucinações coletivas — sobretudo nas crises de alucinações místicas —, mas estas se realizam invariavelmente por meio da *sugestão verbal* e nunca por meio de transmissão telepática do pensamento.

Essa verificação é absolutamente sintomática e confirma admiravelmente as considerações que acabamos de expor.

Se me perguntassem, agora, como se pode produzir o fenômeno perturbador da transmissão telepática do próprio fantasma à pessoa na qual se pensa, responderia que ninguém está em condições de explicá-lo atualmente.

A telepatia conserva-se, para todos, um mistério profundo; quanto mais é estudada, menos é compreendida, e a hipótese fisiopsíquica das "vibrações do pensamento viajando ao infinito em ondas concêntricas", com a qual muitos se lisonjeiam de compreender em parte o fenômeno, está agora caída e abandonada pelas pessoas competentes, porque é literalmente inconciliável com os fatos.

Sobre este assunto só se pode assegurar o seguinte: que a telepatia é uma coisa *espiritual* e que, por consequência, se manifesta em uma ambiência espiritual (a que Myers chama "ambiência metaetérica").

Resignemo-nos, pois, a estudar muito tempo, ainda, as manifestações metapsíquicas, acumulando os fatos, classificando-os, comparando-os, analisando-os, a fim de descobrir-lhes as relações e apreender as leis que os governam; faremos assim verdadeira obra de ciência.

Nesta obra sobre os fenômenos de "aparições de defuntos no leito de morte", eu me votei à dura empresa e as inferências conclusivas a que cheguei podem ser resumidas nos seguintes termos:

Pelos processos de análise comparada entre os fenômenos telepáticos e as "visões dos moribundos", parece demonstrado que, quando essas visões são percebidas unicamente pelos assistentes ou pelo moribundo e assistentes, é preciso excluir, em princípio, que o fato se produza em consequência de uma transmissão telepática do pensamento do agonizante. Segue-se, logicamente, que as visões unicamente percebidas pelo moribundo não podem ter uma origem diferente das outras, e que, portanto — sempre como regra geral —, a mesma origem deve ser atribuída ao grupo inteiro de fenômenos.

Quanto à natureza desta origem, devemos julgá-la pelos casos de visões coletivas, em que a identidade do fantasma, não podendo ser explicada pela transmissão do pensamento alucinado do moribundo, reveste necessariamente o valor de prova.

É o que demonstram, também, os modos de manifestações dos fenômenos, muitas vezes inconciliáveis com a hipótese alucinatória. Em outros termos: pelo estudo científico das manifestações em análise, somos levados a concluir que as hipóteses alucinatória e telepático-alucinatória se mostram insuficientes para explicar o conjunto dos fatos, e que, ao contrário, a hipótese espírita a eles se presta admiravelmente.

DOS FENÔMENOS DE TELECINESIA EM RELAÇÃO AOS ACONTECIMENTOS DE MORTE

Os fenômenos de *telecinesia* em sua forma espontânea de manifestações — trata-se na maioria dos casos de retratos que caem ou relógios que param em relação com acontecimentos de morte — oferecem alto valor teórico. E isso por motivos múltiplos, dos quais o principal é o seguinte: a ação física exercida a distância, em semelhantes casos, não pode ser encarada como de natureza puramente mecânica, pois que se exerce sobre um objeto *designado* — o que não se poderia realizar sem o concurso duma vontade dirigente; ou, em outros termos, sem a presença verídica da entidade espiritual que está em jogo. Daí se segue que os fenômenos de telecinesia fornecem bom argumento para demonstrar que o espírito é independente do organismo corporal.

Eles se prestam, além disso, a circunscrever a hipótese telepática em limites mais bem determinados, porque se realizam, por vezes, simultaneamente com manifestações telepáticas — o que conduz logicamente a formular-se conclusões idênticas sobre a gênese das duas classes de fenômenos.

Dever-se-ia, pois, concluir que, se os fenômenos de telecinesia, em razão do seu modo de realização, que prova a existência de uma vontade dirigente, só podem ser esclarecidos admitindo-se a presença espiritual do morto em relação com os fatos, temos que admitir o mesmo para grande número de fenômenos telepáticos.

Como estes se produzem combinados com os fenômenos telecinésicos, pode-se deduzir que, se os últimos são de natureza espírita, não pode deixar de se dar o mesmo com os primeiros.

Chegados a estas conclusões, devemos, então, circunscrever a hipótese telepática, considerada na significação de ação a distância entre um cérebro e outro, no campo estreito em que se exerce a *transmissão de pensamento* propriamente dita, isto é, em um raio de ação que não passe de alguns quilômetros — o que estaria conforme a lei física do quadrado inverso das distâncias, à qual as próprias vibrações do pensamento se não poderiam subtrair.

Se não quisermos encerrar a sua ação em campo tão estreito, não há outro meio para resolver o problema senão o de admitir que o grupo dos fenômenos conhecidos sob o nome genérico de *telepatia*, compreende em realidade manifestações de diferentes espécies.

Quando eles se produzem em curta distância, poderíamos identificá-los com a transmissão do pensamento (compreendida na significação clássica de um sistema de vibrações psíquicas que se espalham por ondas concêntricas de um cérebro a outro). Mas o mesmo não aconteceria quando os fenômenos se manifestam além de certo limite; neste caso poderíamos ainda chamar-lhes telepáticos, não porém com a significação *vibratória*, antes na de comunicação direta entre um Espírito e outro.

Enfim, seríamos levados a reconhecer que, nas duas categorias de manifestações, podemos encontrar episódios que, sendo absolutamente análogos aos telepáticos, pertencem em realidade à classe das manifestações espíritas propriamente ditas (implicando a presença local do Espírito que acaba de desencarnar), ou bem um fenômeno de comunicação telepático espírita entre um morto e vivos, e que, algumas vezes, pertence à classe de fenômenos de *bilocação* (implicando a presença, no lugar, do Espírito de um vivo, mergulhado nesse momento em sono natural ou provocado).

Estas considerações mostram a importância teórica dos fenômenos de telecinesia, em sua forma espontânea de realização. Eles estão, entretanto, entre os mais esquecidos da fenomenologia metapsíquica, o que é devido a não podermos encará-los do ponto de vista científico, por não apresentarem modos de realização bastante complexos para serem considerados como fatos reais. Com efeito, não se pode facilmente eliminar, por eles, a objeção das "coincidências fortuitas".

Apresso-me, entretanto, a notar que esta objeção não poderia ser vista como bem fundada, senão na hipótese absurda de se discutirem os casos insuladamente. Mas tal não é admissível.

Se um retrato caído ou um relógio parado em relação com um acontecimento de morte não provam absolutamente nada; se encaramos tais casos como simples "coincidência acidental", não podemos deixar, no entanto, de convir que estas coincidências se repetem cem vezes, em relação com cem casos de morte; ora, esse acúmulo de coincidências faz ressaltar a prova incontestável de uma relação de causa e efeito entre os dois acontecimentos.

É preciso, aliás, não esquecer que se conhecem casos que contêm detalhes inconciliáveis com a hipótese das coincidências fortuitas, como o faremos notar em momento oportuno.

É desejável que, de futuro, se reconheça o valor teórico dos fenômenos de telecinesia espontânea e, por consequência, cheguemos a acumular em proporções suficientes o material bruto indispensável para autenticar-lhes a existência e estudar-lhes a gênese material.

Eles não abundam na hora presente — porque as obras e revistas metapsíquicas muitas vezes não os publicam. Sabe-se, no entanto, que os fenômenos desta espécie se produzem com frequência bem impressionante e que ocupam um importante lugar nas tradições de todos os povos.

Isto é conhecido pelos médicos, pelos padres, pelos enfermeiros, por todos os que, por necessidade profissional, se acham de contínuo em contato com acontecimentos de morte.

Eis em que termos escreve sobre o assunto ao diretor da *Light*, de Londres, um armador funerário:

Tendo estado durante muitos anos ao serviço das pompas fúnebres e conhecendo assim, as manifestações que se relacionam com acontecimentos de morte, transmito-lhe minhas observações sobre o assunto; elas podem oferecer certo interesse aos seus leitores.

Os relógios que param, sobretudo os de balancim, em ocasião dos acontecimentos de morte, são fenômenos dos mais frequentes e constituem objeto de conversações e inquéritos em grande número de famílias visitadas pelo infortúnio.

Os retratos que caem, os instrumentos musicais que tocam espontaneamente, em coincidência com a morte, vêm imediatamente depois na ordem de frequência.

Muito mais raro é que um relógio esquecido desde muito tempo, estando estragado, se ponha de repente a trabalhar, por ocasião de um falecimento na família.

*Fatos desta espécie se produzem tantas vezes que se tornam familiares às pessoas ligadas ao serviço das pompas funerárias. Por minha parte estou em condições de fornecer grande número de exemplos de relógios que param, em coincidência com casos de morte, mas me abstenho, por enquanto, a fim de não tomar o espaço de suas colunas. (*Light*, 1898, p. 107.)*

Depois dessa exposição, destinada a esclarecer o tema a que me proponho, passo, sem mais, à citação dos casos, começando pelos retratos que caem em coincidência com acontecimentos fúnebres.

Caso 1 – Principio por um exemplo tirado de *Mes Memoires* ("Minhas memórias"), de Alexandre Dumas, pai (cap. CXV).

Esse autor conta como, estando uma tarde em casa de seu amigo Villenave, para dar-lhe uma carta que lhe haviam confiado a fim de ser entregue a esse amigo, encontrou-o adormecido numa poltrona e às escuras. E continua narrando:

— Veja — diz-me Villenave — é bem singular... eu tinha adormecido, o crepúsculo chegou; durante esse tempo extinguiu-se o fogo. O senhor acordou-me, achou-me sem luz e sem prestar atenção ao ruído que aqui se fazia... Foi sem dúvida o ar da porta que passou pelo meu rosto, mas, acordando, pareceu-me ver voltejar, diante dos olhos, qualquer coisa branca, como uma mortalha... É bem singular, não é? — perguntou Villenave, com um movimento de corpo, como se um arrepio lhe corresse pelos membros resfriados.

— Ei-lo aqui, tanto melhor — e estendeu-me a mão.

Respondi-lhe à cortesia, passando-lhe a carta que lhe levava, da mão direita à esquerda.

— Que é que tem aí? — perguntou-me Villenave.

— Ah, perdão, esquecia-me... é uma carta que Françoise me entregou para dar-lhe e que deu motivo a vir perturbá-lo.

— Obrigado. Olhe, faça favor, estenda o braço, e dê-me um fósforo; em verdade, estou ainda muito entorpecido e, se fosse supersticioso, acreditaria em pressentimentos.

Apanhei os fósforos, que lhe dei, e ele acendeu as cinzas rubras do fogão.

À medida que o fósforo queimava, espalhava-se a luz no quarto, e, apesar de trêmula, permitia distinguir os objetos.

— Oh, senhor! — exclamei imediatamente — que sucedeu a seu belo "pastel"?

— Veja: o vidro e o quadro estão quebrados; espero o vidraceiro e o enquadrador... É incompreensível!

— Que é incompreensível?

— O modo por que caiu.

— Desprendeu-se o prego? Quebrou-se o aro?

— Nada disto. Imagine que, anteontem, estava tranquilo toda a tarde; era meia-noite menos um quarto; sentia-me fatigado e tinha, entretanto, que rever ainda as provas da pequena mas compacta edição do meu Ovídio. Decidi-me a aliar a fadiga com o trabalho, deitando-me e revendo-as na cama. Deito-me, pois; ponho a vela na mesa de cabeceira; reflete-se-lhe o clarão sobre o retrato de minha pobre amiga; seu olhar segue a luz da vela; dou-lhe as boas-noites, como de hábito... Uma janela entreaberta deixava passar um pouco de vento; o vento faz vacilar a chama da vela, de maneira que me pareceu haver o retrato respondido às minhas boas-noites com um movimento de cabeça igual ao meu!

Como pode compreender, julguei loucura essa visão de movimento; mas, visão ou loucura, o caso é que meu espírito se preocupou com o fato; quanto mais penso nele mais se me afigura real, e meus olhos, atraídos para um único ponto, deixam o Ovídio *para se fixar no quadro; meu espírito distraído remonta, malgrado, aos primeiros dias da mocidade; esses primeiros dias repassam, um a um, diante de mim... Na verdade! Creio ter-lhe dito, o original desse pastel ocupou grande lugar nesses primeiros dias! Eis-me, pois, vogando de velas desfraldadas, nas minhas lembranças dos vinte e cinco anos; falo à copia como se o original pudesse ouvir-me e a minha memória responde por ele e me parece que o pastel move os lábios; e se me afigura que suas cores se apagam e que sua fisionomia se entristece e toma uma expressão lúgubre... Qualquer coisa como um sorriso de adeus passa-lhe sobre os lábios; uma lágrima sobe-lhe aos olhos e está quase a umedecer o vidro. Começa a soar meia-noite; estremeço, contra a vontade; por quê? não sei! O vento soprava à última pancada da meia-noite; vibrava ainda a sineta quando a janela se entreabre, violentamente, e eu ouço um frêmito, como um lamento; os olhos do retrato se fecham e, sem que se quebre o prego que o sustenta, sem que o aro se desprenda, cai o retrato e apaga-se a vela. Quis reacendê-la; não havia, porém, mais fogo na fornalha nem fósforo na chaminé.*

Era meia-noite; todos dormiam na casa; nenhum meio, por consequência, de fazer luz. Fechei a janela e deitei-me... Sem ter medo, estava comovido; sentia-me triste, tinha grande necessidade de chorar; parecia-me ouvir passar pelo meu quarto o roçagar de um vestido de seda... Por três vezes esse ruído foi tão sensível, que perguntei: — Há alguém aí?...

Enfim, adormeci mais tarde, e, acordando, o meu olhar foi para o pobre pastel: achei-o no estado em que vê.

— Com efeito — disse-lhe —, é bem estranho. E recebeu, como de costume, essa carta que recebe todas as noites?

— Não, e isto me inquieta; e por este motivo recomendei a Françoise que subisse ou mandasse que subissem logo que houvesse cartas para mim.

— Mas — repliquei eu — pode ser esta que lhe trago...

— Não é o seu modo de dobrá-las, mas não importa, como vem de Angers...

Depois, virando-a para romper-lhe o envelope:

— Oh! Deus — disse ele —, está tarjada de preto... Pobre amiga, sucedeu-lhe qualquer desgraça!

E Villenave abriu a carta, empalidecendo. Ela continha uma segunda. À leitura das primeiras linhas dessa primeira carta, encheram-se-lhe os olhos de lágrimas.

— Veja — disse ele, apresentando-a —; leia!

E enquanto, triste e silenciosamente, abria a segunda carta, tomei a primeira e li:

"Senhor: É cheia de mágoa, aumentada com aquela que lhe vou fazer experimentar, que lhe anuncio a morte da senhora ..., domingo último, quando soava a última pancada da meia-noite.

Tinha ela sido tomada de indisposição, na véspera, no momento em que lhe escrevia, indisposição que supusemos ligeira a princípio, mas que se lhe agravou até o momento de morrer.

Tenho a honra de enviar-lhe, incompleta como está, a carta que ela havia começado para o senhor. Esta carta provará que, até o último momento de vida, os sentimentos que lhe votava ficaram inalteráveis.

Sou, senhor, bem tristemente, como o deve julgar, sua humilde e obediente serva

(TERESA MIRAUD)".

— Pois bem, veja — disse-me Villenave — foi à última pancada da meia-noite que o retrato caiu, foi à última pancada da meia-noite que ela morreu.

Achei que a dor por que ele passava não era para as polidas consolações que eu lhe pudesse dar, mas para uma soledade povoada de recordações.

Tomei o meu chapéu, apertei-lhe a mão e saí.

Isso me havia evocado a lembrança de meu pai, que na noite de sua morte, quando eu era ainda criança, veio acordar-me e, sem encontrar resposta, fiz a mim mesmo esta pergunta, tantas vezes repetida:

— Por que misteriosos laços a morte está ligada à vida?

Se, no caso acima, o quadro tivesse caído por haver-se o prego destacado da parede, seria legítimo, até certo ponto, atribuir o acontecimento a uma coincidência acidental; mas, ao contrário, como se pode ver, Villenave faz notar, com espanto, as circunstâncias do prego fixado na parede e do aro fixado no quadro, os quais tinham ficado em seus lugares. Ora, estas circunstâncias, insignificantes na aparência, constituem, na realidade, provas em favor de uma intervenção supranormal no incidente que se produziu.

Noto, a este respeito, que as observações sobre os pregos, os ganchos e os cordões que se encontram intactos após as quedas dos quadros, constituem a regra nas narrativas deste gênero.

Casos 2 e 3 – O professor A. Alexander, membro da Sociedade Inglesa de Pesquisas Psíquicas e residente no Rio de Janeiro, fez chegar ao Congresso Espiritualista Internacional, que se reuniu em Londres em junho de 1898, um longo relatório de numerosos incidentes supranormais, examinados por ele próprio; entre estes, encontram-se quatro, pertencentes à classe de que nos ocupamos. Começo pelos dois mais simples. O professor Alexander escreve:

> *Na casa do senhor Carlos Jansen, um pequeno retrato de sua mãe foi projetado em terra no próprio dia em que esta senhora morria na Alemanha. Quando ela estava no Brasil, havia prometido a um dos seus netos que muito amava que, no caso de morrer, anunciar-lhe-ia, fazendo cair o seu retrato, e isto, de fato, se deu.*
>
> *O retrato não estava pendurado à parede, mas colocado em um móvel e inclinado sobre a parede, onde estava apoiado.*
>
> *O segundo caso teve por testemunha o tenente Costa, que citei a propósito de um outro incidente supranormal. Tinha ele um irmão chamado Antônio, que morreu durante a guerra do Paraguai.*
>
> *Uma noite, antes que sua morte fosse sabida no Rio de Janeiro, sua mãe estava com disposições para contar casos de sua infância e quis começar uma frase por estas palavras:*
>
> *— Quando Antonico nasceu... — mas teve um* lapsus linguae *e disse: — Quando Antonico morreu.*
>
> *Provavelmente, ela já possuía um conhecimento subliminal do falecimento e isso foi a causa do engano. Como quer que seja, a genitora ficou sinistramente*

impressionada com o fato. E quando as pessoas presentes procuravam convencê--la da futilidade do incidente, ouviu-se um ruído no quarto, ao lado, como de um objeto que caísse ao chão. Os assistentes correram e encontraram tombado o retrato de Antonico.

Nota-se que o retrato estava ligado à parede por dois pregos sólidos e que o cordão que o sustentava se achava em perfeito estado de conservação.

Pouco depois, chegou o telegrama anunciando a morte do jovem oficial.

No primeiro dos dois casos acima, observarei a promessa que a velha senhora tinha feito a seu neto, de anunciar-lhe a morte, fazendo cair o seu retrato — circunstância impressionante, que torna muito improvável a hipótese das "coincidências fortuitas", em favor da espírita.

Com efeito, se nesse episódio o objeto designado caiu conforme a vontade manifestada pela senhora, durante a vida, isto constitui razão demais para crer-se que a vontade da morta não era estranha ao incidente; em outros termos, que ela estava presente espiritualmente. Ao demais, a hipótese telepática não poderia explicar um aviso que se manifesta sob uma forma física, assim como não se poderia explicar que uma força física, propagando-se a distância, por ondas concêntricas, pudesse exercer-se sobre um objeto designado.

O fato, pois, só pode ter por origem a intervenção de uma vontade que houvesse dirigido a força física.

No segundo caso, noto o curioso incidente do *lapsus linguae* sucedido à mãe do falecido, incidente devido provavelmente ao conhecimento subliminal que ela acabava, talvez, de adquirir, da morte do filho, como justamente o disse o professor Alexander.

Nesse caso, o incidente seria de natureza telepática e se teria realizado simultaneamente com o outro de natureza física, simultaneidade de realização que tenderia a provar a identidade de origem das duas formas supranormais de avisos de morte.

Como o aviso telecinésico foi, naturalmente, devido à presença, no momento, da entidade espiritual do morto, disso resulta que a gênese do aviso telepático não poderia ser diferente.

Teremos, aliás, oportuna ocasião de analisar, a esse respeito, casos bem mais significativos ainda.

Caso 4 – Extraio-o da *Light* (1898, p. 55).

Por ocasião da morte do general Henry Havelock-Allan, o comandante A. Romler, pertencente à brigada comandada por aquele general, narra um caso telepático que lhe sucedeu, com a visão da cena na qual o general achou a morte. Depois do que, acrescenta ele este outro episódio supranormal, coincidindo com a própria morte do general.

> *Uma das circunstâncias mais impressionantes que se ligam à morte do pranteado general Henry Havelock-Allan — morte que se deu nos bosques de Afridiland — foi esta misteriosa coincidência acontecida no quartel do 2º Batalhão de Fuzileiros de Northumberland e precisamente na sala de refeições dos suboficiais.*
>
> *Este batalhão pertence à brigada dos voluntários do distrito noroeste da Inglaterra, e desde o dia de sua formação foi sempre comandado pelo lugar-tenente general mencionado. Haviam-se realizado modificações na sala de refeições; depois de restaurada, foi ornada com o retrato do general, oferecido pelo major doutor, H. Frazer Hust. Ora, este retrato destacou-se inexplicavelmente da parede, caindo sobre o parque, quarta-feira, 29 de dezembro, às 3h40; era a hora em que o general tinha deixado sua escolta para continuar, só, o caminho para Jamrud, através de uma região inimiga.*
>
> *No dia seguinte foi encontrado o seu cadáver e a nova telegrafada para a Inglaterra.*
>
> *Quando o aviso do seu fim trágico chegou ao batalhão dos fuzileiros, o sargento-major e os outros militares presentes não puderam deixar de notar a relação com o incidente que se havia produzido na sala de refeições — incidente tão estranho e tão incompreensível, que as testemunhas tomaram nota da hora e do dia em que se produzira.*

É preciso reconhecer que a coincidência é extraordinária e inexplicável, pois que a hora em que o general foi massacrado pela tribo rebelde é quase a mesma (posto que não seja possível assegurá-lo de maneira absoluta) que a em que o retrato caía na sala de refeições dos suboficiais.

O caso acima não contém nada de teoricamente novo; mas ressalta do meio dos outros por seu valor probatório, em consequência das testemunhas em seu apoio e da data na qual o fizeram conhecer, isto é, imediatamente depois do acontecimento.

E a grande distância existente entre a região onde se produziu a morte e aquela em que se verificou o fenômeno de telecinesia — da África do Sul à Inglaterra — prestar-se-ia a considerações mais decisivas a favor da hipótese espírita.

Com efeito, como dissemos, pelo que concerne aos fenômenos telepáticos, devemos renunciar à hipótese das vibrações do pensamento indo ao infinito em ondas concêntricas, porque verificamos que esses fenômenos escapam à lei física do quadrado das distâncias e que sua intensidade não diminui em consequência do afastamento, quando nenhuma espécie de vibrações poderia subtrair-se a esta lei.

Se somos levados a estas conclusões a propósito dos fenômenos telepáticos, em que as supostas vibrações seriam de natureza psíquica, com mais forte razão a elas seremos arrastados no caso dos fenômenos telecinésicos em que as supostas vibrações seriam de natureza física e, por consequência, devem incontestavelmente estar submetidas à lei física do quadrado inverso das distâncias; é evidentemente absurda e anticientífica a hipótese contrária.

Ora, como os fenômenos de que tratamos escapam inteiramente àquela lei, não podemos deixar de concluir que sua natureza é diferente e que eles pertencem à classe dos fenômenos supranormais — ou, em outros termos — aos fenômenos espíritas.

Caso 5 – No exemplo seguinte, que extraio dos *Annales des sciences psychiques* (1916, p. 122), o fenômeno telecinésico, em lugar de realizar-se no momento da morte do agente, produz-se no momento em que a percipiente recebe a notícia de morte — o que sugere novos argumentos em favor da hipótese espírita e em contradição com toda e qualquer hipótese naturalista. O redator-chefe da revista, M. C. de Vesme, escreve:

> *Uma literata, a senhora X., muito conhecida nos meios psíquicos de Paris, e a quem não faltava, certamente, espírito crítico, escrevia-nos, a 4 de novembro de 1915, uma carta na qual nos falava dos pressentimentos e dos "sinais" que haviam acompanhado a morte de seu jovem filho, tombado na segunda-feira precedente, 20 de setembro, no campo de honra.*
>
> *Deixemos os terríveis pressentimentos, as angústias súbitas, os sonhos temerosos; a pobre mãe sabia que o filho estava na primeira linha; pode-se, pois, de certa forma, ver aí uma causa natural.*
>
> *Mas, na noite de 19 para 20 de setembro, a criada da senhora X., que estava na casa havia mais de dez anos, não pôde dormir, parecendo-lhe sempre ouvir alguém no quarto, ou tocando várias vezes a campainha; espantada, escondia a cabeça sob os lençóis.*
>
> *Contou o que se passava à sua patroa, quando esta, que esteve ausente durante três dias, chegou a casa.*
>
> *Na quinta-feira, 23, a senhora X. soube a dolorosa nova; precisamente, neste instante, um espantoso ruído se fez ouvir na sala de jantar, todos para ela se precipitaram: acabava de cair um grande quadro.*
>
> *A coincidência do instante exato — escreve-nos a senhora X. — é já impressionante, mas há melhor: examinando o cordão que o sustentava vimos que ele se havia rompido a 4 centímetros do lugar em que tocava o prego; neste, o cordão estava completamente usado, enquanto no outro, no lugar em que se rasgou, o que se deu foi um arrancamento.*
>
> *Soube depois que, ferido no domingo, 19 — vigésimo aniversário do seu nascimento! —, tinha meu filho expirado na segunda-feira, 20, às 8 horas da noite.*

No caso acima, faremos sobressair, antes de tudo, o inexplicável incidente comum à maior parte dos episódios deste gênero, do cordão dilacerado no lugar no qual parecia estar em perfeitas condições de conservação, como se o tivessem arrancado à viva força.

Segue-se, pois, que o incidente não pode ser explicado, recorrendo-se à hipótese das "coincidências acidentais", e que nos achamos em face de um episódio de telecinesia autêntico.

É preciso notar, agora, que o acontecimento de que se trata sucedeu três dias depois da morte do agente, no momento em que a mãe recebia a lúgubre notícia — o que elimina definitivamente, também, a hipótese das vibrações físicas que se propagam ao infinito, em ondas concêntricas (caso fossem necessárias ainda outras provas para eliminá-la).

Por outra parte, a mesma circunstância serve para mostrar que a única hipótese capaz de explicar os fatos consiste em supor-se que a entidade espiritual do filho se achava presente, no momento em que a mãe recebia o triste aviso, e quis consolá-la, fornecendo-lhe um sinal palpável de sua própria presença, pela única maneira por que lhe era possível.

Caso 6 – Neste outro exemplo, que extraio da relação do professor Alexander, citado mais acima (*Light*, 1898, p. 443), o fenômeno telecinésico se complica, pois que se realiza por duas vezes e em dias diferentes, após um acontecimento de morte.

Diz o senhor Alexander:

A 9 de maio de 1887, à meia-noite, morreu em São Paulo uma personalidade brasileira, o doutor Alberto Brandão. Seu genro, senhor Coelho Neto, escritor e romancista muito conhecido no Brasil, recebeu a notícia da morte no dia seguinte, mas nada disse à sua mulher, que estava enferma, de cama. Ela havia tido, entretanto, uma espécie de aviso telepático do acontecimento, pois que, ao meio-dia de 9 de maio, tinha ouvido um ruído inexplicável, como se houvessem lançado com força, no soalho do quarto, em cima, um punhado de areia.
Às 9h30 da noite do dia 10, quando o senhor Coelho Neto estava no andar superior, conversando com sua mulher e um amigo, ouviu-se grande ruído em um

dos quartos da frente do pavimento térreo. Coelho Neto correu imediatamente e viu que um grande e pesado retrato do doutor Brandão, pendurado à parede do quarto, se tinha desprendido e caído sobre uma cadeira de pau.

Às 11 horas da noite um outro quadro a óleo caiu no salão, arrastando consigo um terceiro quadro pendurado abaixo dele e quebrando alguns bibelôs colocados num consolo. O cordão que o prendia estava intacto; o prego que o sustentava estava em seu lugar.

O doutor Brandão morrera em condições econômicas muito difíceis e havia manifestado desejo de que o genro trouxesse para sua companhia duas moças, que ainda estavam solteiras.

Quando Coelho Neto se decidiu a recebê-las na família, as manifestações supranormais de natureza diversa, que se produziam na casa, cessaram logo...

Este caso é análogo a outro que contei no Capítulo IV de minha obra sobre *Les phénomènes de hantise* e onde se veem fenômenos muito violentos se produzirem em casa de um senhor que se havia recusado aceitar o encargo de tutorear os filhos de um dos seus parentes.

Tendo morrido este último, começaram logo as manifestações tumultuosas e duraram até que o proprietário da casa, impressionado, decidiu-se a aceitar o encargo ao qual tinha querido, a princípio, subtrair-se.

Da mesma forma, no caso acima, os fenômenos supranormais cessaram quando C. N. se decidiu a satisfazer o desejo do defunto, acolhendo em sua casa as duas jovens.

Diante de semelhantes circunstâncias, toda pessoa isenta de ideias preconcebidas deverá logicamente admitir que se as manifestações supranormais, começadas logo após um acontecimento de morte, cessam logo que os desejos do defunto são contentados, e que as manifestações estão em relação com o próprio defunto, implicando sua presença espiritual, e são causadas pelo fato de se lhe não obedecer ao desejo. Em outros termos: as manifestações tinham por fim impressionar os percipientes e levá-los a atender os seus votos — fim, aliás, que foi atingido.

Caso 7 – Este exemplo é também tomado ao relatório do professor Alexander (*Light*, 1898, p. 443). É ainda mais notável que o precedente, porque o fenômeno de telecinesia — um retrato que cai — se realiza como consequência de haver alguém nomeado, ou, mais precisamente, evocado o morto representado pelo retrato.

Escreve o professor Alexander:

É preciso notar, de começo, que, em fins de 1896, havia certa agitação política no Rio de Janeiro, por causa de um pedido de indenização por parte da Itália.

O protocolo italiano tinha sido aprovado pela Câmara brasileira em primeira e segunda discussão para ser, em seguida, rejeitado na terceira, em virtude da pressão exercida sobre os deputados pelo elemento militar.

Entre os numerosos cidadãos que acompanhavam a questão, apaixonadamente, estava o professor X., da Escola Politécnica. Republicano rígido, mostrava-se indignado com a intromissão do Exército em questões políticas, cuja solução pertencia ao povo por intermédio de seus representantes, e não ao Exército.

Um dia, à hora do almoço, quando ele discutia com animação por causa da interferência anticonstitucional das Forças Armadas, fez alusão a uma época anterior da história brasileira (1832), quando o regente de então, o padre Feijó, havia despido as vestes sacerdotais, armara os cidadãos e esmagara inexoravelmente a tropa insubordinada.

Acrescentou que deplorava que o padre não existisse mais para sufocar uma vez, ainda, os usurpadores atuais dos poderes públicos. Enquanto ele assim falava, ouviu-se no aposento contíguo o ruído da queda de um objeto. Sessenta quadros de retratos estavam alinhados nas paredes da sala; representavam as mais ilustres notabilidades políticas, literárias e científicas do Brasil. Um desses retratos se tinha desprendido da parede e caído sobre a biblioteca, embaixo: era o retrato do padre Feijó.

Sendo indiscutível o fenômeno dos retratos que caem em relação com o óbito daqueles que representam, julgo que não se possa atribuir a uma "coincidência fortuita" o episódio de que se trata, embora apresente caráter excepcional.

Se algum dos sessenta retratos que ornavam a sala tivesse tombado no momento em que o professor X. falava favoravelmente de uma personagem compreendida na coleção, o acontecimento deveria, então, ter sido encarado como resultante de uma "coincidência acidental". Mas o retrato caído era precisamente o da personagem evocada naquele momento: não é fácil atribuir o acontecimento a simples acaso, sem ultrapassar os limites da verossimilhança. Em todo caso, esta suposição não poderia constituir mais que uma opinião pessoal e não um parecer fundado sobre o cálculo matemático das probabilidades.

No ponto de vista da hipótese espírita, no entanto, este caso não ofereceria nada de excepcional nem de inverossímil; com efeito, sabe-se que, conforme esta hipótese, o fato de pensar intensamente em um morto teria por consequência estabelecer instantaneamente uma relação psíquica com seu espírito — o que está provado por numerosos exemplos de natureza telepático-experimental.

No caso vertente dever-se-ia supor que, em virtude da evocação intensa e simpática da personagem falecida, formou-se uma relação psíquica entre o professor X. e o Espírito do eclesiástico, que quis dar um sinal de sua presença e de sua aprovação, provocando um fenômeno supranormal ligado a seu retrato.

Casos 8 e 9 – Extraio os dois casos seguintes do recente livro de Camille Flammarion: *Autour de la mort* (p. 285 e 349). Não oferecem nada de excepcional, mas me decido a citá-los para retificar uma hipótese proposta por Flammarion para exemplificação destes acontecimentos.

Mlle. Vera Kunzler, de Nápoles, escreve nestes termos, em data de 27 de outubro de 1920:

> *Em começo do ano de 1917, minha tia, Paulina Riesheck, tinha seu marido na carreira das armas; mas, como ele tivesse mais de 40 anos de idade, acreditavam-no nas linhas da retaguarda e, por conseguinte, não havia motivo de preocupações.*

Na manhã de 12 de fevereiro, minha tia entrou em seu quarto, às 10h30, para procurar alguma coisa. No momento preciso em que ela atravessava a soleira da porta, o retrato que o representava, em uniforme, destacou-se da parede, caiu, e, resvalando pelo soalho, chegou-lhe até os pés.

Examinados o prego e a corda que mantinham o quadro, verificou-se que estavam intactos. Minha tia, muito impressionada, contou esse fato singular a alguns conhecidos, dizendo temer que tivesse acontecido alguma desgraça ao marido.

Naturalmente, responderam-lhe o que é de hábito dizer nestas ocasiões: "Meu Deus, senhora, vai tornar-se supersticiosa? Não creia nessas tolices".

Mas minha tia, persuadida que tinha sucedido uma desventura, fez, nessa data, uma cruz vermelha em seu calendário e esperou durante três semanas notícias de seu marido.

No começo de março soube que meu tio, Adolfo Riesheck, morrera no "campo de honra", como se diz, com uma bala na cabeça, isto na manhã de 12 de fevereiro, às 10h30. Vera Kunzler.

P. S.: Posto que conheçais estes fatos, caro Mestre, e que não duvideis de minha palavra, pedi a minha tia, atualmente em Nápoles, que confirmasse minha narrativa.

Eis o seu autógrafo: "Certifico a absoluta exatidão da narrativa acima" (PAULINA RIESBECK, Rua Liotard, em Genebra).

O outro caso citado por Flammarion teve por protagonista sua própria mãe, que escreveu ao filho, nos seguintes termos:

Uma noite, em St. Thiébault, em nosso quarto de dormir, fomos acordados por grande ruído, ouvindo cair um espelho que estava na chaminé, assim como o porta-relógio de teu pai. Levantei-me e verifiquei que o espelho tinha caído sobre o fogão, estando o relógio jogado no chão, de um lado, e o porta-relógio, do outro.

Pensei que estava tudo quebrado e, palavra, muito desgostosa, deitei-me sem olhar mais nada.

De manhã, ao levantar-me, verifiquei que não se havia quebrado coisa alguma...

Nessa mesma manhã o carteiro nos trouxe uma carta anunciando-nos a morte da tia Boyet, irmã de meu pai, falecida à noite em Montigny.

A coincidência é pelo menos estranhável. Tu sabes que tínhamos muito de que nos queixar da conduta de minha cunhada para conosco.

Flammarion acrescenta a esta narrativa os comentários seguintes:

Nada quebrado! Esses fatos são verdadeiramente singulares.

Tudo se passa como se houvesse o intuito de chamar a atenção. Não parece, entretanto, que estas manifestações sejam voluntárias, conscientes: neste caso não teria significação nenhuma. A distância de Montigny a St. Thiébault é de 23 quilômetros, em linha reta. Parece-me bem, depois de centenas de revelações que me têm sido dirigidas, que estas transmissões são de natureza elétrica.

Mais adiante, nas páginas 308 e seguintes, Flammarion explica melhor seu pensamento, pelos reparos seguintes:

Para os fenômenos subjetivos não temos outras explicações além das transmissões psíquicas que conhecemos; mas, para os deslocamentos reais, os movimentos verificados, é natural que pensemos na eletricidade, tendo o cuidado de declarar que ignoramos absolutamente a natureza dessa força. Quantos exemplos poderíamos citar em apoio dessa assimilação!... Como quer que seja, podemos pensar que a eletricidade goza de papel importante nos fenômenos aqui estudados.

Tal é a opinião de Flammarion, que propõe, em suma, uma hipótese muito semelhante à "vibratória"; acreditamos, por consequência, que não será difícil demonstrar que ela não é fundada.

Bastará, com efeito, observar que as ondas elétricas são submetidas à lei física e se propagam em razão inversa do quadrado das distâncias, enfraquecendo à medida que avançam no espaço, até se extinguirem praticamente; sabe-se, no entanto, que tal não se produz nunca com a energia telecinésica e telepática, que é tão ativa a 5.000

quilômetros de distância como o é a alguns metros somente. Isso prova que na base dos fenômenos de telecinesia deve encontrar-se uma força, ou melhor, uma faculdade, não de natureza física, mas psíquica, pois que se pode transferir instantaneamente a uma distância qualquer sem se dissolver; essa faculdade deve ser também sensível e consciente, dada a possibilidade de utilizar a "energia mediúnica" (subtraída, provavelmente, de algum sensitivo), para exercê-la sobre determinada pessoa, com um fim geralmente manifesto.

Todas essas considerações obrigam-nos a admitir que esta "faculdade psíquica, sensorial e consciente" consiste na presença, no lugar, da entidade espiritual do morto, interessado na questão.

Esta conclusão é plenamente imposta pelos fatos expostos até aqui e ela se imporá, ainda, principalmente, por aqueles que se vão seguir.

Com efeito, muitas vezes os fenômenos telecinésicos, em vez de se realizarem no momento da morte do agente, produzem-se na ocasião em que seus familiares recebem a notícia, quando, necessariamente, as pretendidas ondas elétricas se deveriam ter perdido desde muito. Em outras ocasiões, os fenômenos, depois de realizados no momento da morte, prosseguem até que haja sido satisfeito o desejo expresso pelo defunto em seu leito de morte — o que torna evidente a intenção do morto de impressionar os vivos para os arrastar a cumprir-lhe os votos.

Quanto à objeção de que os meios, pelos mortos adotados, para atingirem os seus fins, parecem vulgares ou absurdos, é preciso não esquecer que esses mortos se manifestam como podem e não como querem.

Reservo-me para chegar a este ponto nas conclusões desta obra; mas os reparos que aqui ficam bastam para mostrar que a tese de Flammarion não é sustentável.

Ele se enganou por haver julgado por exemplos não adequados, realizados a pouca distância do moribundo e sem conter os indícios manifestos de uma intenção diretiva dos fenômenos.

Caso 10 – Extraio-o da *Revue Scientifique et Morale du Spiritisme* (1906, p. 742). Em minha coleção é o fenômeno de telecinesia único em seu gênero, provocado por um vivo. O fato foi transmitido ao diretor da *Revue*, Gabriel Delanne, pelo doutor Breton, com o pedido de não declarar o nome dos protagonistas, que se acham, aliás, no relato.

O pintor Dubois Menant, muito conhecido, veio passar dois meses em Nice. Alojando-o em minha casa, tive o prazer de agradáveis horas de palestra com esse adiantado espiritualista, que me contou um fato psíquico. Dou-lhe a palavra:

"Devia vir ao meu estúdio, em Paris, a 20 de março de 1904, a senhora J... Fazendo os meus preparativos às 2h35, percebi que o cavalete, que suportava o retrato em pastel da senhora V... seria mais cômodo para meu trabalho que o que estava disposto para esse fim. Fiz, pois, a mudança. O retrato estava em um quadro oval e sob um vidro ordinário, esperando seu lugar definitivo. Nesse momento experimentei sensação estranha, muito forte, com a intuição de que iria suceder um acidente, qualquer que fosse o meio que eu empregasse para evitá-lo. Convenço-me que ele vai rolar até o chão e quebrar-se. Ensaio pô-lo em equilíbrio e me preparo para apanhar dois calços a fim de assegurar-lhe a estabilidade; apenas, porém, voltei a cabeça, ouço um formidável ruído: era o retrato que jazia em terra, sob os destroços do vidro e do quadro quebrado.

Levantei cuidadosamente todos os pedaços de vidro e verifiquei, com satisfação, que o retrato tinha apenas um arranhão na maçã da face direita: temendo que o papel estivesse furado, passei delicadamente o dedo no lugar do acidente, e foi com grande alívio que pude certificar-me de que essa arranhadura não ia além da superfície do papel; tudo se reduzia, pois, a um simples acidente material do vidro e do quadro, facilmente reparável.

Olho o relógio; são 2 horas e 45; o meu modelo chega.

Feito o retrato, a senhora J... me marca uma reunião às 9 horas da noite, com alguns amigos.

À minha chegada, dizem esses senhores:

— Conhece o endereço da senhora V...?

— Sim, Rua do Mercado, 43 (Marché), em Newilly.

— *Ah! Tanto melhor, não é ela.*

— *Por quê? Que há?*

Esses senhores me mostram, então, o número de La Presse, *dessa mesma tarde, dando notícia de um acidente acontecido durante o dia, às 2h45 (domingo, 20 de março), no Metropolitano, e entre os feridos o jornal citava uma senhora V..., moradora na rua Philippe-le-Boucher, que tinha sido atingida por pedaços de vidro na face.*

O endereço que eu conhecia não correspondia ao dado pelo jornal e daí concluírem esses senhores que o acidente nada tinha que ver com a senhora V..., de nossas relações, mas com outra pessoa do mesmo nome.

Afirmei, então, que o acidente devia ter acontecido, de fato, com a senhora V... a que conhecíamos, e não a outra, e indiquei finalmente o lugar da ferida, acrescentando que iria ver a senhora no dia seguinte.

Diante do espanto geral, não mais insisti, e no dia seguinte, segunda-feira, 21 de março, fiz a visita projetada.

Encontrei essa senhora com a cabeça envolvida em ataduras; tinha sido ela mesma a vítima do acidente relatado pelo jornal; houvera sido atingida na maçã da face direita por um pedaço de vidro, que lhe dera um talho superficial na pele, exatamente no ponto do retrato.

O acidente se verificara às 2h45 exatamente no momento em que o quadro caía do cavalete.

O erro de endereço provinha de que essa senhora habita uma casa fazendo ângulo com as duas ruas, do Mercado (Marché), e Philippe-le-Boucher; o repórter tinha indicado a segunda, em lugar da primeira".

Nos comentários que o doutor Breton aduz a esse respeito, demonstra que não se podia tratar de "coincidência acidental" e nota entre outras coisas:

1°) Coincidência de hora — foi às 2h45 que a senhora V... foi ferida e é nesse momento que o retrato cai do cavalete.

2°) Coincidência do agente vulnerante — vidros dos dois lados.

3º) *Coincidência da profundidade da ferida, que só atinge a parte superficial da pele do rosto da senhora V..., e no pastel não passou de uma arranhadura.*

4º) Coincidência exata de localizado, visto como a ferida da senhora V... e o arranhão do pastel foram ambos na maçã da face direita.

Eis coincidências. Ora, não parece que essas quatro ordens de fatos concordantes possam ser logicamente atribuídas a simples coincidência: há outra coisa! há um laço entre os fenômenos experimentados pela senhora V... e os fenômenos produzidos no retrato.

Tal é o comentário do doutor Breton e não se pode desconhecer a lógica do seu arrazoado. Por consequência, se excluirmos a hipótese das "coincidências atuais", a que outra hipótese podemos recorrer para explicar esse episódio excepcional de telecinesia realizada por um vivo?

Antes de responder a essa questão é útil expor algumas considerações de ordem geral, porque o episódio é teoricamente importante, visto como demonstra que o princípio fundamental em que está baseada a hipótese espírita é justo, também, quando se trata de fenômenos de telecinesia. O mesmo é dizer que todas as manifestações supranormais que se produzem com o auxílio do *Espírito desencarnado* devem produzir-se também por intermédio de um *Espírito encarnado*, posto que de forma mais atenuada e somente em circunstâncias especiais.

Animismo e *Espiritismo* representam os dois aspectos complementares de uma questão única que não é possível dividir.

Tem-se visto sábios, apesar disso, emitir a opinião de que se se chegasse a provar a origem positivamente anímica de certos fenômenos mediúnicos, pertencendo a algumas classes especiais consideradas até aqui, como tendo origem espírita, a hipótese espírita tornar-se-ia supérflua e deveria cair irreparavelmente. A existência de comunicações mediúnicas entre vivos teria, por exemplo, o poder de opor-se à classe das comunicações mediúnicas com os mortos.

Nada mais falso que esta conclusão; dever-se-ia, ao contrário, seguir neste assunto um arrazoado indutor bem diferente.

Com efeito, se o homem possui um espírito que sobrevive à morte do corpo, é que ele é incontestavelmente provido de sentidos e faculdades espirituais aptos à ambiência que o espera; estes sentidos, estas faculdades devem, pois, existir já em estado latente, na subconsciência humana, esperando surgir e funcionar em uma ambiência espiritual, da mesma forma que os sentidos existem já no embrião, esperando surgir e funcionar na ambiência terrestre.

Ora, se esses sentidos e essas faculdades existem nos esconderijos da subconsciência humana — o que se dá realmente — eles deverão, em momentos excepcionais de crise orgânico-funcional, manifestar-se por traços fugitivos no curso da existência terrestre e funcionar pela maneira transcendental pela qual funcionam depois da morte corporal. Se assim acontece, é natural que se produzam, de modo fragmentário, os mesmos fenômenos que se realizariam pela interferência de um Espírito desencarnado.

Se isto não se produzisse no correr da existência terrestre, não teríamos o direito de afirmar a sobrevivência da alma, mesmo em face das manifestações espíritas, porque estas nada teriam de comum com a natureza humana.

Essa falta de relação entre as duas formas de existência autorizaria, ainda, a atribuir as manifestações mediúnicas a entidades espirituais existentes no Espaço; não haveria razão para atribuí-las a Espíritos humanos desencarnados.

Em conclusão: os fenômenos anímicos, longe de poderem ser opostos à hipótese espírita, a confirmam, a apoiam e lhe são o complemento necessário.

Nessas condições, resta-nos aplicar ao caso referido as deduções que acabamos de expor, notando que se a senhora V... chegou a manifestar-se a seu amigo pintor, produzindo um fenômeno de telecinesia análogo ao provocado pelos moribundos e pelos mortos, significa isso que, em consequência do acidente ferroviário no qual foi ferida, caiu provavelmente em síncope, por alguns instantes, o que determinou um fenômeno de bilocação: o seu corpo espiritual, orientado por sua vontade, transportou-se ao atelier do seu amigo pintor, ao qual manifestou a sua presença, comunicando-lhe o acidente que lhe tinha acontecido, e exercendo uma ação supranormal sobre o retrato, como acontece com os moribundos e agonizantes.

Por que não se daria o mesmo nos dois casos? Não são idênticas as condições? Não é a mesma entidade espiritual que age em ambos?

Caso 11 – Esta narrativa faz parte de uma carta na qual a condessa Elisabeth Beni expõe alguns fenômenos supranormais acontecidos com sua mãe e consigo própria. (*Luce e Ombra*, 1919, p. 23.)

> *Entre os fenômenos sucedidos comigo, posso citar um. Em 1900, estava como aluna numa instituição de Cheltenham, chamada Ladies College (Colégio das Senhoras).*
>
> *Uma noite de junho — não me lembro o dia preciso — enquanto eu velava, ouvi cair no chão um livro que se achava sobre a mesa. Na manhã seguinte, ao apanhá-lo, espantei-me, porque o livro, estando sobre a mesa, não podia cair, a menos que fosse deslocado par alguém. Era um presente de um velho bispo protestante, pai de algumas moças minhas amigas, e autor do livro.*
>
> *Algumas horas depois, fui à escola, e soube que o bispo Gott tinha morrido repentinamente em sua casa, em Trenyton, Cornouaille, na véspera desse dia.*

Neste caso, a ação telecinésica da parte do defunto, em lugar de se exercer sobre um retrato, seria exercida sobre o livro de que ele era o autor — o que parece muito natural e não modifica, de forma nenhuma, a questão a resolver.

Caso 12 – No caso seguinte, vê-se o fenômeno telecinésico exercer-se sobre um grande balancim de relógio. Encontro-o nos *Proceedings of the American S. P. R.* (1885–1889, p. 433).

Os nomes dos protagonistas não são publicados, mas a direção da Sociedade os conhece.

A senhorita M. O. A. envia esta narrativa em data de 8 de fevereiro de 1888:

Uma noite de outono último, sucedeu-me ter um sonho estranho e curioso e que, pela coincidência dos acontecimentos, produziu em mim profunda impressão.

Sonhei que meu tio materno tinha morrido, que eu tinha estado em Brooklyn a fim de assistir-lhe as exéquias e que tivera o grande pesar de chegar bastante tarde; a cerimônia já estava terminada e o corpo não estava mais na casa. No sonho vi minha tia e minhas primas, mas não tive tempo de conversar com elas, porque fui acordada em sobressalto por uma pancada muito forte, como de um corpo pesado que caísse ao chão.

Esta pancada não fazia parte do sonho; era um fato real, embora eu não pudesse imediatamente perceber a causa de semelhante ruído.

Na manhã seguinte contei o sonho aos meus parentes e fiquei com o pressentimento de que não tardaria a receber más notícias.

Logo depois, percebi que o ruído tinha sido produzido pela queda de um grande balancim do relógio de parede, colocado no salão ao lado.

Passaram-se dois dias sem notícias; na manhã do terceiro dia os jornais anunciaram a morte de meu tio paterno e não a do materno — morte que se realizara na noite do sonho. Era bastante tarde para ir às exéquias.

Por motivos que ignoro, a triste notícia não me fora comunicada; mas o sonho me havia prevenido, talvez na própria hora do falecimento.

A irmã da percipiente, a senhora Isabel A., confirma este acontecimento nos seguintes termos:

Eu estava, então, em casa de minha irmã e me lembro perfeitamente do sonho que ela me contou, perguntando-me, além disso, se não tinha ouvido, durante a noite, um ruído muito forte, como de um objeto muito pesado caído no solo.

A senhora Elisabeth B. H. conta:

Narrou-me a senhorita A... o sonho que acabava de ter em relação com a morte do tio, a qual se dera, na própria manhã em que sonhara.

Quanto ao ruído produzido, nessa noite, pelo balancim, também o ouvi.

A circunstância, no caso acima, de haver-se produzido. O fenômeno telecinésico simultaneamente com um sonho telepático, anunciando a morte do tio da percipiente e prenunciando que ela não poderia assistir às exéquias do defunto, fortalece a realidade do fenômeno telecinésico, tornando improvável a hipótese das "coincidências fortuitas".

Quanto ao fenômeno em si próprio é ele absolutamente análogo, no ponto de vista teórico, aos outros já relatados.

* * *

Passando agora a examinar os fenômenos de telecinesia que se manifestam sob a forma de relógios que param, em relação com acontecimentos de morte, é-me preciso declarar que deles há poucos exemplos nas revistas e livros metapsíquicos, embora, ao que parece, essa espécie de manifestações esteja entre as mais frequentes da fenomenologia de que nos ocupamos.

Isso acontece, provavelmente, por causa do motivo já mencionado, o de que, sob o ponto de vista probatório, esta classe de fenômenos pode ser facilmente explicada pela hipótese das "coincidências acidentais".

Desejo, pois, que minha publicação possa servir para fazer compreender o interesse teórico que apresentam os casos desta natureza e demonstrar, ao mesmo tempo, que esses incidentes não devem ser tomados separadamente, mas cumulativamente.

Sem dúvida, não se pode conceder valor probatório ao caso insulado de um relógio que para em coincidência com um acontecimento de morte; mas cem casos de coincidências análogas apresentam valor muito grande, tanto do ponto de vista de sua existência como fatos quanto do ponto de vista teórico.

Reportar-me-ei apenas a cinco exemplos desta espécie, porque a messe recolhida não é abundante e porque os incidentes são quase sempre contados de forma muito anedótica para que possam ser recebidos em uma classificação de fatos.

Caso 13 – Foi publicado pela *Light* (1898, p. 225). Conta o senhor E. B. Mac Mellan:

> *Um de meus amigos observou que o velho relógio de pêndula, que estava em perfeito estado de conservação e havia, constante e irrepreensivelmente, preenchido sua tarefa de assinalar o tempo, parara havia dois ou três minutos após a morte da mãe de meu amigo.*
>
> *Um familiar presente notando que a doente estava nos seus últimos momentos, tinha olhado para a hora, nesse relógio, colocado no quarto contíguo, e percebera-lhe perfeitamente o movimento.*
>
> *Depois que a agonizante entregou a alma, ele voltou a olhar a hora, a fim de registrar o instante exato do falecimento; com grande surpresa verificou que o relógio tinha parado nesse curto intervalo de tempo.*
>
> *Observou-se, ainda, que tinha corda.*
>
> *A família acreditou que o incidente fosse produzido por uma inteligência extrínseca, tanto mais quanto a morta era ardente espírita.*

Neste primeiro exemplo, o fenômeno telecinésico realizou-se na própria casa em que se deu o óbito — o que constitui a regra nesta espécie de fatos.

Devo, entretanto, notar que esta regra comporta exceções numerosas, nas quais há grandes distâncias entre a casa em que se realiza a manifestação telecinésica e a em que se produz acontecimento de morte.

Essas exceções, também nestas eventualidades, servem para eliminar a hipótese de uma força física que se desprende do moribundo e se propaga ao longe por ondas concêntricas, pois que deveria estar então submetida à lei física do quadrado inverso das distâncias e ser praticamente nula além de certo limite.

Em realidade, tal não se produz no fenômeno de que nos ocupamos, conhecendo-se incidentes realizados dum continente a outro.

Não se pode, pois, desconhecer a existência de uma intenção nas manifestações dessa outra forma de fenômenos telecinésicos, como não se poderia desconhecer nas manifestações análogas sobre quadros e retratos.

Se o fenômeno dos relógios que param parecesse a alguém ainda mais banal ou vulgar que o outro, seria bom repetir que a personalidade espiritual dos trespassados se manifesta como lhes é possível e não como quer.

Se eles desejam, por consequência, consolar e encorajar as pessoas que lhes são caras, dando sinal de sua presença, devem sujeitar-se às leis da existência espiritual, que não comportam relações diretas com o mundo dos vivos, e, necessariamente, recorrer aos meios restritos de que dispõem.

Em qualquer caso, o fenômeno, mesmo vulgar, pode tornar-se uma demonstração solene da existência e da sobrevivência da alma, se chegar a convencer os que moram aqui na Terra, da presença espiritual do desaparecido.

Casos 14 e 15 – Foram recolhidos ambos pelo senhor Holland, correspondente do jornal *Philadelphia Press*, e publicados pela *Light* (1898, p. 225).

> *Há dois dias, na cidade de Filadélfia, produziu-se um incidente supranormal muito bem documentado e que será comunicado à Sociedade Inglesa de Pesquisas Psíquicas.*
>
> *Na parte baixa da cidade existe um hotel célebre, porque há setenta anos aí se reúnem homens muito conhecidos por seu talento e suas riquezas, e por vezes senhoras de famílias ilustres. Frequentavam-no, ultimamente, os membros da família Vanderbilt, para saborear os famosos bifesteques, contornados de batatas fritas, em um meio que não mudou desde o dia em que foi descoberto o lago Erie.*

O proprietário, filho do construtor do hotel, morreu há dois dias e, logo depois de sua morte, notou-se com surpresa que o velho relógio, colocado no dia da fundação da sala principal, tinha parado na hora justa em que o proprietário morrera.

Como acabo de dizer, este fato será comunicado à Sociedade Inglesa de Pesquisas Psíquicas, apoiado com a necessária documentação.

Em todo caso, eis outro acontecimento análogo, de que não se falou publicamente até aqui e cuja autenticidade é não menos incontestável.

Ele teve por protagonista o juiz de Washington, Jerry Wilson, que ninguém acusará de ser supersticioso ou simpatizar com os que declaram compreender e explicar as manifestações supranormais.

Entretanto, ele verificou, recentemente, um acontecimento semelhante ao anterior, que narra algumas vezes, sem lhe tirar as deduções teóricas.

O juiz Wilson tinha um amigo íntimo residente em Washington, que se habituara a enviar-lhe, todos os anos, um presente, por ocasião das festas do Natal.

Era ele um colecionador apaixonado de objetos antigos e mostrava muito bom gosto na escolha.

Em uma dessas ocasiões, enviara ao juiz Wilson um relógio raro e curioso, que tinha comprado na Europa. O juiz pendurara-o em seu quarto, colocado no 3º andar da casa, e lá ficou o relógio muitos anos, regulando sempre perfeitamente.

Há algum tempo, sucedeu ao juiz acordar certa noite bruscamente, quase para verificar que tinha cessado o alegre tique-taque do relógio.

Ele dormiu pouco tempo depois. Na manhã seguinte notou que as agulhas do quadrante haviam parado às 2h10. Não pôs novamente em marcha o aparelho, acreditando que, se o mesmo havia parado sem causa especial, é que tinha necessidade de conserto. Mas, ao ir almoçar, foi informado de que o amigo morrera, nessa mesma noite e precisamente às 2 horas.

Ainda hoje o relógio do juiz Wilson jaz na parede do seu quarto, marcando constantemente 2 horas e 10; seu proprietário não lhe quis tocar para conservar a lembrança desse memorável acontecimento.

Quando mostra o relógio a algum amigo, pergunta-lhe:

— Crê que se trata de pura coincidência?

Nos dois casos acima, o primeiro não difere do exposto precedentemente.

No segundo nota-se esta circunstância; o fenômeno telecinésico produziu-se de uma casa a outra da mesma cidade de Washington; não é indicada a distância exata entre os dois pontos.

Esta circunstância não deixa de ter importância; com efeito, se é teoricamente admissível que um moribundo desprenda uma força física capaz de fazer parar um pêndulo a pouca distância do leito mortuário, parece absurdo admiti-lo quando o fenômeno se realiza de uma a outra casa.

Para aqueles que forem levados a conceder tal extensão a essa teoria, faremos seguir um caso no qual o fenômeno se realiza a mil quilômetros de distância — o que equivale a eliminar definitivamente a hipótese vibratória, também com relação às pêndulas que param concomitantemente com acontecimentos de morte.

É evidente, entretanto, que, se um relógio para ou se um quadro se destaca da parede sem nenhuma causa natural, isso prova que um centro de força *sui generis*, dirigida por uma vontade, qualquer que seja, exerceu-se efetivamente sobre este ponto.

No que concerne ao problema da vontade dirigente, não parece que seja possível imaginar outra hipótese que não a espírita.

Quanto ao outro problema, que diz respeito à gênese do centro de força à disposição da vontade dirigente, chegaríamos a resolvê-lo por duas hipóteses, provavelmente tão bem fundadas uma como a outra, e que podemos aplicar aos casos, segundo as circunstâncias.

A primeira é que o *corpo espiritual* conserva, durante um curto espaço de tempo, uma força suficiente para a produção dos fenômenos telecinésicos; a segunda é que o defunto subtrai, por vezes, dos organismos dos assistentes a força física necessária.

Caso 16 – Extraio-o dos *Proceedings of the American S. P. R.* (1882–1889, p. 429).

É um incidente rigorosamente examinado, no qual o fenômeno telecinésico se produz simultaneamente com outro de natureza telepática.

O percipiente, G. W. Fry, empregado da estrada de ferro, escreve:

Eu morara muito tempo com meu irmão Gedeon, havendo por isso, entre nós, relações de associação íntima, como não podiam existir entre outros membros da família.

Na sexta-feira, 2 de dezembro de 1887, recebi um telegrama proveniente de Big Rapids, no qual se me anunciava que ele estava gravemente enfermo, e que não viveria, provavelmente, mais 24 horas ainda.

Eu bem sabia dos seus sofrimentos, mas ignorava que se encontrasse em tão desesperadora condição.

Como não podia abandonar minhas funções para correr à sua cabeceira, sentia-me profundamente abatido, pensava nele constantemente, e no domingo, 4 de dezembro, fui à igreja para orar em sua intenção.

Na tarde de domingo, depois de ter assistido, na igreja, à cerimônia religiosa, achei-me na obrigação de escrever-lhe.

Enquanto estava ainda na minha escrivaninha, percebi que o relógio — pendurado na parede em frente, relógio que lhe pertencia — havia parado.

Levantei-me para certificar-me e, olhando a hora no meu, verifiquei que a parada se dera havia alguns minutos somente. Ao introduzir a chave no quadrante para dar corda, observei que ela já estava dada. Dispus-me, então, a pôr os ponteiros na hora, quando luz estranha se desprendeu do mostrador, parecendo-me ter ouvido estas palavras, proferidas muito nitidamente, com o timbre de voz de meu irmão:

— Para mim está acabado! Para mim está acabado!...

Fiquei profundamente impressionado e convencido de que meu irmão estava morto e que as palavras que eu tinha ouvido eram as últimas que havia ele pronunciado; pus de lado a carta que lhe tinha escrito e não a enviei.

Na manhã seguinte, antes de ir para o trabalho, contei o incidente à minha mulher. Às 11h30 da noite deram-me um telegrama recebido por meu irmão Daniel e assim concebido: "Gedeon morreu. Vem imediatamente a Montague.

O telegrama estava assinado por minha irmã Lizzie. Recebi pouco depois uma carta na qual minha irmã dizia que Gedeon morrera às 8h45 da noite de 4 de dezembro, domingo, e que suas últimas palavras tinham sido: "Para mim está acabado! Para mim está acabado!..."

Eu tinha ouvido a voz no relógio às 9h45, mas a diferença de tempo é justificada pela distância existente entre Oil City e Big Rapids.

(A esposa do narrador, senhora Kate J. Fry, a irmã Lizzie Fry e o amigo S. W. Turner confirmam o que precede.)

A propósito do caso acima, repito que a simultaneidade da realização das duas manifestações supranormais de ordem diferente e interessante é significativa, visto como implica ter sido o agente que provocou a alucinação telepática o que determinou, também, a parada do relógio de pêndula.

Como a distância entre Oil City e Big Rapids é de mais de mil quilômetros, daí resulta, de maneira incontestável, que o agente causador da parada do relógio não podia consistir em uma força física desprendida do organismo do moribundo sob uma forma vibratória.

Não nos resta, pois, para a explicação dos fatos, senão recorrer à hipótese da presença espiritual do morto; e, nestas condições, o próprio fenômeno telepático deveria ser atribuído à mesma causa.

Estas conclusões mostram o valor teórico dos fenômenos telecinésicos, os quais, pertencendo à ordem *física*, se prestam a fazer sobressair o infundado da hipótese vibratória, muito mais claramente do que o fariam os fenômenos telepáticos, cujas pretendidas vibrações seriam de ordem psíquica. Donde se segue que somos levados a recorrer à hipótese espírita para explicar os fenômenos telecinésicos e, se os telepáticos se realizam, por vezes, simultaneamente com os primeiros, seremos forçados a deduzir que parte considerável das manifestações telepáticas deve ser explicada pela mesma hipótese.

Deveríamos, assim, circunscrever em limites mais modestos a outra explicação em voga, segundo a qual todas as manifestações englobadas hoje sob o nome geral de telepatia se reduziriam a um fenômeno de transmissão do pensamento entre um cérebro e outro.

Caso 17 – Encontra-se na obra de Flammarion: *Autour de la mort* (p. 351).

O doutor Weil, rabino em Strasburgo, comunica o episódio seguinte;

Minha avó morreu em 1913.

Na hora de sua morte, o relógio, que estava no seu quarto, parou e ninguém conseguiu repô-lo a trabalhar.

Alguns anos depois, morreu o filho de minha avó e, no dia do seu falecimento, o relógio continuou a andar, sem que ninguém lhe tivesse tocado.

Flammarion escreve a este respeito:

É certamente estranho que um Espírito (um moribundo ou morto) tenha meios de parar um relógio ou pô-lo em movimento. Como pode ele agir sobre a mola? Vimos mais acima, entretanto, que o raio pode fazê-lo.

Como se pode ver, Flammarion torna à sua hipótese favorita (que já discuti em meus comentários ao Caso 9), isto é, a de uma força elétrica que, desprendendo-se do organismo de uma pessoa moribunda ou já defunta, é a causa do arresto no movimento de um relógio, fora de qualquer intenção da parte do moribundo ou do morto.

Notarei a este respeito que não existe, em realidade, analogia com os fenômenos do raio. Com efeito, se o raio é capaz de parar um relógio, é que lhe toca, ao passo que se trata aqui de paradas que se produzem a qualquer distância do agente.

No caso que acabamos de relatar pôde-se ver que a parada se tinha realizado a mil quilômetros da residência do morto.

Não temos, por consequência, mais que repetir o que dissemos nos comentários ao Caso 9, isto é, que as "ondas elétricas", estando submetidas à lei do quadrado inverso das distâncias e enfraquecendo à medida que se propagam no espaço — até se esgotarem — praticamente não podem explicar as manifestações telecinésicas que se realizam a uma distância qualquer, sem nenhuma atenuação da força atuante.

Isto basta para mostrar que nada existe de comum entre os fenômenos de telecinesia e os gestos do raio, além de uma analogia inteiramente superficial.

Não citarei outros exemplos de relógios que param, em relação com acontecimentos de morte, e passarei a expor alguns incidentes de telecinesia de forma variada, começando por dois casos nos quais a ação física se exerce sobre a cama dos percipientes.

Caso 18 – Apareceu nos *Annales des Sciences Psychiques* (1916, p. 70). O redator-chefe desta revista, C. de Vesme, publica a seguinte carta que lhe foi escrita pela senhora Gillot:

> *Eis um fenômeno psíquico que foi observado em Viena (Isère), em abril de 1915; dele fui informada por minha filha que aí reside.*
>
> *Reproduzo um tópico de uma de suas cartas.*
>
> *Querida mamãe, vou contar-te um fato que te interessará. A mãe de Jeanne Dumière morreu. Ela ficou oito dias no hospital; ao 8º dia, a irmã que a velava disse ao marido da doente: "Venha amanhã sem falta; V. ou sua filha, porque a estado da senhora Dumière é grave".*
>
> *À noite os membros da família se vão deitar aflitos. Eis que, quando soavam justamente 4 horas da manhã, a cama em que se encontravam Jeanne e sua irmã mais velha foi sacudida, ou antes, levantada com violência.*
>
> *As duas moças despertaram imediatamente e pensaram: Mamãe deve ter morrido.*
>
> *Com efeito, às 4 horas da manhã, a senhora Dumière exalava o último suspiro.*
>
> *Tendo ouvido Jeanne Dumière contar este fato a suas amigas, pedi-lhe que mo explicasse a fim de to comunicar (Mme. GILLOT, em Clérieux Drome).*

O que parece digno de nota no caso acima é a grande energia necessária para abalar e levantar uma cama na qual dormem duas pessoas

— energia muito superior à que é precisa para fazer parar um relógio ou destacar um retrato de uma parede.

Provavelmente, como já o dissemos, em semelhantes circunstâncias os Espíritos dos defuntos subtraem a força vital dos organismos dos indivíduos presentes.

Caso 19 – Eis um segundo caso de levitação de uma cama, que extraio da revista *Luce e Ombra* (1916, p. 142).

A senhora Annete Boneschi Ceccoli escreve o que se segue, em 19 de março de 1919:

O coronel D. F. era excelente pessoa, oficial à antiga e amigo dedicado. Por se unir, porém, em segundas núpcias, com mulher de religião diferente da sua, teve acerbas zangas com seus pais.

Os filhos foram, com seu consentimento, educados na religião materna, enquanto o pai ficava fiel à de seus genitores.

Chegada sua última hora e se sabendo condenado por moléstia incurável, não queria o pobre coronel persuadir-se que se devia deixar assistir por um ministro de outro culto; mas a consorte, no interesse dos filhos, achou que ele devia submeter-se às formas de seu credo.

Não entrarei em detalhes; tenho somente a declarar que me afastei dessa família, sem cessar, entretanto, de procurar notícias do pobre oficial.

Tinha então comigo, mais na qualidade de amiga que de subordinada, uma criada, boa e inteligente moça, Zaira T., de temperamento muito nervoso e hipersensível, um tanto ou quanto histérica, e, segundo dizia, dotada de comprovada mediunidade.

Na tarde de 24 de abril de 1912, Zaira foi à casa do doente para saber, como de costume, notícias suas.

Pedi-lhe mesmo que lá fosse com mais frequência, para conhecer das aflições do enfermo, não só por seu mal incurável, como pela obsessão moral de que falei.

A moça voltou, pelo crepúsculo, e me encontrou só, ocupada em dar o jantar ao meu velho Leo (pequeno cão que havia sido tão caro a meu defunto marido), e que se achava por afetuosa concessão em meu próprio quarto.

Zaira estava séria e silenciosa.

— Pois bem, que notícias trazes?

— As notícias, as notícias...

(Ela abanou a cabeça.)

— Vai mal, então?

— Não senhora, ele morreu.

Juntei as mãos a esta notícia prevista e exclamei:

— Pobre homem! Achou, enfim, a paz!

Mal tinha pronunciado estas palavras, um grande ruído de ferragens nos fez estremecer e atraiu nosso olhar em direção à cama, que vimos ambas soerguida de muitos centímetros do solo, para logo recair com ruído.

Nesse momento pensei e disse:

— Há alguém embaixo da cama!

Tendo aberto o comutador, sem bravata, mas sem medo, apressei-me a verificar: tinha pensado um homem oculto com más intenções, mas não encontrei nada.

Aproximei-me de Zaira, que estava pálida e aterrada observando que o cão não havia dado sinal de alarma, mas tinha subido para uma cadeira, com o pelo eriçado e as orelhas caídas.

Devo acrescentar que o leito era de cobre, muito pesado e de grandes proporções; o abalo do metal foi como uma trepidação antes de levantar; depois o móvel caiu com pesada pancada em seu lugar primitivo.

Nunca mais o vi mover-se depois desta noite.

Zaira não está mais comigo, mas vem muitas vezes fazer-me companhia, e nós nos lembramos juntas da penosa impressão desse momento, e do pobre coronel, morto em condições de espírito tão contrárias à paz (Florença, março de 1916 – Annete Boneschi Ceccoli*).*

No caso referido, a hipótese vibratória — se há ainda alguém que seja levado a admiti-la — é definitivamente excluída por haver o fenômeno telecinésico se realizado muitas horas depois da morte da pessoa indicada; as chamadas vibrações físicas, desprendendo-se do organismo do moribundo deveriam ter-se dissolvido muito antes da produção do fenômeno.

É interessante, agora, fazer notar que o fenômeno sucedeu no momento preciso em que a senhora Boneschi, recebendo a comunicação da morte do coronel, falava a seu respeito, exprimindo o vivo pesar de sua perda — coincidência muito significativa é que se não poderia explicar sem admitir-se a presença espiritual do falecido. Este teria provocado o fenômeno, para mostrar sua gratidão pelos sentimentos expressos em favor de sua pessoa.

Notarei, também, que a citada senhora, falando de sua empregada, disse que ela era dotada de temperamento "muito nervoso, hipersensível, um tanto histérico", e, segundo afirmava, também de comprovada mediunidade.

Pode-se, pois, deduzir que, se o fenômeno telecinésico se produziu com desacostumada energia, foi devido à presença de um *médium*, do qual o defunto devia ter retirado a força física necessária para provocá-lo.

Caso 20 – No episódio seguinte, que extraio da *Light* (1910, p. 569), trata-se, ainda, de um objeto que se move espontaneamente, se bem que o objeto seja de proporções minúsculas, em comparação com os a que nos referimos nos exemplos que precedem.

Mas o fenômeno não é por isso menos interessante, tanto mais quanto é referido por *Mme.* d'Espérance, médium bem conhecida.

O fato produziu-se quando ela convalescia de longa e grave doença. Ela escreve:

> *Há dois anos, quando eu estava na Suécia, um velho amigo da família, estando sentado perto de minha escrivaninha, notou que o meu pequeno relógio de prata, deposto sobre um móvel, jazia parado, e me disse que eu não devia desprezar objeto tão gracioso. E, assim falando, tomou-o, deu-lhe corda e pô-lo à hora certa. Respondi rindo:*
>
> *— Já que admira tanto o meu relógio, deixar-lhe-ei como legado em meu testamento.*

— Muito bem — respondeu ele —, mas, se eu morrer antes, não o terei, e então virei buscá-lo em Espírito.

— Faça-o, se lhe agradar. Eu a isso o autorizo, desde já.

— Obrigado — respondeu-me —. Estamos entendidos: eu virei, se me for possível.

Meu amigo não era espírita, mas uma espécie de São Tomé a esse respeito, desejando ardentemente crer.

Muitas vezes esgotava minha paciência por sua argumentação de contraditor irredutível. Não permitia, porém, que em sua presença se denegrissem os espíritas e o Espiritismo.

Outro dia — e por ser precisamente 30 de outubro — o mencionado relógio estava colocado sobre a mesinha, perto de minha cama, onde sempre se conservara durante minha doença.

Um pequeno ruído desse lado atraiu minha atenção para o relógio; quando olhava para ele, vi-o dar um pequeno salto, como se tivesse querido levantar-se, para depois cair de novo.

Minha enfermeira, que estava perto da mesa, soltou um grito de espanto e exclamou:

— Mas desta vez não pode ser o vento Norte!

Para compreender esta frase é preciso saber que ultimamente se produziram em meu quarto tantas pancadas, ruídos e manifestações diversas, que a criada, senhora Schaffer, vivia em contínuo estado de alarma.

Não ousava eu falar-lhe de Espíritos e, cada vez que uma pancada se fazia ouvir ou se produzia qualquer outra manifestação inexplicável, tanto auditiva como visual, lhe sugeria eu que deviam ser provavelmente devidas ao vento Norte e acrescentava:

— Não há motivo para inquietação; quando o vento sopra do Norte, ouve-se toda espécie de pancadas e ruídos.

Ela me pareceu satisfeita com a explicação, visto que não manifestou excessivo espanto quando os fenômenos se renovaram — e isto, ainda que o vento viesse de outro lado.

O fato, porém, de um relógio que se agitava espontaneamente foi de bastante eloquência para o seu entendimento e pouco depois declarava que, uma vez que minha saúde tinha melhorado, não via mais necessidade de dormir em meu quarto.

Não me opus, permitindo que ela fosse dormir alhures. Quanta à significação do movimento do relógio, não tive nenhuma dificuldade em compreendê-lo.

Na manhã seguinte, a 31 de outubro, recebi a notícia da morte do meu velho amigo, morte que se tinha dado em Gotemburgo, na Suécia, em consequência de uma operação.

Suponho, naturalmente, que meu amigo, desprendido dos seus liames corporais e lembrando-se de nossa conversa e de sua promessa, buscou levantar o relógio para dar-me parte de sua morte. Soube, em seguida, que ele havia falecido a 28 de outubro, isto é, dois dias antes (E. D'ESPÉRANCE).

Também neste caso o fenômeno telecinésico se realiza muito tempo depois da morte da pessoa que foi o seu agente. Além disso, o laço entre o defunto, o percipiente e o objeto sobre o qual se exerceu a força supranormal, apresenta-se desta vez mais nitidamente, em consequência da promessa feita pelo morto; este indicara a intenção de exercer, se lhe fosse possível, sua influência, *post mortem*, precisamente sobre este objeto.

Tendo-se em conta estas circunstâncias, todas as hipóteses pseudocientíficas, propostas até aqui para explicar esses fatos, caem absolutamente, e não resta outra possibilidade que não a de atribuí-las logicamente à presença espiritual do falecido.

Caso 21 – Neste outro exemplo, que extraio do livro de Camille Flammarion: *Autour de la mort* (p. 280), o fenômeno telecinésico se exerce sobre uma campainha, como nos episódios análogos, tão frequentes nas casas "mal-assombradas".

A. Blavet, presidente da Sociedade de Horticultura de Étampes, diz-nos o que se segue:

Eu estava no colégio de Sens, em Yonne, e tinha 16 anos, quando recebi uma carta de minha irmã, que habitava Étampes, com meu pai, minha mãe e uma criada.

Minha mãe sofria muito nesta época.

Uma noite, a campainha, cujo cordão ia da alcova em que dormiam meus pais ao quarto da criada, no 1º andar, pôs-se a tilintar fortemente.

Minha irmã veio a toda pressa ao quarto da criada, que ficava vizinho ao seu, e desceram ambas para se informarem se minha mãe estava doente e por que chamava.

Meus pais lhes replicaram que elas deviam ter sonhado e que ninguém fizera soar a campainha.

No mesmo instante novo toque se fez ouvir.

Meu pai saltou da cama.

O cordão da campainha e o martelo estavam ainda agitados e a criada, fazendo-se de valente, dizia:

— Bate, bate, tu não me metes medo,

Havia, pois, quatro testemunhas bem acordadas e ninguém, a não ser uma pessoa da alcova, poderia ter tocado a campainha.

Em seguida, tudo entrou em ordem. Antes de se deitar de novo, meu pai viu as horas: eram 2h30.

No dia seguinte recebia ele uma carta de Paris, anunciando-lhe a morte de um parente.

Querendo verificar se havia coincidência entre o fato e a morte, escreveu fazendo indagações, e recebeu pronta resposta, onde se dizia que fora bem nessa noite e precisamente à hora indicada que se dera a morte do parente, o que provocou essa exclamação de meu pai:

— Mas então não está tudo acabado conosco?

Os casos contados até agora, donde resulta a conclusão de que os fenômenos de que tratamos são provocados pelos falecidos, com o fim de anunciar a sua morte às pessoas às quais estão ligados e revelar-lhes sua presença espiritual, autorizam a acreditar que aconteceu o mesmo neste último fato, posto que a intenção do agente não seja evidente.

Em todo caso, a circunstância do segundo toque da campainha, que se produziu quase em resposta à objeção dos parentes, que diziam ter sido efeito de um sonho a primeira audição do fenômeno, mostraria a presença da entidade espiritual do defunto e seu desejo de convencer a família, tirando-a do engano.

Caso 22 – Foi publicado nos *Proceedings of the S. P. R.*, v. XIV, p. 232.

Os percipientes são a doutora Anna Luckens e o senhor W. E. Ward. Este último, a 13 de maio de 1887, escreve ao doutor Hodgson:

Um incidente estranho produziu-se no gabinete da doutora Anna Luckens, na tarde do domingo último. Conversava-se a respeito do nosso querido amigo, o professor Cope, morto quatro semanas antes de nossa volta de uma excursão de três meses através do México, da Califórnia e dos Estados do Nordeste.

Em certo momento, fiz alusão ao interesse que o defunto havia mostrado pelas pesquisas psíquicas, notando a importância que teria o fato de se obter algum sinal manifesto de sua sobrevivência, ou de saberem as suas impressões sobre a existência espiritual em que ele tinha, havia pouco, ingressado.

Mal acabara de exprimir esse desejo, a grande caixa de música da doutora começou espontaneamente a tocar e assim continuou durante mais de cinco minutos, com grande espanto nosso.

Estávamos desconcertados. Quando comecei a fazer conjecturas sobre a maneira por que se poderia explicar, naturalmente, este espontâneo divertimento musical, justo, neste momento, como se quisessem responder às minhas objeções, a caixa cessou de tocar tão bruscamente como tinha começado.

O instrumento havia três meses que não se armava; admitindo que um resto de tensão houvesse ficado na mola, deveria ela ter-se afrouxado muito antes, quando o gabinete da doutora fora submetido aos transtornos de uma mudança de mobiliário (W. E. WARD).

Em outra carta o senhor Ward acrescenta este detalhe:

Um curioso incidente, que creio ter omitido em minha carta precedente, produziu--se cerca de um quarto de hora antes que a caixa de música tivesse cessado de tocar.

Dirigi uma pergunta mental ao defunto professor Cope, concebida quase assim: — Eduardo, foi você quem fez tocar a caixa? Imediatamente, três pancadas fortes foram dadas ao meu lado, no assoalho; mas como isso se produziu quando a doutora já tinha partido, não me é possível documentar esse fato com o seu testemunho.

A doutora Luckens assim se exprime:

Nada tenho a acrescentar à narrativa do meu amigo Ward, sobre o incidente da caixa de música, a não ser que conservo minhas dúvidas quanto à origem supranormal dos fatos. Foi um incidente, certamente desconcertante, porque estávamos reunidos no gabinete, conversando sobre o defunto professor Cope e desejando obter uma prova qualquer da sobrevivência; o fenômeno correspondente da caixa de música, que se pôs espontaneamente a tocar, perseverando durante alguns minutos, surpreendeu-nos.

Sou, entretanto, levada a crer que se tratasse de uma coincidência fortuita, devida a causas naturais (DOUTORA ANNA LUCKENS).

A propósito desse fato é útil lembrar o que dissemos na introdução desta obra, isto é, que os casos de telecinesia em relação com os acontecimentos de morte não devem ser encarados insuladamente, mas cumulativamente. Com efeito, se é verdade que a queda de um retrato ou a parada de um relógio em correspondência com um acontecimento de morte nada provam; se se trata de um caso de coincidência acidental, não é menos verdade que essas coincidências se renovam cem vezes, com cem casos de morte, e, em consequência do acúmulo dessas coincidências, vê-se surgir a prova incontestável de uma relação de causa e efeito entre os dois acontecimentos.

Ora, estas observações se aplicam de modo especial ao incidente acima. Se o tomamos, só, é ele sem dúvida explicável pela hipótese das coincidências casuais; mas se o tomamos em relação com tantos outros do mesmo gênero, somos, então, levados a considerá-lo como realmente telecinésico. E isso tanto mais quanto não devemos esquecer os comentários do narrador, ao observar que, se houvesse um resto de tensão na mola da caixa de música, ela se teria afrouxado muito antes, quando o gabinete da doutora foi submetido às reviravoltas de uma mudança, observação interessante do ponto de vista da autenticidade do fenômeno e à qual não se saberia que objeção opor.

Se quisermos, em seguida, levar em conta outro incidente contado pelo mesmo narrador, que dirigiu uma pergunta mental ao falecido para a confirmação do fenômeno, recebendo como resposta três poderosas pancadas, dadas a seu lado sobre o assoalho, não seria possível duvidar, ainda, da origem telecinésico-espírita do fenômeno.

A doutora Luckens duvida, mas reconhece, ao mesmo tempo, que o incidente é desconcertante e fala por forma a deixar supor que sua dúvida não exprime inteiramente o sentimento de seu espírito.

Para aqueles que, estando dispostos a acolher a explicação espírita do fato, ficassem perplexos por causa da dificuldade de compreender como o Espírito do defunto estaria presente no gabinete, justamente no momento em que se falava dele, lembrarei que a dificuldade é unicamente aparente e que é possível perfeitamente explicá-la graças à analogia que apresenta com os fenômenos telepáticos, nos quais, uma pessoa, pelo fato de pensar intensamente em outra, se põe imediatamente em relação psíquica com essa outra.

Deveríamos, pois, explicar de maneira análoga o incidente narrado; não é preciso supor que o Espírito do morto se encontrasse no lugar, mas que o pensamento dos assistentes, dirigido com intensidade de afeição para o amigo desaparecido, houvesse estabelecido a relação psíquica entre eles; o Espírito desencarnado teria, então, intervindo para fornecer aos amigos, que dele se lembravam, a tão desejada prova de sua presença.

Caso 23 – No caso seguinte, que extraio do livro de Camille Flammarion: *L'Inconnu*, p. 108, o fenômeno telecinésico exerce-se sobre um piano que toca por duas vezes, com alguns dias de intervalo, em perfeita relação com dois acontecimentos de morte.

Conta-o o pintor suíço Edouard Paris:

Há cerca de ano e meio, meu pai, uma prima que morava conosco e minha irmã conversavam na sala de jantar.

Estas três pessoas estavam sozinhas no apartamento, quando ouviram, de repente, tocar piano no salão. Muito intrigada, minha irmã toma a lâmpada, vai à sala, e vê, perfeitamente, algumas notas se abaixarem juntas, fazerem ouvir sons e levantarem-se.

Ela volta e conta o que observou.

Todos se riram com sua história, vendo no caso, a princípio, efeitos de algum rato.

Como, porém, a testemunha é dotada de vista excelente e, por nenhuma forma supersticiosa, acharam, por fim, estranhável o fato.

Ora, oito dias depois, uma carta de Nova York faz-nos saber a morte de um velho tio que habita nessa cidade. Mas, fato mais interessante, três dias depois da chegada dessa carta, o piano pôs-se novamente a tocar. Como da primeira vez, uma notícia de morte nos chegava oito dias depois: a de minha tia, desta feita.

Meu tio e minha tia formavam um par admiravelmente unido; eles conservavam grande estima por seus parentes e pelo seu Jura, lugar onde nasceram.

Nunca o piano se fez ouvir por si mesmo, desde então.

As testemunhas desta cena vo-la certificarão, quando quiserdes; nós habitamos no campo, nos arredores de Neuchâtel e vos asseguro que não somos nervosos. Edouard Paris, artista pintor, perto de Neuchâtel, Suíça.

Faço notar que neste exemplo as duas manifestações telecinésicas se realizaram em uma região da Suíça, em correspondência com dois acontecimentos de morte que se deram em uma cidade da América do Norte — o que constitui nova prova da falta de base da hipótese "vibratória", aplicada às manifestações físicas, as quais se determinam de um continente a outro.

Quanto à hipótese das "coincidências acidentais", ela é refutada pela circunstância de que o fenômeno se repetiu duas vezes em relação perfeita com dois acontecimentos de morte.

O segundo fenômeno confirma, pois, o primeiro, ou mais precisamente, se a primeira vez que o piano tocou em relação com a morte do tio do narrador fosse isso devido a uma coincidência do acaso, não deveria renovar-se três dias depois, em relação com a morte da tia, para não mais recomeçar em seguida. É impossível não ter em linha de conta essas circunstâncias que demonstram, de modo absoluto, a existência de uma relação de causa e efeito entre os dois acontecimentos.

O mesmo se pode dizer da pretendida explicação dos fenômenos por uma causa natural, como o fizera a princípio o próprio relator, supondo que o misterioso acontecimento primitivo tivesse, no fundo, por causa, a entrada de algum rato na caixa harmônica; nesse caso, o incidente não se deveria ter repetido e em perfeita relação com um segundo acontecimento de morte na família; há ainda a reparar que um rato não poderia fazer vibrar as cordas nem baixar as teclas de um piano.

Excluindo as três hipóteses acima, somos necessariamente compelidos à hipótese espírita, segundo a qual as duas manifestações telecinésicas demonstram a presença espiritual dos defuntos, que os teriam provocado com o fim de anunciar sua morte e fazer conhecer a presença espiritual deles aos parentes que se achavam longe.

Caso 24 – Foi registrado nos *Proceedings of the S. P, R.* (v. XIX, p. 243); trata-se de incidente estranho e interessante, no qual o fenômeno telecinésico se exerce sobre um anel. O narrador, senhor Glardon, comunicou o nome dos protagonistas à direção da S. P. R., com o pedido de o não publicar. Escreve ele, em data de 31 de agosto de 1894:

Uma de minhas amigas, senhora F..., filha de célebre geólogo, conta-me um caso surpreendente de telepatia, de que foi testemunha:

O caso passou-se há alguns anos, quando a senhora F... morava em Nervi, perto de Gênova, localidade em que costumava passar o inverno.

Estava ela, um dia, sentada nos rochedos da costa, com uma jovem Miss *americana, mais tarde esposa de seu filho; esta conversava, tendo sobre os joelhos a mão enluvada, quando soltou, repentinamente, um grito de dor.*

— Que é, que é? — perguntou a senhora F...

— Fui picada em um dedo.

E, dizendo isto, descalçou a luva, verificando que um anel que trazia tinha sido rachado. Ela ficou consternada e exclamou:

— Oh, dona F..., neste momento morre um amigo que estimo muito.

Explicou então: era o anel o presente de um jovem, que lho havia dado na véspera de partir para os Estados Unidos, dizendo-lhe:

— Se eu morrer, este anel lhe comunicará a notícia.

A senhora F..., naturalmente, não levou a sério o incidente, e, como nunca se havia preocupado com pesquisas psíquicas, reprovou à amiga sua credulidade supersticiosa.

Algumas semanas depois, porém, recebeu a nova do falecimento do jovem que tinha dado o anel.

A senhora F... não me pôde dizer, de modo preciso, se a morte se produzira exatamente no dia em que o anel se quebrara; crê, no entanto, que o poderia afirmar. A senhora F... é francesa, mas lê em inglês; se lhe escrever, creio que ela responderá, confirmando o que acabo de comunicar. De qualquer maneira, mando-lhe o seu endereço (Augusto Glardon).

A direção da Society for Psychical Research escreveu, com efeito, à senhora F..., que respondeu pela carta seguinte:

Senhor,

Em resposta à sua carta, só me cabe confirmar os fatos que lhe foram comunicados pelo senhor Glardon.

Efetivamente, encontrava-me em Nervi, no mês de fevereiro de 1887, sentada nos rochedos do mar, com uma jovem americana. Enquanto conversávamos alegremente, tendo ela as mãos imóveis sabre os joelhos, sentiu-se picar vivamente em um dedo.

Desenluvando-se, verificou que um anel, que trazia sempre nesse dedo, tinha rachado, picando-a.

Ora, é de notar que esta jovem, na véspera de sua partida para a Europa, havia recebido, de presente, por parte de um de seus amigos, o referido anel; ao entregá-lo, ele lhe havia dito que, se lhe sucedesse alguma desgraça, ela seria informada por meio do anel.

Algumas semanas depois deste acontecimento, que a consternou, a moça foi informada da morte do rapaz, que se deu no mesmo dia e à mesma hora em que o anel se partiu. (Assinatura por inteiro: E. F.)

Em face deste caso, abstenho-me de tocar na hipótese "vibratória", porque seria ridículo discuti-la.

Outro tanto poderemos dizer da hipótese das "coincidências acidentais", que neste caso, como já em outros, é tornada inadmissível, pela observação preventiva feita pelo doador do anel, de que este serviria para transmitir à moça o aviso de sua morte.

Tratava-se, pois, de outra promessa feita durante a vida e cumprida depois da morte, como tantas que se conhecem, promessa e cumprimento que apresentam valor decisivo na pesquisa das causas. Os fatos não poderiam, por conseguinte, ser atribuídos ao capricho de uma coincidência fortuita, sem que caíssemos no arbitrário e no absurdo.

Observo, ainda, que estas considerações equivalem a reconhecer que, como explicação dos fatos, a hipótese espírita é a única admissível.

Caso 25 – Eu o extraio da *Revue scientifique et morale du spiritisme* (1920, p. 141).

É um fato muito interessante que, como o precedente, tem por base uma promessa explícita formulada, quando vivo, pelo defunto que se manifesta e, segundo a qual, ele anunciaria sua morte aos amigos, produzindo determinado fenômeno.

O caso é relatado pela senhora Helen Speakmann, mulher do doutor Howard Draper Speakmann, de Filadélfia; a narrativa foi dirigida ao comandante Mantin, que a havia pedido, a fim de transmiti-la à citada revista.

Eis o que escreve a senhora Speakmann:

Retardei por muito tempo a minha promessa de enviar-lhe, para que fosse publicado, o relato de um acontecimento de que muito nos temos ocupado, o senhor Howard e eu.

É para ser-lhe agradável, meu caro Paulo, que temos, Howard e eu, reunido uns após outros, ainda mesmo os menores elementos desta história, tão simples para nós, tão estranha para aqueles que não ousam levantar o véu com que a natureza divina se praz em ocultar seus segredos.

Um de nossos amigos, capitão do 18° Regimento de Infantaria, da guarnição de Pau, havia-nos falado de um jovem lugar-tenente, instruído, inteligente, católico fervoroso e ávido por ouvir conversar sobre o Espiritismo.

Autorizamos o capitão Gaby a apresentar-nos ao lugar-tenente Dufauret, e logo lhe conquistamos a simpatia.

Ele assistiu a várias sessões espíritas e as acolheu, a princípio, com muita frieza e reserva, declarando que desejava muito crer, mas... depois de ter visto.

Isso poderia ter durado muito tempo; mas, uma noite, na ausência de Dufauret, recebemos a visita de uma entidade do Além, que se manifestou por pancadas na mesa, dizendo ser o avô do lugar-tenente Louis Dufauret e que vinha agradecer-nos o acolhimento amável concedido a seu neto.

Deu-nos, sobre a infância deste, detalhes íntimos que seria inútil repetir aqui. Antes de retirar-se contou-nos que, em seus últimos anos, sofria de dores reumáticas, que o obrigavam a caminhar com o corpo vergado, "de quatro" e que tinha ouvido muitas vezes os netos dizerem-lhe rindo: — Olhe vovô Zigue-zague! — Se Louis duvidar desta narrativa, vocês só têm a dizer-lhe que ela vem do vovô Zigue-zague.

Na sessão seguinte, contamos o caso a Dufauret, que não pôde esconder sua forte emoção e nos declarou:

— Eis, desta vez, uma prova indubitável, como eu a desejava; ela é exata em todos os pontos. Ninguém, no Regimento, nem em Pau, sabe destas particularidades de família, passadas em minha infância, e como não me é possível negar que essa comunicação tivesse provindo de meu avô, dou-me por convencido e me declaro espírita.

Sem demorar em dizer-lhe de nossas boas relações, penso que lhe será fácil compreender que quando Dufauret foi promovido a capitão, em 1908, no 48° Regimento de Infantaria, e teve que ir para a guarnição de Givet, Howard e eu sentimos real pesar ao ver partir esse rapaz inteligente, vivo de espírito, sensível, que uma intimidade de bom quilate tinha feito nosso amigo —, amigo, ah!, que não devíamos mais rever.

Fenômenos psíquicos no momento da morte

No momento das despedidas pediu-nos ele que fizéssemos uma promessa mutúa: a de que aquele que morresse primeiro viria provar aos outros dois que a alma é imortal, e o jovem capitão acrescentou:

— Se for eu o designado pelo destino para precedê-los no Além, prometo voltar a esta casa hospitaleira em que, vivo, fui tão bem recebido. Baterei à porta desta sala, como o faço habitualmente, e, depois de alguns instantes, atrair-lhes-ei a atenção mais particularmente, apanhando o interruptor elétrico de uma lâmpada que apagarei ou acenderei conforme o momento.

De Givet, o capitão nos deu muitas vezes notícias suas, assegurando-nos que continuava seus estudos espíritas, dos quais, declarava ele, compreendia cada vez mais a bela e grandiosa filosofia.

Cerca de dois anos depois de sua partida, caiu doente, com uma broncopneumonia grave e entrou para o hospital de Givet, de onde nos escreveu dizendo que sofria de frequentes sufocações, mas que o Corpo de Saúde o dera em convalescença e que o belo céu azul e o ar puro de Béarn, seu país natal, cedo o poriam em pé; terminava a carta anunciando-nos sua visita na próxima semana, com o que, dizia, sentia grande alegria.

Esperávamos, pois, esse guapo rapaz, com uma impaciência igual à sua, quando uma noite, estando assentados no salão, meu marido, o senhor Alen, um compatriota americano que tinha vindo passar uma quinzena em Nirvana e eu, ocupados em ler, ouvimos três pancadas na porta da sala; isso nos surpreendeu, porque era quase meia-noite; todas as portas e janelas estavam fechadas e havia muito tempo que os criados tinham subido para os seus quartos, no 2º andar. Acrescentarei, para que não haja nenhuma dúvida, que as duas escadas de serviço davam somente para o interior e que seria preciso, para abrir a grande porta do vestíbulo, que um criado atravessasse a sala, sob nossas vistas.

Howard, ao ruído das pancadas, respondeu instintivamente: — Entre! — *e não obteve resposta.*

Levantamo-nos, então, os três, muito intrigados, e fomos ver quem seria o visitador que de tal forma batia a tais horas.

Tanto a antecâmara como o vestíbulo estavam iluminados, mas ali não havia ninguém.

Voltamos para a sala, a tomar os nossos lugares, sem acreditar, no entanto, que nos tivéssemos enganado.

Howard, pensativo, me disse com um tom um tanto perturbado:

— Helen, não podiam ser as pancadas de Dufauret?

Eu partilhava de suas dúvidas e ficamos conversando a respeito do amigo, cuja volta esperávamos dentro de dois ou três dias.

— Pode ser — disse-nos o senhor Alen — que seja este um meio telepático empregado por esse oficial para anunciar-nos sua próxima chegada.

Mal tinham sido pronunciadas estas palavras, surgiu, subitamente, na segunda sala, que era separada da nossa por um grande vão, o clarão fulgurante de uma luz vermelha.

Corremos para verificar estranho fato: uma lâmpada vermelha, de 40 velas, que estava em elevado lampadário e de que nos não podíamos servir pela dificuldade de introduzir o comutador na tomada da corrente, acabava de acender-se.

Ora, o fio elétrico, inutilizado com o comutador, estava enrolado em torno da coluna e grande foi a nossa surpresa vendo o fio desenrolado e o botão no lugar.

Não demonstra isso a inteligência da entidade invisível? Se ela tivesse acendido ou apagado uma lâmpada branca, poderia o fato passar despercebido, visto como estavam iluminadas as duas salas.

Apesar das dúvidas possíveis, pois esperávamos Dufauret no dia seguinte ou nos subsequentes, poderíamos deixar de crer que era ele quem vinha dar cumprimento à sua promessa e de maneira tão inteligente?

Ah! ao outro dia, nenhuma ilusão mais foi possível; um telegrama proveniente de Givet anunciava à família de Dufauret sua morte acidental, sobrevinda apenas algumas horas antes do fenômeno espírita que, com tanto pesar, lhe comunico, meu caro Paulo.

Tornado das sufocações dolorosas de que nos havia falado e num espasmo que lhe dilacerava o peito, Dufauret abrira a janela para poder ter um pouco mais de ar, e inclinando-se um tanto para fora, a fim de chamar alguém, sem dúvida perdeu o ponto de apoio e caiu no pavimento do pátio do hospital, aos pés de sua ordenança, que acabava de deixar o seu capitão, para ir buscar-lhe o jantar.

Teve morte instantânea.

O corpo do infeliz capitão foi acompanhado a Pau, por um oficial, seu camarada, e enterrado com as honras militares, em presença de todos os oficiais do 18° Regimento, que tinham por ele fraterna afeição, e de numerosa assistência que cercava a inconsolável família do nosso pobre amigo.

Assim, havia deixado a vida, em primeiro lugar, o mais moço de nós três, e, apenas se passara para o Além, apressara-se a por em execução sua promessa.

É útil acrescentar que, desde então, ele não está longe de nós, que não deixou o plano terrestre e que vem muitas vezes comunicar-se conosco.

Assinamos ambos, meu marido e eu, HELEN SPEAKMANN, HOWARD DRAPER SPEAKMANN, **doutor, de Filadélfia.**

A respeito deste acontecimento é útil lembrar outro caso análogo, não menos notável, que narrei em minha obra — *Fenômenos de assombração* (cap. IV, caso K) — e no qual um amigo ateu, Benjamin Sirchia, promete ao doutor Vincent Caltagirone que, se lhe acontecesse morrer antes, viria dar-lhe parte da grande nova de sua sobrevivência, fazendo-se reconhecer por manifestação especial: a de quebrar qualquer coisa no lustre central da sala em que se achavam.

Com efeito, morrendo o primeiro, longe de casa, e sem que o doutor Caltagirone o soubesse, cumpriu a palavra, anunciando-se, a princípio, por pancadas no lustre em questão, e depois fendendo nitidamente, em duas partes, o abajur móvel colocado sobre a chaminé da lâmpada, e pondo embaixo, em linha perpendicular, o pedaço destacado do abajur, isto é, num lugar onde não poderia ele ter caído naturalmente, por causa do recipiente de petróleo que o teria impedido. Tudo isso três dias depois de sua morte.

Lembrarei, também, que nos casos 2, 20 e 24, da presente classificação, encontram-se três outras promessas feitas pelos indivíduos, quando vivos, e cumpridas, quando mortos.

O primeiro tinha prometido agir depois da morte, sobre seu retrato, o segundo sobre um relógio pertencente à madame d'Espérance, o terceiro sobre o anel que uma jovem trazia no dedo; e posto que o valor teórico destes três episódios seja inferior ao dos dois últimos, não deixam, no entanto, de ser, por seu turno, muito notáveis e contribuir eficazmente para apoiar a mesma tese.

Encontramo-nos diante de cinco incidentes de telecinesia, nos quais o fenômeno aparece como a consequência incontestável de promessas explícitas feitas por pessoas, ainda em vida, a seus amigos, e segundo as quais se propunham agir de certo modo sobre um objeto indicado, a fim de anunciar-lhes sua morte e fornecer-lhes uma prova segura da existência e da sobrevivência da alma.

Assim, é de toda a evidência que nenhuma das hipótese naturalistas, propostas até aqui para explicar os fatos, basta para os esclarecer.

A hipótese telepática é insuficiente, visto como nos achamos em face de manifestações de ordem física que, além disso, se realizam, muitas vezes, bastante tempo depois da morte do agente.

A hipótese vibratória deveria ser submetida à lei física do quadrado inverso das distâncias, o que, de forma alguma, se produz nos fatos que temos examinado; por outra parte, essa suposta força não poderia agir inteligentemente sobre designado objeto, o que se vê constantemente na prática.

Enfim, a hipótese das coincidências fortuitas também não cabe, observando-se que se trata muitas vezes de promessas feitas durante a vida e cumpridas depois da morte em todos os detalhes — promessas satisfeitas com discernimento, por forma a mostrar uma vontade dirigente.

Se assim é, se esses argumentos são irrefutáveis, se não poderá deixar de reconhecê-lo todo contraditor honesto, é forçoso concluir que a única solução racional do mistério é a que consiste na admissão real, *in loco*, da entidade espiritual do defunto, interessada nos acontecimentos; ou em outros termos — no reconhecimento da validez da hipótese espírita como explicação dos fenômenos de "telecinesia em relação com os acontecimentos de morte".

* * *

O que acabamos de dizer pode ser considerado como a conclusão sintética desta obra, isto é, que os fenômenos de telecinesia em relação com os acontecimentos de morte, se bem que totalmente descurados pelas pessoas que se ocupam com os estudos metapsíquicos, constituem fenômenos autênticos e contribuem validamente para demonstrar a existência e a sobrevivência da alma.

Nestas condições, só me resta completar esta síntese, resumindo brevemente as modalidades com as quais se produzem os fenômenos apresentados e as considerações teóricas que deles decorrem.

Os primeiros fenômenos telecinésicos que apresentamos na presente classificação se exercem sobre quadros ou retratos. Pôde-se ver que, geralmente, sua queda não se produz por se haver desprendido o prego da parede, nem pela ruptura da alça fixada ao quadro, nem em consequência do uso do cordão que o sustem, mas, independentemente de qualquer causa natural, o que milita em favor da origem supranormal dos fatos e infirma a hipótese das coincidências acidentais.

Esta é em seguida definitivamente eliminada pela razão de que os fenômenos se realizam com muita frequência e contêm pormenores bastante eloquentes e significativos, que não podem ser esclarecidos por hipótese tão simplista.

Lembrarei, ainda, que citamos fenômenos telecinésicos realizados de um continente a outro, o que permite eliminar a hipótese vibratória, segundo a qual uma força física se desprenderia do organismo do moribundo e se propagaria a distância por ondas concêntricas, provocando fenômenos de telecinesia; essa hipótese é insustentável sob diversos pontos de vista, e não resiste à consideração de que toda a sorte de vibrações físicas não pode deixar de ser submetida à lei do quadrado inverso das distâncias, e seria incapaz de atravessar o oceano, conservando toda a sua potência.

Além disso, já citamos episódios que, em vez de se realizarem no momento da morte do agente, se produzem na ocasião em que seus familiares recebem a notícia do falecimento; isso anula a hipótese vibratória e confirma a suposição lógica e inevitável da presença consciente da entidade espiritual do trespassado.

Vimos que há incidentes que, depois de realizados por ocasião da morte do agente, se repetem nos dias subsequentes e não cessam senão quando é satisfeito um desejo supremo manifestado no leito de morte pelo agente — o que não pode conciliar-se com a hipótese vibratória, e prova de forma incontestável a presença, no lugar, da entidade espiritual do defunto que faz conhecer, nesses casos, o motivo por que se manifesta.

Acrescento ainda que há outros episódios nos quais o fenômeno telecinésico se realiza no momento em que é evocado o defunto; parece que o fato de pensar nele e desejá-lo serve para estabelecer a relação psíquica entre o evocador vivo e o evocado morto, tal como se produz com os fenômenos telepáticos. Não se poderia negar, neste caso, que a realização do fenômeno telecinésico constitui uma prova evidente da intervenção do trespassado, desejoso de fazer conhecer sua presença espiritual à pessoa que dele se recorda.

Lembro em último lugar, que os cinco casos registrados acima, que continham promessas explícitas, formuladas durante a vida e cumpridas depois do trespasse, constituem provas genuínas de identificação espírita.

Farei ainda observar, sob outro ponto de vista, que entre fenômenos telecinésicos há os que se realizam ao mesmo tempo em que os telepáticos; tal fato mostra sua identidade de origem e, por conseguinte, a fonte espírita de grande número de episódios considerados até aqui como sendo de natureza telepática. A hipótese telepática acha-se assim circunscrita a limites mais modestos, ou sua significação, pelo menos, é em parte modificada e em parte retificada, sendo-lhe assinadas lindes melhor definidas.

Reparo, finalmente, que já contamos um caso de telecinesia onde o agente era um vivo, o qual, precisamente no instante em que o fenômeno se realizava, fora vítima de um acidente de estrada de ferro, sem consequências fatais para ele.

Isto se presta a melhor fazer conhecer a relação íntima que liga os fenômenos anímicos aos espíritas; em outros termos: contribui a mostrar que *Animismo* e *Espiritismo* representam os dois aspectos complementares de um único problema que não pode dissociar-se.

Tal é a síntese dos fatos, de que sobressai, manifesta, a realidade do que afirmamos a princípio: que os fenômenos de telecinesia em relação com acontecimentos de morte fornecem nova e valiosa prova em favor da sobrevivência do espírito humano, pois não é possível explicá-los sem admitir a presença espiritual, sensorial e consciente do defunto, em correspondência com os fenômenos que seriam determinados por um ato de sua vontade, com o fim de fazer conhecer sua presença espiritual pela única forma por que lhe é possível.

Com efeito, é mister não esquecer que os Espíritos desencarnados se manifestam como podem e não como querem e que todo incidente supranormal, apesar de sua singeleza e vulgaridade, pode constituir uma demonstração solene da existência e da sobrevivência da alma, quando atinge o fim de convencer os vivos da presença espiritual dos mortos.

MÚSICA TRANSCENDENTAL

Há uma classe de manifestações metapsíquicas, bastante rica em episódios variados, revestida de valor teórico tão importante quanto o das outras classes e que tem sido, no entanto, esquecida até aqui: a classe das manifestações musicais.

São numerosos os escritores que vêm relatando episódios desta espécie; nenhum, porém, se lembrou de comentá-los de modo especial e ainda menos de recolhê-los, classificá-los, analisá-los.

Notam-se muitas categorias de manifestações deste gênero, começando pelos casos nos quais a *música transcendental* se realiza em forma objetiva, com o auxílio de um médium.

Isto se pode produzir de formas diversas: sem nenhum instrumento musical, por vezes, como no decorrer das sessões de William Stainton Moses; com auxílio de instrumentos de música, mas sem o concurso direto do médium, como nas sessões com D. D. Home; finalmente, com o concurso direto do médium, mas de maneira puramente automática, como no caso do médium pianista Aubert.

Seguem-se as manifestações de origem telepática, nas quais o fenômeno de audição telepática coincide com acontecimentos de morte a distância.

Vêm depois os casos de audição musical com caráter de "assombração", isto é, produzindo-se em lugares "mal-assombrados".

Em outras ocasiões, a música transcendental é percebida pela pessoa mergulhada em sono sonambúlico ou por um sensitivo em estado de vigília, sem nenhuma coincidência de morte.

Acontece, as mais das vezes, observarem-se episódios de audição musical no leito de morte; nestes casos, o moribundo é, em algumas ocasiões, o único percipiente; em outras, são os assistentes que ouvem, um ou outro isoladamente ou todos coletivamente.

Observam-se, enfim, fenômenos de audição musical que se realizam após um acontecimento de morte; neste caso, este fenômeno pode revestir o valor de uma prova de identificação espírita.

As manifestações que têm mais importância, sob o ponto de vista teórico, se encontram nas quatro últimas categorias.

PRIMEIRA CATEGORIA:
Mediunidade musical

Limitar-me-ei a tratar, de modo sumário, desta primeira categoria de comunicações, porque constituem elas parte integrante da fenomenologia mediúnica, propriamente dita (isto é, consistindo na realização provocada ou experimental), e devem, pois, ser examinadas com o conjunto da fenomenologia em questão; a música transcendental, que é objeto da presente obra, pertence ao grupo das manifestações espontâneas.

Quanto à história, é de notar que as manifestações da mediunidade musical se têm realizado desde a origem do Movimento Espírita.

Com efeito, a obra de E. W. Capron — *Modern spiritualism*, publicada em 1855, ensina-nos que, com a presença do médium particular, o senhor Tamblim, ouviam-se ressoar as notas de um instrumento musical inexistente e que acompanhava o canto de pessoa que fazia parte do grupo.

Conta o senhor Capron:

> *Uma senhora foi convidada a cantar; logo se ouviu, acompanhando o canto, uma deliciosa música. Assemelhavam-se as notas às de uma harpa, sendo, porém, muito mais doces; ser-nos-ia impossível descrever-lhes a tonalidade. Outras vezes parecia uma voz angélica; dir-se-ia que se tratava de uma linguagem espiritual.*
>
> *Em outras ocasiões era o próprio médium que, sem conhecer música, assentava-se ao piano e improvisava maravilhosas melodias, desenvolvendo extraordinária técnica como se fora experimentado concertista... (Citado por Emma Hardinge — Modern american spiritualism, p. 57.)*

Como se pode ver, já antes de 1855 se produziam as manifestações da mediunidade musical nas duas formas principais nas quais se produzem ordinariamente: a do automatismo subconsciente e a em que se ouvem instrumentos musicais inexistentes.

É sob esta modalidade de realização — a mais interessante do grupo — que as manifestações da música transcendental chegaram ao mais alto grau de excelência pela mediunidade de Stainton Moses.

Não citarei exemplos deste gênero, dada a grande notoriedade de todas as manifestações obtidas com esse médium. Limitar-me-ei a lembrar que as personalidades mediúnicas que se comunicavam durante estas sessões imitavam o som de grande número de instrumentos musicais, entre outros: o tambor, a trombeta, a harpa, a cítara, o piano, o violino, o violoncelo, os tímpanos e os celestes "Fairy Bells", semelhantes a carrilhões, porém infinitamente mais doces e mais sonoros; eram ouvidos, de preferência, no jardim, quando Moses, com os outros membros do grupo, estavam tomando chá, assentados sob os olmos.

Eles se faziam ouvir, a princípio no cimo dos olmos; desciam, em seguida, lentamente na direção da assembleia, adquirindo vigor à medida que se aproximavam do médium e ressoando com tonalidade superior à do piano, quando chegavam a ele. Nessas circunstâncias, os experimentadores levantavam-se, a fim de se dirigirem para a sala das sessões, seguidos pelos sons musicais que eram ouvidos na sala, com sonoridade dupla (STANHOPE SPEER; *Record of private seances, Light,* 1892–1893).

São ainda mais conhecidas as manifestações musicais obtidas com o médium Dunglas Home.

Um harmônio funcionava em presença dos experimentadores, tocando variados pedaços de música, vendo-se-lhe baixarem as teclas, como se mão invisível agisse sobre o teclado; mão que, se bem que invisível, chegava, por vezes, a materializar-se por forma a ser percebida por todos.

Não eram menos conhecidos os casos de mediunidade musical de realização automática, nos quais o médium se assenta ao piano improvisando trechos de música. Atualmente, o melhor representante desta forma de mediunidade transcendental e o médium Aubert, de Paris (*A mediunidade espírita de George Aubert, exposta por si próprio* – Paris, H. Daragon, editor).

Nos casos desta classe é muito difícil fazer uma distinção perfeita entre a parte subconsciente ou *anímica* e a parte extrínseca ou *espírita* do fenômeno.

Daí resulta que, para a pesquisa das causas, não resta outro caminho a seguir que não o da análise das modalidades complexas nas quais se realizam as manifestações, tomando-se na maior conta os fenômenos inteligentes que os acompanham.

Não podemos deixar de reconhecer que, nos casos de Moses como nos de Home, as manifestações inteligentes, as circunstâncias de lugares, as provas de identificação pessoal de defuntos, obtidas simultaneamente, formam um conjunto imponente de fatos que convergem para a demonstração de origem espírita das manifestações musicais em questão.

SEGUNDA CATEGORIA:
Música transcendental de realização telepática

Os episódios de música transcendental de origem telepática não diferem de modo nenhum dos outros episódios pertencentes à fenomenologia telepática, em geral, e, por consequência, não apresentam especial valor teórico. São, além disso, relativamente raros, o que nada tem de espantoso, visto como as modalidades pelas quais se realizam estes fenômenos revestem constantemente uma significação que os liga direta ou indiretamente às características pessoais e aos estados d'alma do moribundo que serve de agente; isso equivale a dizer que, para que haja probabilidade de obter-se uma mensagem telepática de natureza musical, seria preciso que o agente fosse dotado de certa cultura musical. É o que não se encontra muitas vezes.

Nos casos conhecidos de telepatia musical, a regra constante é esta: os agentes são sempre músicos.

Caso 1 – Lê-se no *L'Inconnu*, de C. Flammarion (p. 78):

Notável sábio, Alphonse Berget, doutor em ciências, preparador do Laboratório de Física da Sorbonne, examinador na Faculdade de Ciências de Paris, comunicou-me o seguinte relato:

...Minha mãe tinha tido, como amiga de infância, uma menina chamada Amélia M. Esta menina, cega, era neta de um velho coronel de dragões do Primeiro Império. Tendo ficado órfã, vivia com os avós. Era ela muito musicista e cantava frequentemente com minha mãe.

Com a idade de 18 anos, arrastada por muito pronunciada vocação religiosa, tomou hábitos num convento de Strasburgo.

Nos primeiros tempos escrevia frequentemente à minha mãe; mais tarde as suas cartas se espaçaram e, enfim, como sucede quase sempre em semelhantes casos, cessou completamente de corresponder-se com sua antiga amiga.

Ela era religiosa havia já três anos, quando um dia, minha mãe subiu ao eirado para buscar qualquer coisa aí guardada. Desce, de repente, à sala, dando grandes gritos e cai sem sentidos.

Todos correm; levantam-na, ela volta a si e diz soluçando:

— É horrível! Amélia morre; ela está morta porque acabo de ouvi-la cantar, como só pode cantar uma pessoa morta.

E nova crise de nervos fê-la perder os sentidos.

Flammarion faz sobre o caso os seguintes reparos:

Ao morrer — no mesmo instante da morte —, a amiga da senhora Berget, parece, pensou com grande intensidade — uma nítida lembrança, uma saudade imensa talvez — em sua amiga de infância e, de Strasburgo a Schlestadt, a emoção da alma da jovem veio ferir instantaneamente o cérebro da senhora Berget, dando-lhe a ilusão de uma voz celeste cantando uma pura melodia. Como? De que modo? Nada sabemos.

Seria anticientífico, porém, negar uma coincidência real, uma relação de causa e efeito, um fenômeno de ordem psíquica pela razão única de que não sabemos explicá-lo.

A respeito dessas considerações de Flammarion e para esclarecer o mistério que cerca o fato de aspectos tão diversos, estranhos umas vezes, outras absurdos, nos quais se produzem as manifestações telepáticas, é lícito notar que a análise comparada dos fatos mostra como as manifestações supranormais, em geral, brotam da subconsciência e chegam à consciência seguindo o "caminho da menor resistência", determinado pelas idiossincrasias pessoais próprias ao agente e ao percipiente encarados em conjunto.

Daí resulta que a transmissão de uma mensagem telepática pode realizar-se, por vezes, sob a forma visual; em outros casos, sob a forma auditiva, tátil, olfativa, emocional, tomando feições racionais ou simbólicas, muitas vezes mesmo de aparência absurda.

Vê-se, pelo caso acima, que a mensagem telepática foi determinada pela forma auditivo-musical; isto significa que esta modalidade de realização constituía o "caminho de menor resistência" para a transmissão da mensagem, de acordo com as propensões particulares da agente e da percipiente, encarados conjuntamente: eram ambas cultoras da música.

Caso 2 – É extraído do *Journal of the S. P. R.* (v. VI, p. 27). Os diretores desta publicação observam sobre este assunto:

A descrição seguinte foi escrita por Miss Horne, *filha da percipiente e dirigida a* Miss Ina White, *que a transmitiu de bom grado à* Society for Psychical Research. *Foi em seguida reenviada à mãe de* Miss Horne *para que ela a assinasse por sua vez; nestas condições, o relato, posto que escrito por terceira pessoa, deve ser registrado entre os obtidos de primeira mão.*

Aberdeen, 25 de novembro de 1890.

O fato realizou-se há uns 30 anos, mas se conserva indelevelmente gravado na memória de minha mãe, e por tal forma que ela dele se lembra como se fosse ontem.

Minha mãe estava sentada na sala de jantar de pequeno hotel isolado, tendo nos joelhos o meu irmão James, então na idade de quase 2 anos.

A governanta da criança havia saído; não ficara ninguém na casa, além de uma criada que se encontrava no andar térreo. As portas da sala de jantar e as do salão, que eram contíguas, estavam abertas neste momento. De repente, minha mãe ouviu uma música celeste, em triste toada, muito suave, que durou uns dois minutos; o canto foi-se enfraquecendo depois, gradualmente, até que se extinguiu. Meu irmãozinho saltou dos joelhos maternos, dizendo:

— Papai! Papai! — e correu para o salão.

Minha mãe ficou como paralisada onde estava, o que a fez tocar a campainha para chamar a criada, a quem disse fosse ao salão ver quem tinha entrado.

A criada obedece, mas só vê no salão James, que, em pé, ao lado do piano, recebe-a dizendo:

— Papai não está mais!

É preciso acrescentar que seu pai gostava muito de música e, quando entrava, tinha o hábito de ir diretamente para o piano.

O incidente fez tal impressão no espírito da genitora, que ela para logo o anotou, registrando a hora exata na qual ele se produziu.

Seis semanas depois recebia uma carta do Cabo, em que se lhe anunciava a morte da irmã. O dia e hora do trespasse correspondiam exatamente ao dia e hora em que minha mãe com a criança haviam percebido o trecho da música transcendental. Devo acrescentar que minha tia morta era uma excelente e apaixonada musicista (Miss Emily Horne e Mrs. Eliza Horne).

Em carta subsequente diz *Miss* Emily Horne:

Minha tia chamava-se Mary Sophie Ingles; morreu a 21 de fevereiro de 1861, em Durban, no Natal. Mamãe encarrega-me de vos confirmar que o acontecimento coincidia não somente com o dia e a hora do falecimento, mas ainda, exatamente, com o minuto...

Como também se pode ver neste episódio, o agente é uma boa cultora da música; as observações que fizemos ao caso precedente servem igualmente para este.

Não há nada de particular na realização do fato, a não ser a circunstância notável de que a audição do trecho de música transcendental foi coletiva, como também a de ter sido esse trecho ouvido por uma criança de 2 anos de idade, apenas; esse detalhe é sempre teoricamente interessante, em qualquer classe de manifestações supranormais, porque constitui um bom argumento contra a hipótese autossugestiva, uma vez que a tenra mentalidade de um bebê não lhe poderia permitir a autossugestão a respeito de manifestações que lhe seriam inconcebíveis.

Em minha classificação figuram quatro outros episódios análogos aos precedentes; abstenho-me, porém, de narrá-los, por não aduzirem nada de teoricamente novo em favor do nosso estudo.

TERCEIRA CATEGORIA:
Música transcendental devida a assombrações

Esta categoria, como a que lhe antecedeu, não é rica de exemplos, o que se deve atribuir ao mesmo fato, isto é, que nos fenômenos de assombração, como nos de telepatia, nota-se uma relação constante, direta ou indireta, de simbolismo manifesto ou velado, com os agentes ou causas que determinaram as "assombrações".

Para que as manifestações pudessem, pois, realizar-se em lugares "assombrados", seria preciso que estes fossem, em algum tempo, destinados a audições musicais ou que o agente assombrador possuísse também, quando vivo, a qualidade de músico.

Compreende-se, igualmente, que estas espécies de características pessoais ou locais não devem encontrar-se muitas vezes entre os elementos de um caso de assombração.

Caso 3 – Em minha obra sobre os *Fenômenos de assombração*, ocupei-me longamente de um caso curioso e interessante, no qual duas sensitivas, *Miss* Lamont e *Miss* Morisson, quando visitavam, pela primeira vez, o parque de Versalhes e o Petit Trianon, tiveram a visão dos lugares, tais como eles foram ao tempo de Luís XIV, aí compreendidas as figuras de Maria Antonieta e muitas outras personagens dessa época.

Miss Lamont percebera, ainda, o som de uma orquestra de violinos, que ali não existiam, e chegou a apanhar doze compassos, que mais tarde se verificou serem escritos em estilo semelhante ao do século XVIII.

Eis o que se lê na página 94 do livro *An adventure* ("Uma Aventura"), no qual as duas sensitivas narram os resultados de um inquérito que fizeram para verificar o que tinham visto e ouvido, inquérito em que prosseguiram durante nove anos:

> *Quando* Miss *Lamont se achava no bosquezinho, percebeu a música de uma orquestra composta de violinos; esta música parecia vir do lado do palácio; eram ondas intermitentes de sons muito doces e a tonalidade mais baixa que a empregada hoje.* Miss *Lamont pôde apanhar doze compassos.*
>
> *Imediatamente depois, quis assegurar-se, e o conseguiu, de que nenhuma peça musical havia sido tocada nos arredores. Era, aliás, uma tarde de rígido inverno, pouco indicada para semelhantes audições, em tal lugar.*
>
> *Em março de 1907, os doze compassos apanhados foram submetidos ao exame de um perito em música, o qual, nada sabendo sobre o caso de sua origem, notou que eles não tinham ligação entre si, que não constituíam um trecho musical completo e mais que sua feitura era antiga, devendo remontar ao ano de 1780. Além disso, assinalou-se um erro de harmonia num dos compassos.*

Uma vez pronunciado esse juízo, disseram ao perito qual a origem dos referidos compassos; declarou ele, então, que as orquestras da época mencionada tocavam, efetivamente, em tonalidade mais baixa que a atual; em seguida, sugeriu o nome de Sacchini como do autor provável do trecho.

Em março de 1908, as duas sensitivas vieram a Versalhes e foram informadas de que, no inverno de 1907, música de espécie alguma havia sido tocada no parque.

Puderam verificar, além disso, que não havia nada semelhante à música ouvida nas obras de data posterior a 1815. Estes trechos constituíam parte integrante de certos trechos de Sacchini, Philidor, Montigny, Gretry e Pergolesi. Erros de harmonia idênticos aos assinalados pelo perito foram encontrados em Montigny e Grétry.

Tal é o trecho inicial da narrativa, no que concerne ao incidente de que nos ocupamos.

Pode-se ver no *An adventure* a citação das óperas e das cenas nas quais foram descobertos os diferentes compassos musicais percebidos e copiados por *Miss* Lament. Mais adiante (página 115), a mesma sensitiva assinala o fato, muito interessante, de que os compassos por ela percebidos, em sucessão contínua, representavam, em sentido inverso, um resumo dos principais motivos melódicos de diversas óperas do século XVIII; isso confere ao episódio, não somente um valor de percepção supranormal verídica, senão ainda deixa supor a existência de uma intenção qualquer na causa dos fatos, o que equivale afirmar a existência de um agente transmissor inteligente.

Neste caso, para explicar o episódio não seria permitido lançar mão da hipótese de uma reprodução psicométrica de acontecimentos passados; há que recorrer à hipótese telepático-espírita.

Com o fim de afastar uma possível objeção, a da dificuldade de apanhar e transcrever doze compassos após uma única audição, notarei que a percipiente se achava em estado de sonambulismo velado, estado no qual se vencem muitas outras dificuldades.

Há exemplos: o de uma sonâmbula que repete verbalmente uma longa conferência ouvida, começando pela última palavra e prosseguindo em sentido inverso, como se tivesse diante dos olhos o texto impresso.

Caso 4 – A senhora Nita O'Sullivan-Beare, compositora e executante, conta em *The occult review* (março de 1921), como foi composta uma de suas últimas *romanzas*. Ela escreve:

Há quinze anos, encontrava-me em Paris uma tarde, já ao cair da noite, fui à igreja da Madalena. Lá não havia mais de uma dúzia de fiéis, e eu me ajoelhei ao lado de uma mulher do povo, que trazia um cesto de legumes.

De repente, ouvi um canto muito melodioso, composto somente de vozes, mas eu não conseguia determinar-lhe a proveniência. Era uma melodia que parecia formar-se ali mesmo e elevar-se em ondas que enchiam a ambiência sagrada; uma bela voz, cheia de sentimento, dominava todas as demais.

Não conseguindo orientar-me, perguntei à mulher, minha vizinha, donde vinha esse canto. Ela olhou-me com espanto e respondeu-me em francês:

— Perdão, senhora, a que música se refere?

— Pois não ouve esse coro?

A vizinha abanou a cabeça, negativamente, e disse:

— Não ouço absolutamente nada.

Não tardou a retirar-se e outra mulher veio sentar-se ao pé de mim. Aproveitei para fazer-lhe a mesma pergunta. Respondeu-me laconicamente:

— Não há música.

Como eu continuasse, porém, a escutar o mesmo cântico, resolvi indagar timidamente da minha nova vizinha se ela ouvia pouco. Pareceu ofender-se com a pergunta e replicou bruscamente:

— De forma alguma, senhora.

Entretanto, o coro continuava a ressoar sob a vasta abóbada da igreja. E eu continuei a escutar; apressei-me em seguida a ir para o meu hotel, onde transcrevi imediatamente os compassos principais que constituem o tema do meu último romance para canto: Love's fadeless rose.

Relativamente a esta curiosa e interessante narrativa da senhora O'Sullivan-Beare, é útil notar que a *eletividade* do canto, percebido distintamente por uma pessoa e não percebida por outra, não deve surpreender, porque constitui a regra nas manifestações desta espécie. Prova essa regra, unicamente, que a senhora O'Sullivan-Beare era uma sensitiva e que esse canto coral não existia sob uma forma de vibrações acústicas, mas era percebido subjetivamente.

Isso não significa, de forma alguma, que se tratasse de um fenômeno alucinatório, na significação patológica do termo, mas, apenas, que a sensitiva percebia subjetivamente uma modalidade supranormal do canto, conforme o que se produz em qualquer outra forma de percepções telepático-auditivas. Nestas condições, a que hipótese recorrer para a explicação dos fatos? Seria um fenômeno de origem telepático-espírita ou seria psicométrico?

No primeiro caso, tornava-se preciso supor que o agente fosse o Espírito de um artista defunto, cujo pensamento era orientado, naquele momento, com intensidade monoideísta, para um episódio de sua existência terrestre, durante a qual ele tivesse cantado nas massas corais da igreja da Madalena; e, assim, teria determinado um fenômeno de transmissão telepática na ambiência em que pensava.

No segundo caso, o fenômeno reduzir-se-ia à percepção psicométrica de cantos que se desenrolaram, outrora, na mencionada igreja e que eram percebidos pela sensitiva, em virtude da relação que se teria estabelecido entre suas faculdades supranormais subconscientes e as vibrações musicais, em estado potencial na existência em que ela se encontrava.

As duas hipóteses são igualmente legítimas, pois que se apoiam ambas em bons argumentos: no caso de que nos ocupamos não é fácil pronunciar-nos por qualquer delas, preferindo uma a outra, visto a insuficiência de dados fornecidos pela senhora O'Sullivan.

Caso 5 – Extraio-o do *Journal of the S. P. R.*, p. 118, do v. XVII. É um episódio rigorosamente documentado, no qual quatro personagens perceberam coletivamente um canto de igreja, de origem transcendental, executado numa abadia da Idade Média. Cada um dos quatro percipientes entregou o seu testemunho escrito à Sociedade Inglesa de Pesquisas Psíquicas.

Miss Ernestine Anne escreve nestes termos, em data de 28 de julho de 1915:

> *Visitei as ruínas da abadia de Jumièges, na França, no domingo, 6 de julho de 1913, com meu pai, minha mãe e um de meus irmãos. Aí chegamos às 3 horas da tarde e logo começamos a percorrer as grandiosas ruínas da igreja monacal de Nossa Senhora. São os restos mais vastos e imponentes que já vi da arquitetura normanda.*
>
> *É uma construção em forma de cruz; o braço direito liga-se a outra igreja menor, chamada São Pedro, e que servira de paróquia. As paredes desta última ficaram quase intactas, enquanto da igreja monacal só existe a nave central com alguns outros vestígios, mostrando onde estava o coro. Árvores e espinheiros cobrem o local em que se elevava o presbitério.*
>
> *Depois de por muito tempo haver contemplado as ruínas da igreja de Nossa Senhora, passamos para a de São Pedro, admirando esses belos restos góticos do século XIV.*
>
> *Afastara-me um pouco dos outros, quando ouvi, de repente, ressoar um coro composto de numerosas vozes de homens, que pareciam vir de um espaço livre à nossa esquerda, onde alguns pedaços de muro indicavam o lugar em que outrora estivera o coro.*
>
> *Era um canto melodioso e solene, que me era familiar.*
>
> *Lembro-me de haver logo pensado: Trata-se, necessariamente, de um ludíbrio de minha imaginação. Procurava, pois, desviar as minhas ideias, quando ouvi meu pai exclamar:*
>
> *— Olhe os monges cantando em coro!*
>
> *Imediatamente cessou a música, que só teve para mim a duração de instantes.*
>
> *Fiquei de tal modo impressionada com o estranho fato, que preferia convencer--me de que nada tinha ouvido; isso, porém, não era possível, porque os que me acompanhavam tinham ouvido como eu. Todos reconhecemos haver percebido um coro de vozes cantando as* Vésperas, *isto é, salmos em latim.*

Procuramos resolver o mistério, recorrendo a uma explicação natural; inutilmente, porém, porque o guarda nos disse que a atual igreja paroquial se encontrava a um quilômetro e meio de distância. Além disso, se o eco desse canto coral nos tivesse chegado da igreja paroquial, tê-lo-íamos ouvido durante certo tempo e não somente por alguns minutos.

Era um belo dia sem vento. Ficamos, ainda, ali, durante meia hora, sem nada mais notar de extraordinário.

Tomei nota imediatamente desse fato estranho e me servi das notas para redigir essa narrativa (ERNESTINE ANNE).

Só reproduzo a passagem seguinte do chefe da família:

Estávamos em meio às ruínas havia alguns minutos, quando ouvi melodioso canto coral que parecia surgir daquele lugar, a pouca distância de nós. Cantavam-se os salmos das Vésperas, *de maneira harmoniosa e solene. Poderia quase afirmar haver apanhado as palavras latinas.*

Exclamei:

— Como! Os monges cantando em coro!...

Mas, assim falando, não supunha absolutamente que o acontecimento não fosse real; não tivera tempo de refletir que não me achava em uma igreja aberta ao culto, mas em meio às ruínas de antiga abadia.

Um de nós fez reparo no caso e logo o canto se extinguiu docemente, como tinha começado. Entramos a explorar os arredores e verificamos que lá não se encontrava ninguém.

Observei que o canto coral era superior a tudo o que eu tinha ouvido de análogo, durante minha existência, e sobretudo em França (ERNEST L. S. ANNE).

Eis agora uma passagem do testemunho da genitora:

Estávamos todos os quatro a pouca distância um dos outros, contemplando essas maravilhosas ruínas, quando ouvi muito distintamente um coro de vozes masculinas que cantavam salmos. No momento em que escrevo estou em condições de rememorar este coro; eram vozes melodiosas e experimentadas que cantavam em perfeito acordo. Discerniam-se os diversos timbres, admiravelmente.

Supus a princípio que era um coro real de igreja, sem suspeitar que se tratava de um caso de audição supranormal. O conjunto coral ressoava como se fora cantado sob a abóbada de vasta igreja; fiquei escutando-o, como que fascinada (EDITH ANNE).

Do testemunho do irmão extraio esta última passagem:

Lembro-me de que contemplava uma antiga pedra sepulcral, abandonada em um canto, quando ouvi ressoar um coro de vozes masculinas que cantavam as Vésperas. Disse um de nós:

— Olhe os monges cantando em coro!...

Esse canto teve a duração de cerca de meio minuto; talvez de um minuto (E. EDWARD ANNE).

Neste caso, como no precedente, a hipótese telepático-espírita e a psicométrica parecem igualmente admissíveis e não é fácil nos pronunciarmos a respeito.

A única objeção contrária à explicação psicométrica consistiria nisso: que as impressões psicométricas são invariavelmente pessoais e nunca coletivas: o sensitivo só percebe, tendo sido posto em relação com o objeto *psicometrizável*; as visões-audições, às quais é submetido, não são transmissíveis a terceiros.

É verdade que no caso acima não se teria agido precisamente com um objeto *psicometrizável*, mas numa ambiência *psicometrizada*, com a qual todas as pessoas presentes se achavam em relação. Mas, como os sensitivos dotados de faculdades psicométricas são muito raros, é pouco verossímil que no caso vertente as quatro pessoas presentes fossem todas sensitivo-psicômetras.

Essas dificuldades não existiriam para a hipótese telepático-espírita, uma vez que para experimentar um influxo telepático — provenha ele de um vivo ou de um morto — não são indispensáveis faculdades especiais de sensitivos. Qualquer pessoa, ainda que psicometricamente negativa, pode estar sujeita a esse influxo, em certos momentos da vida, como o provam inumeráveis exemplos de alucinações telepáticas coletivas.

No caso que se segue, análogo aos últimos que acabamos de expor, não são possíveis perplexidades desta espécie. Nele se encontram circunstâncias que conduzem logicamente a favor da hipótese telepático-espírita.

Caso 6 – Apareceu na *Light* (1919, p. 310). Escreve Archer Sheper, vigário de Avenbury (Condado de Herefordshire):

Por estranha e inexplicável causa, na igreja de que sou vigário percebe-se o som prolongado de um órgão. Conheço três casos desta audição.

No primeiro a música foi percebida por muitos membros da família do coronel Frosser, de Bromyard, quando eles passavam na ponte reservada aos peões, contígua à igreja. Todos a ouviram e supuseram que o organista da igreja fazia exercícios no instrumento; mas, pouco depois, souberam que nem ele nem ninguém tinha penetrado na igreja, nesse dia.

O órgão era americano e fora depois substituído pelo atual harmônio.

Ora, na tarde de um sábado, quando me achava no jardim do vicariato, ouvi o harmônio tocar, e, supondo que a mulher encarregada da limpeza da igreja tivesse permitido ao filho divertir-se com o instrumento, apressei-me a entrar no templo para proibir a brincadeira.

Enquanto atravessava o jardim continuei a ouvir a música, que cessou bruscamente quando cheguei a alguns passos do cemitério contíguo à igreja. Encontrei a porta desta devidamente fechada a chave; entrei e não vi ninguém.

Outra vez, ouvi o som do harmônio quando atravessava, a cavalo, o prado d'Avenbury. Tocava-se música sagrada, que continuei a ouvir durante o tempo gasto em percorrer, na minha montaria, uma centena de metros. A música cessou, repentinamente, quando cheguei junto à igreja.

Uma senhora, que viveu muito tempo perto da igreja, escreveu-me de Leamington:

"Decidi contar-lhe um acidente que sucedeu comigo e meu marido, relativo à sua igreja, em uma noite de Natal.

> *Quando entramos em nossa casa, soava meia-noite. Nevava muito. De repente ouvimos muitas vozes humanas, em animada palestra. Elas vinham do interior da igreja e misturavam-se com sons e ruídos de regozijo. Mas, distinguindo as diferentes vozes que conversavam, não conseguimos apanhar uma única palavra do que diziam.*
>
> *Procuramos, naturalmente, penetrar no templo, mas vimos que a porta estava fechada a chave. Demos-lhe então a volta, e verificamos que ele estava mergulhado em obscuridade. Essas vozes, esses ruídos, vinham, entretanto, do interior.*
>
> *Nada compreendendo desse mistério, dele trouxemos ambos profunda impressão, motivo por que o incidente ficou indelevelmente gravado em nossa memória."*

Estas últimas informações, fornecidas por pessoas que habitaram por muito tempo perto da igreja de Avenbury, mostram-nos que esse lugar, por uma razão ignorada, era "assombrado".

A circunstância de serem os ruídos, as vozes, a música percebidos do exterior, mesmo à distância de algumas centenas de metros, e o fato de cessarem quando os percipientes se aproximavam da igreja, tenderiam a afastar a explicação psicométrica para dar lugar à da "assombração"; primeiro, porque, de acordo com a hipótese psicométrica, as percepções deveriam realizar-se quando o sensitivo se encontrasse no meio psicométrico e não em seus arredores; em seguida, porque o fato de cessarem, desde que os percipientes se aproximavam da igreja, não é conciliável com a hipótese encarada. Com a aproximação da ambiência psicométrica, as percepções dos sensitivos deveriam reforçar-se e não desaparecer; a circunstância de desaparecerem sistematicamente sugere a ideia de uma intenção vigilante à testa das manifestações — o que também é inconciliável com a hipótese psicométrica, mas conforme a hipótese telepático-espírita, pois que a existência de uma intenção vigilante supõe um agente inteligente.

Caso 7 – Em minha obra sobre *Les phenomenes de hantise* (cap. Ill, p. 86-92), cito um caso muito interessante, que tinha extraído dos *Proceedings of the S. P. R.* (v. III, p. 126), no qual um grupo de crianças, com seus pais, viam passear na casa um fantasma de uma velhinha.

Percebiam-se também sons e ruídos de toda espécie, entre os quais uma voz de mulher que cantava uma ária muito triste.

Coloco esta passagem da descrição na presente categoria.

Narra a senhora Vata-Simpson:

Além do fantasma da velha franzina, que tem o hábito de circular no andar superior, e outro fantasma de homem que aparece na escada, há visões diversas e ouvem-se vários sons e ruídos. Muito frequentemente se escutam na cozinha vagidos comoventes de recém-nascidos, e nós os percebemos no próprio dia em que entramos na casa.

Todos acreditamos que se tratava de um recém-nascido autêntico, supondo que os vagidos provinham de uma casa vizinha. Mas como eles se repetissem e perpetuassem sem nunca mudar de tom, logo nos enchemos de espanto e entramos a fazer pesquisas até o dia em que nos persuadimos de que não se originavam de um recém-nascido vivo.

Além disso, no ângulo vizinho da porta de meu quarto se fazem ouvir as notas de um canto extremamente melancólico; são notas reais, muito suaves e penetrantes; chega um momento, entretanto, em que as últimas notas se prolongam e transformam em gemidos desesperados de agonia. Depois, o silêncio. E todos esses sons e ruídos se produzem perto de alguma divisão entre os quartos e nunca perto das paredes mestras ou exteriores da casa.

Esta narrativa não contém esclarecimentos ou tradições de acontecimentos dramáticos em relação com a "assombração"; mas, como a narradora diz que a casa era muito antiga e tinha a reputação de ser assombrada, dever-se-ia deduzir que a falta de informações sobre o assunto se explica pela vetustez do imóvel e pela intermitência de assombração — circunstância que pode ter trazido o esquecimento das causas.

Em todo caso, a análise comparada dos fenômenos de "assombração", como foi exposta na obra citada, deixa supor que o fenômeno dos vagidos dolorosos do recém-nascido, combinados com o triste canto de uma voz de mulher, tem sua origem em um drama de sangue, que se teria produzido dentro daquelas paredes... Um infanticídio, talvez, para ocultar uma queda.

Caso 8 – Vemo-lo no VII volume dos *Proceedings of the S. P. R.* (p. 304), sendo recolhido e examinado por Podmore.

Suprimem-se os nomes dos protagonistas, que foram, no entanto, comunicados à direção da S. P. R.

Podmore observa:

Raramente sucede que um caso de música fantasmagórica tenha valor probatório; e é, com efeito, muito difícil qualquer suposição de origem física nos fenômenos de ordem auditiva.

Não obstante, no caso seguinte a natureza alucinatória da música percebida parece absolutamente provada, tanto no caso do senhor B... como no da senhora Z... Os primeiros esclarecimentos sobre este fato me foram enviados pelo vigário de S..., pequena região do sul da Escócia.

Escreve o Sr. B...:

Em resposta à sua carta de 20 de julho de 1889, tenho o prazer de fornecer-lhe os informes pedidos sobre o caso da música que ouvi no bosque de D..., que não podia ter causas normais.

Nas duas ou três primeiras vezes, a música que percebi era fraca, posto que bastante distinta para que lhe pudéssemos seguir os ritmos melódicos. Não saberia dizer por que, mas nunca me ocorreu ao pensamento que fosse música real, embora não me parecesse diferente da comum, salvo quanto à tonalidade, que tinha qualquer coisa de etérica.

Passaram-se alguns anos e eu havia tudo esquecido, quando, há poucos meses, ouvi a música de novo.

Não esqueceria tão facilmente esta última audição. Tinha-me dirigido para a região de X., onde havia um jogo de tênis; assim que cheguei à localidade habitual, ouvi repentinamente uma onda de música sonora e brilhante, como sons de metais, flautas e clarinetas, que ressoavam do lado do cemitério. Não me lembrei imediatamente do que tinha ouvido outrora e acreditei que se tratasse de música real.

Meu primeiro pensamento foi o de que o proprietário da localidade, Sir J. Z., tivesse cedido o parque a um grupo excursionista de alunos em férias, e o segundo de que a música era muito boa para semelhante circunstância.

Prosseguindo no caminho, escutava o concerto com vivo prazer, sempre sem duvidar que fosse outra coisa que um concerto real, quando me veio a ideia de que a música tocada nos arredores do cemitério não poderia ser ouvida do lugar em que me achava, por causa da colina de S..., que está situada entre essa localidade e a em que eu me encontrava na ocasião.

Lembrei-me então das outras audições musicais percebidas no mesmo lugar e fiquei convencido de que o fenômeno não era de natureza a ser explicado por mim.

Ignorava então que outras pessoas tinham ouvido a mesma música, no mesmo local; sabe-se agora que o senhor M... e a senhora Z... a perceberam muitas vezes.

A escutada pela senhora Z... era coral, sem nenhum acompanhamento de instrumentos, enquanto, no meu caso, não havia música vocal. (Assinado com todas as letras: J. L. B.*)*

Podmore dirigiu-se à senhora Z..., que respondeu nestes termos:

Na tarde de 18 de julho de 1888, com uma atmosfera tépida e tranquila, estava eu assentada, com uma senhora de idade, perto da capela de nosso pequeno cemitério, encravado em nossas propriedades da Escócia e muito longe dos caminhos comunais.

Em meio à conversa, interrompi-me, dizendo:

— Quem é que está cantando, não ouve?

Era um coro de muito belas vozes, como nunca ouvi; dir-se-ia o coro sagrado de uma catedral, mas só teve a duração de alguns segundos.

A velha nada ouvira e eu não insisti, supondo que ela não fosse forte de ouvido.

Não fui mais aí até à noite, quando perguntei a meu marido, por acaso:

— *Quem cantava quando estávamos perto da capela?*

Esperava que ele me dissesse: "Eram camponeses". Ao contrário, com grande espanto meu, respondeu ele:

— *Eu tenho ouvido muitas vezes esse canto; é um canto que costumo ouvir.*

Ora, esta resposta é interessante, porque eu não havia dito que ouvira um coro de vozes, mas, unicamente, que tinha ouvido cantar.

E foi somente então que me veio a ideia de que estas vozes não deviam ser humanas.

Nunca escutara nada semelhante, era qual música do Paraíso (é a única expressão adequada); e eu não renunciaria, por todo o ouro do mundo, à satisfação de tê-la ouvido.

Quando isso se produziu não me achava de forma alguma em condições sentimentais de alma e conversava com minha amiga sobre assuntos comuns.

O que escrevi é, escrupulosamente, a verdade. (Assinado com todas as letras: senhora A. Z.)

O marido da senhora Z..., *Sir* J. Z., escreve:

Muitas vezes, quando me achava só, no cemitério, ouvi uma música coral proveniente do interior da capela. (Assinado com todas as letras: Sir *J. Z.)*

Enfim, a senhora Z..., em data de 21 de janeiro de 1891, volta ao assunto, nos seguintes termos:

Eu, abaixo assinada, certifico que, a 15 de novembro de 1890, quando me achava na capela de nosso cemitério particular, ouvi de novo a mesma música coral que descrevi nos Proceedings *de junho de 1890. O canto prolongou-se cerca de meio minuto. Eu estava com três pessoas (uma das quais meu marido), e logo lhes disse que escutassem; elas, porém, nada ouviram.*

*Da mesma forma que a primeira vez, a música consistia em um coro de muitas vozes, não me sendo possível distinguir as palavras. (*Journal *da S. P. R., v. V, p. 42.)*

Podmore, de quem se conhece a aversão irredutível pela hipótese espírita, faz acompanhar estas narrativas de alguns comentários:

Entre as histórias tradicionais de gestos e aparições de fantasmas, como nas obras do gênero da de Crowe — The nightside of nature —, encontra-se grande número de casos análogos ao de que tratamos. Duvido que em nossa coleção de fatos possa encontrar-se outro do mesmo tipo, mais bem autenticado que este.

O acontecimento deixa supor, primeiramente, que a música do Paraíso, percebida, fosse o eco de algo que tivesse sobrevivido ao túmulo. O próprio meio em que se produzia a harmonizaria com essa explicação; por outra parte, encontrar-se-ia certa relação razoável no fato de que o Réquiem dos Mortos só era perceptível para os representantes vivos da sua descendência, mesmo quando se realizava em presença de terceiros.

Mas, se assim é, como explicar o que percebeu B...? E que significação atribuir ao caráter diferente da música que ressoava para uns como um canto coral e para o outro como música militar?

Reconheço que isso não constitui um obstáculo intransponível para a admissão da hipótese espírita; mas, enfim, para explicar estes fatos não é mister recorrer a causas não naturais.

A imaginação, alimentada por tradições de família ou por meditação sobre o Além, sugeridas pela ambiência, poderiam bastar para fazer com que fossem percebidas harmonias musicais nos sons produzidos pelo vento nos bosques; uma ideia alucinatória pode também enxertar-se com um fenômeno real.

A ideia alucinatória, uma vez engendrada, poderia transmitir-se a outras pessoas sensitivas, em condições que predispõem ao fenômeno; neste caso, a ideia em questão poderia revestir-se de formas diferentes em relação com as idiossincrasias dos percipientes e a ambiência na qual eles se encontravam.

Assim, para a senhora Z..., sentada perto dos túmulos de família, a alucinação primitiva tenderia a reproduzir-se sem modificações, enquanto, para um transeunte que percorre uma estrada donde normalmente não se poderia ouvir um canto coral a três quartos de milha, a ideia alucinatória se adaptaria às circunstâncias, sem perder sua natureza fundamental.

Com isso declaro que estou pronto a reconhecer que o caso parece muito notável e sugestivo, qualquer que possa ser a causa.

Não me parece necessário refutar as afirmações de Podmore, de tal forma elas são especiosas e absurdas.

Limitar-me-ei a observar que, sem dúvida, no caso vertente, não nos podemos dar pressa em concluir a favor da origem espírita dos fatos, pois que estes nada contêm que seja de molde a fornecer-nos uma prova. Mas daí a recorrer-se à hipótese alucinatória — como o faz Podmore — há um abismo.

E tanto mais quanto, propondo esta hipótese, Podmore esquece que M. B. declara que "nesse momento ignorava tivessem outras pessoas percebido a mesma música, no mesmo local", declaração que basta para afastar a hipótese alucinatória.

Com efeito, M. B. não conhecia a existência dos fatos; logo, não podia ser vítima de uma alucinação por autossugestão originada de fatos por ele ignorados.

Pode-se acrescentar que deveríamos fazer a mesma observação a propósito dos dois outros percipientes, visto como ressalta nitidamente, da narrativa da senhora Z..., que esta nada sabia das audições análogas de seu marido, J. Z..., e que este ignorava a experiência análoga de sua mulher.

Segue-se daí que a hipótese alucinatória cai irrevogavelmente e que o fenômeno de audição musical ao qual foram sujeitos os três percipientes deve ser considerado de natureza supranormal ou extrínseca.

Seria, porém, imprudente querer ir mais longe em busca das causas, dada a insuficiência das informações fornecidas, o que não significa que os episódios análogos aos de que acabamos de descrever sejam desprovidos de valor científico. Eles podem adquirir indiretamente a importância teórica que lhes falta se os examinarmos cumulativamente com outros episódios da mesma natureza, melhor circunstanciados.

QUARTA CATEGORIA:
Música transcendental percebida sem qualquer relação com acontecimentos de morte

À medida que avançamos na classificação dos fatos, sua natureza se torna cada vez mais interessante e misteriosa.

É preciso, entretanto, notar que os episódios pertencentes a esta categoria dão margem à crítica, porque podemos considerá-los como puramente alucinatórios, em virtude de sua natureza de percepções estritamente pessoais, sem nenhuma relação com acontecimentos de morte ou com outras circunstâncias que revelem um agente extrínseco.

Apresso-me, no entanto, a observar: essa objeção só pareceria fundada se os fatos dessa categoria fossem tomados separadamente.

Ora, é fácil de compreender que esta maneira de proceder seria arbitrária e anticientífica. Com efeito, em matéria de classificação, não pode haver outro método de pesquisa que não o da análise comparada, estendida ao conjunto dos fatos, e nunca a uma só categoria, esquecendo-se a classe.

Aquele que procedesse por outra forma não faria obra científica e cairia, seguramente, em erro.

Peço, pois, aos leitores que suspendam qualquer juízo a respeito da presente categoria.

Caso 9 – Foi registrado no 1º volume da obra de Myers: *Human Personality*, etc.

O percipiente e narrador é o célebre psiquista doutor R. Hodgson, secretário, nos Estados Unidos, da Society for P. R.

Escreve ele:

Um dos acontecimentos de minha existência que mais me emocionaram sucedeu-se quando eu tinha 18 ou 19 anos; foi a audição de música transcendental que, começada durante o sono, continuou quando eu acordei; isso durante mais ou menos um quarto de hora.

É essa a razão por que me lembro perfeitamente.

Na ocasião em que estava sujeito a esta experiência, percebi perfeitamente que ouvia uma música "que não era deste mundo"; não me ficou na memória um motivo especial, mas posso afirmar que a música era muito complicada, rica de ritmos, muito doce, e que dava a impressão de homogeneidade inefável, parecendo invadir inteiramente a ambiência.

Fui acordado pela própria música e fiquei a escutá-la em êxtase.

Lembro-me que, ouvindo-a, meu olhar se fixava numa estrela visível, através das persianas semiabertas. A alva começava a apontar e a música pareceu diminuir e morrer com o surgir da aurora.

Todo o gozo intelectual que tenho experimentado em vida com a audição da música terrestre está longe de comparar-se à alegria serena, tranquila, celeste, que me havia invadido, quando escutava essa música transcendental. Foi tal o efeito que ela me produziu, que me decidi a tomar lições de violino, nas quais perseverei durante quatro anos (DOUTOR RICARDO HODGSON).

Conforme as observações que fiz acima, abstenho-me de qualquer comentário.

Eis outro caso análogo, mas que se realizou em condições de completa vigília:

Caso 10 – Podemos lê-lo no *Journal of the American S. P. R.* (1920, p. 373.)

O escritor e poeta norte-americano Bayard Taylor (1825–1878) conta este fato, que lhe é pessoal:

Deixemos que os céticos, os vulgares, os homens que se dizem práticos, tenham sua opinião; não é menos verdade que há na natureza humana a intuição latente da possibilidade de entrar, por vezes, em relação com o mundo supersensível. E a experiência demonstra que bem poucas pessoas há que não tenham a contar incidentes inexplicáveis pelas Leis Naturais.

São coincidências espantosas, pressentimentos realizados; algumas vezes, aparições de fantasmas; todos os casos que não conseguimos reduzir à hipótese cômoda do acaso, e que, portanto, enchem de assombro os que os examinam.

Certa vez, à 1 hora da madrugada, na acidentada região do Nevada, pus-me a contemplar a eterna beleza do Norte, quando percebi, de repente, um som característico, que parecia o do vento na floresta.

Olhei para as árvores; elas estavam imóveis; o som, entretanto, aumentava rapidamente e a tal ponto que o ar, nesse vale solitário, parecia vibrar poderosamente.

Um sentimento estranho de expectativa, quase de medo, me havia invadido. Nenhuma folha se agitava no bosque quando, instantaneamente, esse zumbido formidável se transformou em um canto coral, um hino grandioso, cantado por milhares de vozes; ele se espalhou rapidamente, de uma colina a outra, perdendo-se ao longe, na planície, como o eco de um trovão.

Como em certos prelúdios melódicos tocados pelo órgão, as notas se superpunham com lentidão e arte majestosas, grupando-se, em seguida, em temas; depois, o coro maravilhoso, cantado por inumeráveis vozes, acabou por estas palavras: Vivat terrestriae!

Toda a atmosfera foi invadida pelo canto formidável que parecia deslizar rapidamente pela superfície do solo em ondas potentes, sem eco, sem repercussão.

Depois disso, das profundezas dos céus ressoou uma voz possante, penetrante, insinuante, cheia de doçura celeste. Muito mais forte que um som do órgão ou de qualquer outro instrumento terrestre, essa voz sobre-humana parecia lançar-se em linha reta, através do firmamento, com a instantaneidade de uma flecha.

Enquanto a grande voz ressoava no alto, aumentando de força, o coro terrestre se extinguia gradualmente, deixando-a dominar no céu. Por sua vez, então, decompôs-se em fragmentos de melodias celestiais, infinitamente diversas das da Terra; dir-se-iam acentos vibrantes de vitória e de júbilo, enquanto as palavras Vivat Coelum *retiniam muitas vezes, cada vez mais fracamente, como se se retirassem rapidamente para as profundezas do céu, no meio dos abismos estrelados. E o silêncio não tardou a reinar de novo em torno de mim.*

Eu estava, incontestavelmente, acordado; meu pensamento não divagava em reflexões ou fantasias capazes de sugestionar-me. Como se poderia produzir semelhante fato? Como podem nossas faculdades cerebrais gratificar-nos com visões ou audições tão inesperadas, superiores ao nosso saber? Por que estas palavras latinas? Quem foi o autor dessa música paradisíaca, que me seria tão difícil criar como fora compor um poema em sânscrito?

Caso 11 – Na narrativa seguinte, que apareceu na *Light* (1898, p. 347), a audição se produz durante o estado extático. Conta o doutor Montin, da Faculdade de Medicina de Paris:

Mlle. M... *moça de 18 anos, histérica e cataléptica, depois de crises extremas e de haver passado por todas as fases do sonambulismo, com eclosão de uma dupla personalidade, apresentou também numerosos fenômenos de exteriorização da motricidade, tanto no transe como em vigília.*

Um dia, quando nada o podia fazer prever, caiu em transe e assim permaneceu por mais de duas horas. Fui visitá-la à tarde, à hora do costume, e os pais me contaram o que se tinha produzido pela manhã.

Hipnotizei-a para obter esclarecimentos a respeito. Eis textualmente sua narrativa:

"Fui tomada de irresistível necessidade de dormir. Lutei fortemente, em vão, para vencê-la, e perdi os sentidos, ficando, durante muito tempo, em condições comatosas.

Apesar de não estar o meu Espírito muito afastado do corpo, pude ver-me estendida na cama, como me encontro neste momento.

Minha inteligência estava alhures e não desejava voltar; na nova ambiência em que me achava havia outras inteligências iguais às minhas; foram elas que me obrigaram a entrar em meu corpo. Quanto o lamento! Era tão feliz lá onde estava! Tudo era belo em torno de mim e eu desejaria aí ficar para sempre!

Encontrei-me, não sei como, num parque maravilhoso, em que as árvores, majestosas, eram de mil cores; essas cores se combinavam e fundiam com ondas de harmonia celeste, impossíveis de descrever... Minha felicidade não tinha limites, porque a música que eu ouvia era uma música do Paraíso. É preciso dizer que todos os sons que se produzem na Terra, compreendidos os que provêm do deslocamento dos objetos, reproduzem-se no mundo espiritual, transformando-se em música universal, grandiosa, de que se não pode fazer nenhuma ideia.

Uma folha de papel que se rasga, um pequeno ramo de árvore que se quebra, uma pedra que se joga, o ruído das rodas dos veículos, o das estradas de ferro, o do ferreiro que bate em sua bigorna, o vento, a chuva, o raio: todos os ruídos, do mais fraco ao mais formidável, no mundo em que me achava, se transformam em música perfeita e grandiosa, que a nada se pode comparar na Terra. Estas celestes harmonias haviam encadeado minha vontade; eu me sentia muito feliz, estava muito fascinada para poder mover-me. Havia, porém, alguma coisa mais surpreendente ainda: minha vista dominava um horizonte infinito e eu podia ver, simultaneamente, de todos os lados.

Fiquei-me, por muito tempo, a escutar e a contemplar, sem perceber ninguém em torno de mim, mas sabendo, ao mesmo tempo, que não estava só. Em seguida, de repente, sem que percebesse o que acontecia, vi-me rodeada de inteligências de que conhecera a presença por intuição. Minha felicidade chegou ao seu auge, quando, entre elas, notei minha mãe, com a qual conversei por bastante tempo. Vi também outros parentes e amigos...

Ah! que mundo sublime era aquele! Não me queria retirar dali; estava abalada pelo pensamento de voltar para cá, para este mundo vil, em que sufocamos, em que sofremos!... Consolo-me, pensando que para lá voltarei um dia e para não mais deixá-lo."

O doutor Montin acrescenta:

O fato que se acaba de ler é muito recente; produziu-se há dois meses apenas.

No momento em que escrevo, a paciente está completamente curada; sua sensibilidade hipnótica desapareceu.

Abstenho-me, ainda desta vez, de qualquer comentário, restringindo-me ao valor sugestivo da afirmação da extática, de que todo o som e ruído terrestre se transformam, no mundo espiritual, em música grandiosa e solene; esta afirmativa concorda com outras análogas obtidas mediunicamente.

Estas últimas, entretanto, completam de certo modo a ideia, acrescentando que, "nas esferas superiores, são as vibrações psíquicas do pensamento cumulativo dos vivos que contribuem para criar uma nota na Harmonia do Universo".

Sem entrar no assunto, não seria inútil salientar que as notas musicais, como as percebe o ouvido humano, são o efeito da soma de vibrações acústicas que estão em relação numérica entre si; por consequência, mesmo em nosso mundo, toda espécie de ruídos poderia, teoricamente, transformar-se em grandiosa e solene música, com a condição única de que as múltiplas gradações vibratórias de um ruído qualquer estivessem em relação numérica entre si, constituindo uma gama de tonalidades musicais absolutamente análogas às outras gamas musicais.

Não haveria, pois, absurdo na ideia de que todos os sons e ruídos terrestres, penetrando nas esferas espirituais, devam harmonizar-se matematicamente entre si, de forma a engendrar uma música transcendental de complexidade e grandiosidade inconcebíveis para nós; em suma, de forma a constituir um "motivo" do que se chama "Música das Esferas".

Caso 12 – No episódio que se segue, a audição musical coincide excepcionalmente com um incidente que equivale a uma prova de identificação espírita.

Extraio-o da *Light* (1893, p. 161).

O sensitivo percipiente é um homem notável no domínio da ciência mecânica americana; goza de celebridade nacional nos Estados Unidos e foi amigo do grande filósofo Herbert Spencer.

O fato é contado pela senhora Hester Poole, nos termos seguintes:

> *Há cerca de seis anos, o cavalheiro de que se trata e que me autorizou a expor o seu caso nesta revista começou a perceber notas e acordes musicais de natureza melódica absolutamente esquisita.*

Ele é apaixonado pela arte da música, que constitui sua maior distração, em meio às ocupações severas que o absorvem.

Tem ouvido os melhores cantores e as melhores orquestras do Velho Mundo. Não obstante, as harmonias subjetivas que percebe há seis anos ultrapassam, em beleza, toda audição musical terrestre, à qual ele tenha assistido ou que possa, mesmo, conceber.

Elas são precedidas por longos e doces acordes, que parecem tocados por cornetas. Seguem-se outros instrumentos e depois outros ainda vêm tecer suas harmonias no concerto, até o momento em que o volume complexo e maravilhoso da onda musical se insinua e domina a tal ponto os sentidos do percipiente, que este se vê prestes a cair em síncope. Sente-se como extasiado e compreende intuitivamente que, se esse estado se prolongasse além de certo limite, a alma se exilaria para sempre do corpo, enlevada com o fluxo encantador dessas harmonias do Éden.

Essa música não pode, mesmo, ser comparada à deste mundo ainda que, em seu conjunto, sua tonalidade se aproxime da do violoncelo e do órgão. As árias são sempre elevadas, nobres, majestosas, muito acima de tudo que se pode dizer e têm alguma analogia com a música sacra. Não são nunca alegres e menos ainda vulgares; somente, algumas vezes, pela riqueza e volume dos sons, lembram um pouco certas cenas da grande ópera.

Logo que a orquestra transcendental preludia uma série de acordes, um coro de vozes maravilhosas, masculinas e femininas, entra em jogo. Por vezes fazem-se ouvir solos; outras vezes são duos ou réplicas corais, com vozes de homem e de mulher. Em certos casos é uma voz de tenor, muito doce, que seduz e comove.

O percipiente assim se exprime a este respeito:

— *Nunca ouvi nada semelhante; não concebia, mesmo, a possibilidade disso. É uma voz que reconheceria entre mil.*

Essa música, apesar de subjetiva, lhe chega de maneira repentina e inesperada, como se daria com a música terrestre. De ordinário e de curta duração; uma vez que ela se prolongou mais que do costume, o doente quase se sentiu morrer, porque ela produz um estado de êxtase insustentável para uma fibra mortal. Ele se levantou, passeou, subiu a escada, saiu de casa, esforçando-se, de diferentes modos, por liberar-se da fascinação extática; a música, porém, seguia-o por toda parte, de quando em quando, e isso durante todo o dia. Ele assim se exprime:

— *O ar parecia saturado de música, que sobrepujava todos os outros ruídos, invadindo o espaço infinito. Parecia-me incrível que os outros não a percebessem.*

Quando lhe acontece ouvir a música transcendental, ilumina-se-lhe o rosto, que parece glorificado; o mundo não existe mais para ele. Neste momento ele não é mais que um feixe de nervos no qual se refletem as harmonias que promanam do "Grande Artista do Universo" e que palpitam eternamente nos espaços intersiderais.

A maior parte de nós, pobres criaturas dominadas pelos sentidos terrestres, só estamos aptos a recolher as dissonâncias dos acordes fragmentários que nos chegam, enquanto ele vibra em uníssono com o ritmo do Universo.

A princípio, o meu amigo supunha-se vítima de uma espécie de auto-hipnotização; mas, pouco a pouco, e por diferentes razões, convenceu-se de que, nestes momentos, entra efetivamente em relação com as esferas espirituais donde vêm todas as harmonias.

No correr da tarde que precedeu a em que escrevi esta narrativa, conversava com o meu amigo, quando notei que ele havia momentaneamente perdido todo o conhecimento de si próprio: tinha os olhos fechados; os seus traços viris e enérgicos haviam tornado expressão extática. Compreendemos todos que ele escutava essas harmonias diversas que bem poucos mortais são capazes de perceber.

Tomei-lhe a mão, verificando que um tremor muito sensível lhe abalava todo o corpo. Apressamo-nos a vir auxiliá-lo a sair dessa espécie de síncope. Logo que acordou, perguntou-nos: "Não a ouviram? Parecia-me que desta vez a tivessem ouvido. Dir-se-ia que ela tinha invadido o Universo inteiro".

Nestes últimos tempos, tornou-se também clarividente; a matéria esfuma-se e desaparece por si mesma. Seu olhar erra então livremente pelo Universo e ele vê um panorama infinito, iluminado por dourada luz, povoado de formas angélicas vestidas com longos peplos flutuantes e tendo os rostos luminosos: são os artistas celestes, executores da música transcendental que ele percebe.

Há alguns meses, foi ele com dois amigos fazer uma visita à senhora Hollis-Billing. Esta senhora, em cujo salão se reúnem pessoas intelectuais, possui faculdades mediúnicas muito notáveis; quando as circunstâncias são favoráveis ela chega a obter o fenômeno da "voz direta". Ora, nessa noite, a personalidade mediúnica, que guia Mme. Hollis, manifestou-se falando com voz independente. Uma única, entre as pessoas presentes, conhecia as faculdades clariauditivas possuídas por meu amigo; apesar disso, a personalidade mediúnica de "Ski" divulgou logo o segredo, dirigindo-se a ele por estas palavras:

— Sabe quem é aquele que canta com tão doce voz de tenor?

Meu amigo, surpreso e espantado, respondeu:

— Não, e pode dizer-mo?

— Posso; é um músico italiano chamado Porpora. Muitas vezes ensaiou ele fazer ouvir o seu canto aos viventes; foi sempre em vão. Foi V. o único com quem ele o conseguiu...

Meu amigo consultou, no dia seguinte, alguns dicionários biográficos de músicos; e achou que no século XVII havia vivido um compositor e tenor eminente, chamado justamente Porpora. Parece que ainda hoje é conhecido pelas pessoas que cultivam a música clássica.

Tendo reproduzido esta narrativa, noto, de passagem, que a senhora Hollis-Billing é a mesma médium com a qual o doutor Wolf obteve, vinte anos antes, fenômenos maravilhosos, de materialização e de voz direta, os quais relatou em seu volume intitulado: *Starling facts in modern spiritualism.*

Seria difícil contestar o interesse que apresenta este episódio — o de uma personalidade mediúnica que, exprimindo-se com voz independente da do médium, dirige a palavra ao sensitivo clariaudiente, revelando-lhe o nome do principal executor da música transcendental que ele percebe, nome que é, conforme se verifica em seguida, o de um músico que viveu, efetivamente, há dois séculos. E isso é tanto mais interessante quanto vemos que *Mme.* Hollis-Billing não conhecia o sensitivo, o qual ia pela primeira vez assistir em casa dela a uma sessão mediúnica; na assistência, somente um dos dois amigos que o tinham acompanhado conhecia suas faculdades clariauditivas.

Tendo-se tudo isso em linha de conta, o fato da revelação verídica obtida não pode deixar de ser significativo, no sentido da autenticidade espírita do caso em si e, por consequência, da autenticidade não menos espírita ou extrínseca da música transcendental percebida pelo sensitivo.

Assim sendo, mesmo os três casos contados precedentemente obteriam, de maneira indireta, certo valor probatório.

Reconheço, entretanto, que um exemplo único é insuficiente para confirmar uma hipótese; minha intenção também não é, de forma alguma, obter esse resultado pelas considerações que se acabam de ler. Não me resta, pois, senão prosseguir na classificação empreendida.

QUINTA CATEGORIA:
Música transcendental no leito de morte

Os fatos nos quais a música transcendental se realiza no leito de morte e, mais raramente, nas crises de doença grave, são os mais numerosos; constituem, por consequência, a forma mais conhecida das manifestações de que nos ocupamos.

Encontram-se exemplos nas tradições dos povos, na literatura greco-romana, nas crônicas da Idade Média e sobretudo nas coleções das vidas dos santos: nos conventos, deles se conserva a lembrança com ciumenta veneração.

Não obstante, este muito interessante assunto tem sido até aqui esquecido pelas pessoas dadas às pesquisas metapsíquicas; os livros e as revistas do gênero narram bem poucos casos; limitam-se geralmente, quando deles se ocupam, a tocar-lhes de modo sumário e a tal ponto que não é possível tomá-los em consideração.

É deplorável isso, porque muitos fatos, que por essa razão somos obrigados a eliminar, se revestiriam de considerável valor teórico.

Os próprios jornais políticos, por vezes, se interessam pelo assunto. Ultimamente o *Daily mail* registrou um caso; para logo a redação do jornal recebeu muitas cartas nas quais se assinalavam casos análogos, mas sempre científicos.

Entre os correspondentes do jornal londrino houve o senhor Searle, professor de física na Universidade de Cambridge; infelizmente, ele também fala do modo sumário que se segue:

> *São mais frequentes do que geralmente se creem os casos análogos aos do senhor Drew.*
>
> *Não mais tarde que sábado último, um cura me informou de que havia assistido uma criança moribunda, a qual repetiu muitas vezes que ouvia uma música angélica.*
>
> *Algumas semanas antes outro vigário me dissera que em sua paróquia habitava um homem muito religioso que percebia muitas vezes "a música do Paraíso".*
>
> Narrado pela Light, *1919, p. 317,*

Como se pode ver, apesar da provável autenticidade dos fatos aos quais se faz alusão, é impossível levá-los em conta.

O valor teórico desta categoria consiste especialmente no fato de que nela, muitas vezes, os episódios de audição supranormal não são eletivos, mas coletivos; quer dizer que não é unicamente o moribundo que ouve a música transcendental, mas todas as pessoas presentes ou algumas entre elas; na maior parte mesmo dos casos, só os assistentes a percebem; não o pode fazer o moribundo por causa das condições comatosas em que se encontra, o que é de grande importância teórica, como veremos mais adiante.

Daí resulta que os casos coletivos da presente categoria vêm em apoio dos eletivos; assim, a música transcendental percebida no leito de morte, nas duas circunstâncias, deve ser considerada como tendo uma origem positivamente extrínseca e de forma alguma alucinatória, na significação patológica do termo.

Por outra parte, como não podemos separar esta categoria das precedentes, segue-se também que, se esta é constituída por episódios que têm uma origem extrínseca, não há razão para deixar de admitir uma origem idêntica para os episódios contidos nas outras categorias; tudo, bem entendido, sempre de maneira geral.

Caso 13 – Começo registrando alguns casos nos quais o fenômeno da audição musical é sempre eletivo.

Tiro a narrativa seguinte do livro de A. Beauchesne: *Vie, martyre et mort de Louis XVII.* O autor recolheu os pormenores da própria boca dos cidadãos Lasne e Gomin, que foram os guardas do infortunado Delfim. Ele escreve:

> *Aproximava-se a hora da agonia e Gomin, um dos guardas, vendo que o doente estava calmo, silencioso e imóvel, disse-lhe:*
>
> *— Espero que não sofra.*
>
> *— Sim, sofro ainda, não porém como antes... Esta música é tão bela!*
>
> *Não se percebia nenhum eco de música; não se podia, aliás, percebê-la, do quarto em que o pequeno mártir jazia moribundo.*
>
> *Gomin, espantado, perguntou:*
>
> *— Em que direção a ouve?*
>
> *— Ela vem de cima.*
>
> *— E a percebe há muito tempo?*
>
> *— Desde que ajoelhaste. Não a ouves, pois? Oh! escutemos, escutemos!*
>
> *E a criança abriu seus grandes olhos, iluminados de alegria extática e chegou a fazer um sinal com a mãozinha exangue.*
>
> *O guarda, comovido, não querendo destruir essa última doce ilusão, fingiu que escutava, também. Depois de alguns minutos de grande atenção, a criança pareceu estremecer de alegria; o olhar tornou-se-lhe brilhante e ela disse com voz que exprimia bem uma emoção intensa:*
>
> *— Entre as vozes que cantam reconheço a de minha mãe!*
>
> *Esta última palavra, logo que saiu dos lábios do pobre orfãozinho, pareceu aliviá-lo de todo o sofrimento; a fronte serenou, o olhar tornou-se calmo e pousou em qualquer coisa invisível.*
>
> *Via-se bem que continuava a escutar, com atenção extática, os acordes de um concerto que escapavam aos ouvidos humanos.*
>
> *Dir-se-ia que para esta alma jovem começava a despontar a aurora de nova existência.*
>
> *Pouco depois, o outro guarda, Lasne, veio substituir Gomin e o príncipe olhou-o, por muito tempo, com olhar lânguido e velado.*
>
> *Vendo-o agitar-se, Lasne perguntou-lhe como estava, se queria alguma coisa.*

Ele murmurou:

— Quem sabe se minha irmã ouviu essa música do Paraíso; far-lhe-ia tanto bem!...

O olhar, então, do moribundo dirigiu-se com movimento brusco para a janela; um grito de alegria saiu-lhe dos lábios; dirigindo-se ao guarda, disse:

— Tenho alguma coisa a dizer-lhe.

Lasne aproximou-se, tomando-lhe a mão. O prisioneiro inclinou a cabeça sobre o peito do guarda, que se julgou no dever de escutá-lo, mas em vão: tudo estava acabado.

Deus tinha poupado, ao pequeno mártir, as convulsões da agonia e o último pensamento do moribundo ficou desconhecido. Lasne colocou a mão sobre o coração da criança: o coração de Luís XVII tinha cessado de bater!

Não é o caso de fazermos comentários a esse comovente episódio, por ser de audição de música transcendental eletiva; esperemos chegar aos casos coletivos, que confirmam indiretamente os primeiros.

Farei observar que a descrição das diferentes atitudes tomadas pelo moribundo combinadas com as correspondentes exclamações de surpresa e de alegria, permitem supor que o pequeno agonizante teve também a aparição de sua mãe; aparição precedida e preparada pelo fenômeno análogo do reconhecimento de sua voz entre as que constituíam o coro transcendental.

Esta combinação sucessiva de duas manifestações diversas, que convergem para o mesmo fim, não deixa de ter valor sugestivo, tanto mais quanto se repete em outros episódios do mesmo gênero (como por exemplo no Caso 26), como se a manifestação musical representasse, para a entidade do defunto, a via de menor resistência, devendo preparar a outra, a da aparição pessoal ao parente no leito de morte.

Caso 14 – Em minha obra sobre as *Aparições de defuntos no leito de morte*, citei o comovente caso da pequena Daisy Dryden, que durante seus três últimos dias de vida teve a visão das esferas espirituais.

Sendo longa a narrativa, tive que me limitar à citação das passagens que se relacionam com o assunto tratado na obra, isto é, a visão que a criança moribunda teve de seus falecidos pais.

Transcrevo agora outra passagem da narrativa, donde se vê que a menina percebia também a música transcendental.

Relata sua mãe:

Ela falava muitas vezes de seu fim próximo e parecia ter tão nítida visão da vida futura e da felicidade que a esperava, que não se perturbava absolutamente com o pensamento da morte.

O mistério da separação da alma e do corpo não existiu para ela. A morte era-lhe como a continuação da vida, com a vantagem da passagem das condições precárias da existência terrestre às de uma existência livre e feliz, cheia de luz e de exaltação, na morada de Deus.

Uma vez, disse ela:

— Ó papai, não ouves esta música celeste? São os anjos que cantam. Não a ouves? E no entanto devias ouvi-la, porque o quarto está cheio inteiramente dela. Percebo o coro de anjos que cantam. Ó quantos! quantos! Que multidão! Eles são muitos mil. Como são gentis, prestando-se a cantar para uma criança como eu!

Mas eu sei bem que no céu não há diferença de grandeza; ninguém é pequeno, ninguém é grande: o amor é tudo e envolve tudo...

Este incidente, posto que coletivo, no que concerne à maneira de produzir-se, constitui parte integrante de um caso complexo e é teoricamente de muita importância; nele se encontram muitos episódios de outra natureza, com o valor de identificações espíritas e que contribuem para mostrar a origem positivamente extrínseca das visões transcendentais que se manifestaram, durante três dias, à menina moribunda; dever-se-ia, pois, concluir logicamente pela natureza não menos transcendental da música que ela percebeu.

Para o episódio em apreço, não seria, pois, necessário esperar confirmação indireta por meio de outros casos análogos, com caráter coletivo.

Casos 15, 16, 17 – Dos numerosos casos que recolhi e depois abandonei por insuficiência de dados, decidi-me a extrair três, que narro aqui, por me parecerem eles positivamente autênticos, ainda que sejam insuficientes os pormenores fornecidos sobre eles.

1º Caso – Jakob Böhme, o conhecido místico alemão, no momento da agonia percebeu uma música muito doce, executada pelos anjos que vinham buscar-lhe o Espírito, preparado para a morada celeste.

Até o momento da morte fez ele alusões à música transcendental que percebia.

2º Caso – Joseph Clark envia à *Light* (1921, p. 312) uma carta que recebeu de um dos amigos residentes em Haia, Holanda, na qual se encontra relatado o episódio seguinte:

Os membros de minha família foram todos apaixonados por música, com exceção de uma de minhas irmãs, que a detestava.

Ela morreu com a idade de 15 anos e, no instante pré-agônico, murmurou:

— Ouço uma música maravilhosa... Oh! como é bela!

Penso que o caso é interessante, não só por ter minha irmã ouvido a música transcendental em seu leito de morte, como, principalmente, porque pareceu escutá-la com prazer nessa hora suprema.

3º Caso – E. W. Barnet escreve ao professor Hyslop:

Em resposta à sua carta, eis o que lhe posso dizer a respeito do incidente que deu causa às suas perguntas:

Na primavera de 1880, meu irmão, então com a idade de 15 anos, caiu gravemente doente de pneumonia e o médico que o tratava preveniu a família de que o rapaz estava em perigo de morte. O doente não tardou, com efeito, a perder a consciência, e ficou três dias nesse estado.

Quando chegou a minha vez de velar, na companhia de um amigo, ele não mais falava nem dava sinais de vida desde há 24 horas.

À meia-noite, levantou-se, abriu os olhos e perguntou donde vinha aquela música deliciosa. Repetiu a frase muitas vezes, acrescentando que nunca tinha ouvido música tão bela e perguntou se a percebíamos.

Meu amigo me disse que este sinal era precursor da morte; eu fui da mesma opinião; mas tal não aconteceu. O doente continuou a escutar a música transcendental, fazendo-lhe ainda alusões, muitas vezes. Em seguida, acabou por adormecer. Quando acordou estava muito melhor e não tardou entrar em convalescença. Vive ainda... (American journal of the S. P. R., 1918, p. 628.)

Caso 18 – Passo a relatar fatos nos quais só os familiares percebem a música transcendental no leito de morte.

O reverendo F. Fielding-Ould, em um artigo intitulado — "As Maravilhas dos Santos" — "Les Merveilles des Saints"), conta o seguinte episódio:

Uma jovem, pertencente ao "Exército da Salvação" e, muito provavelmente, uma santa em toda a acepção do vocábulo, estava no leito mortuário, em Camborne (Cornouaille). Durante três ou quatro noites, misteriosa e doce música ressoou no quarto, com frequentes intervalos; os parentes, os amigos, podiam ouvi-la. A música durava, de cada vez, cerca de um quarto de hora. Algumas vezes parecia começar à distância, para aproximar-se em seguida, pouco a pouco, aumentando gradualmente de sonoridade. Durante essas manifestações a doente ficou sempre em coma. (Citado pela Light, *1920, p. 155.*)

Os casos, como o precedente, nos quais o doente fica em condições comatosas durante a manifestação da música transcendental, são teoricamente mais importantes que os em que ele a percebe coletivamente com os assistentes.

Com efeito, neste último caso, poder-se-ia ainda objetar (se bem que se trate de hipótese inteiramente gratuita) que o doente foi sujeito a uma alucinação patológica, transmitida telepaticamente aos assistentes.

Ao contrário, quando o moribundo está em condições comatosas (que implicam a abolição total das funções do pensamento), não seria mais possível recorrer-se à explicação alucinatória, entendida na significação que acabamos de indicar.

Caso 19 – Extraio-o da *Light* (1912, p. 324).

O professor Arthur Lovell escreve nos termos seguintes ao diretor da revista:

Conheciam-se numerosos exemplos de música percebida perto do quarto ou no próprio quarto em que jaz um moribundo. Tenho agora conhecimento de um desses episódios. Foi-me ele comunicado por uma de minhas alunas, filha de um ministro da Igreja Escocesa.

Vou transcrever a passagem da carta que contém a narrativa, fazendo notar que esta não me foi remetida para ser publicada, mas a título de informação confidencial relativamente a um fato que, para minha discípula, era absolutamente novo e inexplicável.

Ela escreve:

Meu pai morreu há três semanas; este triste acontecimento foi acompanhado por um incidente misterioso que, penso, vos poderá interessar. Trata-se, talvez, de um fato comum, mas eu nunca dele ouvi falar.

Três meses antes de sua morte, foi meu pai atacado de congestão cerebral, com perda da palavra e letargo da inteligência; somente reconhecia as pessoas. Morreu certa manhã, pela alva; eu não estava presente, porque mamãe achou melhor não me chamar, visto não haver nenhuma esperança de que o doente recobrasse a lucidez.

Ora, eis o que se produziu:

Às 2 horas da madrugada meu pai entrou em agonia; dois minutos depois (minha mãe tinha visto a hora), começou-se a ouvir do lado exterior da janela, que está no andar superior da casa, maravilhoso canto que fez acordar em minha mãe a lembrança de um jovem cantor da Igreja de S. Paulo.

A voz parecia vir de cima e afastar-se para o céu, como um eco da música do Paraíso.

Perceberam-se, então, três ou quatro vozes que cantavam, em coro, um hino triunfal de alegria.

O canto continuou até as 2h10 — isto é, durante 8 minutos —, depois enfraqueceu gradualmente até extinguir-se. Meu pai se finou ao mesmo tempo em que o canto.

Se minha mãe fosse a única a ouvi-lo, não teria eu julgado o incidente digno de ser narrado; poder-se-ia logicamente supor que a tensão de espírito em que se achava fosse a causa que a levara a crer ter percebido o que nenhum ouvido humano jamais percebeu. Mas havia lá também a enfermeira, que era uma mulher prática e positiva, além de normal. Quando a manifestação musical cessou, dirigiu-se ela a minha mãe — que não lhe queria falar a respeito do que tinha sucedido — e lhe disse:

— A senhora ouviu também os anjos cantarem? Eu bem me apercebi disso, porque a vi olhar duas vezes, com surpresa, para a janela. E se não fossem os anjos, que podia ser? Ouvi dizer que os anjos cantam, algumas vezes, quando morrem pessoas muito boas, mas é a primeira vez que ouço o canto.

Tais são os fatos. Parece-me que o testemunho desta mulher, absolutamente estranha à família, constitui excelente prova da realidade incontestável da música percebida por minha mãe, qualquer que seja a explicação a que possamos recorrer, para esclarecer o mistério.

É preciso excluir de modo absoluto a ideia de que a origem da música fosse natural; primeiro, porque estávamos em plena noite; depois, porque nossa casa se acha em uma localidade afastada, longe de qualquer outra habitação, e rodeada por um jardim, além do qual se estende o campo. Além disso, o som desse coro não vinha do solo, mas parecia localizado justamente defronte à janela, isto é, no ar...

Observa o professor Lowell:

O trecho que transcrevi não necessita comentários; ele fornece uma prova nítida e autêntica de que existem potências invisíveis, que operam em torno das personalidades humanas.

As considerações que fizemos para o caso precedente aplicam-se com mais forte razão a este, no qual o doente, que se encontrava em condições comatosas, estava, havia três meses, em completo estado de torpor intelectual, em consequência de um traumatismo do cérebro.

É preciso, pois, excluir, em absoluto, a hipótese de uma alucinação com origem no pensamento do moribundo e transmitida telepaticamente às duas percipientes.

É de notar, ainda, que estas últimas localizavam o canto coral no mesmo ponto — circunstância que contribui a mostrar ulteriormente a objetividade da música transcendental percebida. Esta não se poderia explicar sem recorrer à interpretação dada pela enfermeira, interpretação em que se reflete a sabedoria popular, a qual, livre dos entraves teóricos, chega muitas vezes à intuição da verdade.

Caso 20 – Este episódio é o muito conhecido da música transcendental que se realizou no leito de morte de Wolfgang Goethe. Conta-o a *Occult review* (1903, p. 303), que o traduziu do Gartenlaube (1860):

A 22 de março de 1832, às 10 horas da noite, duas horas antes do falecimento de Goethe, um carro parou diante da morada do grande poeta; uma senhora desceu e apressou-se a entrar na casa, perguntando com voz trêmula ao criado:

— Ele ainda está vivo?

Era a condessa V..., admiradora entusiasta do poeta e sempre por ele recebida com prazer, por causa da reconfortante vivacidade de sua palestra.

Ao subir a escada, parou ela de repente e pôs-se a escutar; depois perguntou ao criado:

— Como? Música nesta casa? Meu Deus! Como se pode fazer música num dia destes!

O criado também escutava, porém ficou pálido, trêmulo e nada respondeu.

Entrementes, a condessa atravessava o salão e entrava no escritório, onde só ela tinha o privilégio de penetrar.

Frau von Goethe, cunhada do poeta, foi ao seu encontro; abraçaram-se em lágrimas. Em seguida a condessa perguntou:

— *Dize-me, Otília; quando eu subia a escada, ouvi música nesta casa; por quê? Estarei enganada?*

— *Também tu a ouviste?* — respondeu Frau von Goethe — *É inexplicável! Desde a aurora de hoje que ressoa, de quando em quando, misteriosa música, insinuando-se em nossos ouvidos, em nosso corações, em nossos nervos.*

Justamente nessa ocasião ouviu-se do alto, como se viessem de um mundo superior, acordes musicais suaves, prolongados, que enfraqueceram pouco a pouco até extinguir-se. Simultaneamente, João, o fiel criado de quarto, saía da câmara do moribundo, tomado de viva emoção, e perguntava com ansiedade:

— *Ouviu, senhora?* — *Desta vez a música vinha do jardim e ressoava até à altura da janela.*

— *Não* — replicou a condessa —, *ela vinha do salão ao lado.*

Abriram as vidraças e olharam para o jardim. Uma brisa leve e silenciosa soprava através dos ramos nus das árvores; ouvia-se ao longe o ruído de um carro que passava na estrada; nada, porém, se descobria que pudesse revelar a origem da música misteriosa. Entraram, então, as duas amigas, no salão donde supunham provir a música; mas aí também nada encontraram de anormal.

Enquanto estavam ainda ocupadas em suas pesquisas, fez-se sentir uma série de acordes maravilhosos; desta vez pareciam vir do gabinete.

A condessa, entrando no salão, disse:

— *Creio não me enganar: é um quarteto tocado a distância e de que nos chegam fragmentos de vez em quando.*

Mas Frau von Goethe observou, por seu turno:

— *Parece-me, ao contrário, ouvir o som próximo e claro de um piano. Disso me convenci esta manhã, a ponto de mandar o criado à casa dos vizinhos, pedindo-lhes que não tocassem piano, em respeito ao agonizante; todos, porém, responderam do mesmo modo: que bem sabiam qual o estado do poeta e que, muito consternados, não pensariam em perturbar-lhe a agonia, tocando piano.*

De repente, a música misteriosa ressoou ainda, delicada e doce; desta vez, dir-se-ia nascer do próprio aposento; somente, para um, parecia ser o som de um órgão, para outro, um canto coral e, para o terceiro, enfim, as notas de um piano.

Rath S., que neste momento assinava o boletim médico com o doutor B..., olhou com surpresa para o amigo, perguntando-lhe:

— É um concerto que se toca?

— Parece — respondeu o doutor —, talvez alguém na vizinhança pense em divertir-se.

— Não é — replicou Rath S. —, quem toca está, sem dúvida, nesta casa.

E a música misteriosa continuou a fazer-se ouvir, até o momento em que Wolfgang Goethe exalou o último suspiro.

Algumas vezes ressoava com longos intervalos, outras, depois de muito curtas interrupções, ora numa direção, ora noutra, mas parecendo vir sempre da própria casa ou de muito perto.

Todas as buscas e inquéritos procedidos para aclarar o mistério foram sem resultado.

Na narrativa acima não se fala nas condições intelectuais em que se achava o moribundo; mas como o relato faz alusão a manifestações que se produziram duas horas antes da morte e que persistiram até os últimos instantes da agonia, pode-se crer, sem receio de engano, que Goethe se achava em condições comatosas; se não fora assim, a pessoa que redigiu a descrição não deixaria de notar a atitude do doente com relação às manifestações, isto é, se ele dera ou não sinais de perceber a música transcendental.

Este silêncio permite acreditar que o doente estava sem consciência; nestas condições, o caso seria análogo aos que o precedem, além da circunstância curiosa, porém muito frequente, das percepções contraditórias a que foram sujeitos os percipientes, tanto no que concerne a localização da música quanto à sua natureza instrumental ou vocal.

Já tivemos ocasião de observar que esta espécie de percepções contraditórias, que encontramos a cada passo na telepatia entre os vivos, deve ser atribuída, a maior parte das vezes, às idiossincrasias especiais dos percipientes; em consequência delas, o impulso telepático (seja originado por um vivo ou por um morto, pouco importa), seguindo o rumo de menor resistência, para penetrar da subconsciência na consciência, é frequentemente sujeito a transformar-se em percepções sensoriais diversas, segundo os diferentes temperamentos.

É bom notar, agora, que se esta interpretação pode ser considerada bem fundada, não significa isso que não existam exceções à regra, tanto mais quanto, muitas vezes, em Metapsíquica, os fenômenos em aparência idênticos, são, na realidade, de natureza diferente.

Assim, no caso citado, tudo contribuiria a fazer supor que as percepções contraditórias produzidas quando os familiares, discutindo os fatos, buscavam explicá-los naturalmente, mostram uma intenção: a de provar aos percipientes a origem transcendental e por nenhuma forma terrestre, das manifestações a que eles assistiam.

Caso 21 – Pois que tocamos nas verificações contraditórias, relativamente às mesmas manifestações supranormais, será útil referir um exemplo frisante, se bem que não seja conforme aos desta categoria, porque a audição musical não está em relação com acontecimentos de morte.

A narrativa é curta e a extraio do volume X dos *Proceedings of the S. P. R* (p. 319). *Lady* C... escreve:

Em outubro de 1879, estava domiciliada em Bishophorpe, nos arredores de York, e me achava deitada perto de Miss Z, T., *quando, de repente, vi um fantasma vestido de branco, que atravessou o quarto rapidamente e em direção à janela.*

Era uma figura vaporosa e desfez-se instantaneamente.

Fiquei terrivelmente impressionada e, dirigindo-me à minha amiga, perguntei-lhe:

— Viu o fantasma?

Ao mesmo tempo, perguntava a mim a minha amiga, com voz não menos espantada:

— Ouviu o canto?

Repliquei, então:

— Vi um anjo que atravessou o quarto, voando.

E ela:

— Eu ouvi cantar um anjo.

Ficamos ambas muito impressionadas com este acontecimento, mas dele não falamos a ninguém. Miss Z. T. escreve à Society for Psychical Research confirmando os fatos.

Provavelmente, neste caso, não se trata de transformação de um impulso telepático em percepções diferentes, mas de duas manifestações supranormais simultâneas que, por disposições especiais dos percipientes, foram percebidas separadamente.

Caso 22 – O senhor L. C. de Gilmour, de Brockville (Canadá), envia à *Light* (1921, p. 393) a seguinte narrativa de um fato que se produziu no mês de março daquele ano:

Tendo-se agravado, de repente, o estado de um doente, sua família, que era de confissão católica, mandou chamar o cura da paróquia. Infelizmente, o cura estava também gravemente enfermo; entretanto, mostrando verdadeiro heroísmo cristão, levantou-se para correr à cabeceira do seu paroquiano moribundo.

Depois de ter exercido seu ministério até o fim, o pobre cura sentiu-se por tal forma esgotado com o esforço que fez, que não se pôde ter em pé, e foi forçado a deitar-se nessa mesma casa onde, depois de curta agonia, entregava a alma a Deus.

No momento do seu trespasse, uma música do Paraíso soou na casa; os assistentes sentiram tão profunda impressão, que um ministro protestante, alojado no imóvel, decidiu, sem mais, aderir ao credo católico.

O diretor da *Light* faz acompanhar essa descrição das considerações seguintes:

A senhora que escreveu a narrativa que acabamos de ler não pertence à Religião Católica Romana — o que constitui uma garantia suplementar da imparcialidade do seu testemunho. Isso dito, é evidente que o elemento teológico nada tem que ver no episódio citado. Para nós, ele mostra, de maneira eloquente, que no Mundo Espiritual aprecia-se a virtude do sacrifício e a bondade d'alma, fora de qualquer crença religiosa.

Inútil é observar que as conclusões do diretor da *Light* são incontestavelmente sensatas.

Caso 23 – N. Spicer, no seu livro *Strange things* ("Coisas estranhas"), conta nestes termos o decesso de um irmão do doutor Kenealy:

> *O quarto do doente dava para uma vasta extensão de campo, circundada por uma coroa de colinas verdejantes. Ao meio-dia, quase todos os membros da família, inclusive o doutor, seu irmão, se achavam reunidos no quarto, que estava iluminado por um raio deslumbrante de Sol.*
>
> *De repente, um canto divinamente melodioso ressoou no aposento, canto muito superior a qualquer outro de origem terrestre. Era um suave e melancólico lamento, devido a uma voz de mulher. A entonação exprimia uma dor profunda e lacerante, impossível de descrever.*
>
> *Ele continuou durante alguns minutos e depois pareceu enfraquecer, afastando-se, como as ligeiras ondas que encrespam um lago e se perdem num murmúrio.*
>
> *A agonia da criança tinha começado ao mesmo tempo em que o canto, mas foi tal a emoção provocada nos assistentes, por essa endecha misteriosa e divina, que eles tiveram a atenção desviada por alguns minutos da cena solene.*
>
> *Quando a última nota do canto se extinguiu muito ao longe, o Espírito da criança já se tinha exilado do corpo.*

Que pensamentos nos sugerem esses cantos transcendentais, misticamente solenes, que acompanham a agonia dos moribundos! E porque as condições nas quais eles se produzem são de natureza a afastar a explicação alucinatória e obrigam o pesquisador a procurar o agente telepático exterior que produz as manifestações, não me parece possível evitar-lhe a única interpretação lógica: a da presença, no leito mortuário, de uma ou de muitas entidades espirituais.

Tudo, pois, contribui a demonstrar que essas inteligências devem ser os Espíritos dos mortos, ligados ao doente por laços de afeição; esta conclusão é ainda fortalecida pelo fenômeno concomitante das frequentes aparições de defunto na hora suprema — fenômeno muito conhecido e de que já longamente tratei em monografia especial, de que esta é natural complemento; a segunda confirma, sob forma diferente, as conclusões reconfortantes a que chegamos pela primeira, isto é, que os Espíritos dos defuntos assistem, no leito de morte, as pessoas caras na crise solene da separação entre o Espírito e o organismo corporal e que, nessas ocasiões, eles se esforçam algumas vezes por se tornarem visíveis aos moribundos e aos que os rodeiam. Quando as circunstâncias não o permitem, buscam colimar o fim por outros meios, entre os quais o das manifestações de música transcendental.

Caso 24 – Foi tirado da *Light* (1921, p. 321). O senhor F. M. Rooke de Guildford relata:

Há alguns anos, minha irmã e eu fomos os percipientes de uma experiência supranormal que nos trouxe o mais vivo conforto de nossa existência.

Minha mãe estava gravemente enferma de reumatismo artrítico; o doutor e a enfermeira foram de opinião que os seus sofrimentos não deveriam prolongar-se por muito tempo.

Uma noite, cerca de uma hora, minha irmã e a enfermeira velavam a doente, quando a atenção de ambas foi repentinamente atraída por majestosos acordes musicais. Pareciam tocados por um instrumento celeste; nunca elas tinham ouvido melodias tão divinas.

Dirigindo-se à minha mãe perguntaram:

— Ouve esta música?

Respondeu-lhes ela:

— Não ouço nada.

Neste momento, precipitei-me no quarto, indagando:

— Donde vem esta música do Paraíso?

Os acordes vibravam tão fortemente que me haviam acordado de um sono profundo!

Enquanto eu discutia a esse respeito com minha irmã, a música se foi enfraquecendo gradualmente até se extinguir.

Olhei para minha mãe: ela tinha morrido! Seu Espírito havia-se afastado do corpo, com a última nota da música transcendental.

Meu pai, que dormia no quarto ao lado, nada ouviu!

Este episódio é o único da presente categoria no qual se nota o fato da percepção "eletiva", e não "coletiva" da música transcendental, por parte dos assistentes.

Das quatro pessoas presentes, duas a ouviram nitidamente, enquanto as outras nada perceberam.

O fato pode ser explicado facilmente, visto como as percepções espirituais pertencem a uma ordem espiritual de manifestações e por consequência não podem ser percebidas senão pelo auxílio dos sentidos espirituais, que só surgem da subconsciência e funcionam em raras ocasiões, no curso da vida terrestre; na maior parte, mesmo, dos indivíduos, não aparecem e não funcionam nunca.

Caso 25 – Este episódio pode ser lido nos *Phantasms of the Living* (v. 11, p. 221); é teoricamente interessante, como logo o veremos.

A senhora Sarah A. Sewel, de Eden Villas, Albert Park, Didsbury (Inglaterra), escreve nestes termos, com data de 25 de março de 1885:

Na primavera de 1863, um de nossos filhos, uma menina de nome Lili, caiu gravemente doente. Um dia, meu marido, entrando em casa às 3 horas da tarde, disse a Lili que ele jantaria em seu quarto, para fazer-lhe companhia.

Eu estava sentada ao lado da cama, segurando-lhe uma das mãos; meu marido comia e conversava, e um de nossos amigos se entretinha com Lili, sendo a nossa intenção distraí-la.

De repente, nossa atenção foi despertada pelas notas tristes de uma harpa eólia, que pareciam provir de um armário colocado em um canto do quarto.

Calamo-nos logo, e eu perguntei:

— Lili, está ouvindo esta doce música?

Ela me respondeu que não, o que me surpreendeu, tanto mais quanto a criança tinha grande paixão pela música.

Os acordes, no entanto, continuavam e aumentavam de sonoridade; o quarto parecia invadido por eles. Depois, pouco a pouco, eles se afastaram, como se fossem descendo a escada até desaparecerem completamente.

Essa música foi também percebida pela criada, que estava na cozinha, embora estivesse dois pavimentos embaixo, e pela nossa filha mais velha, que nesta ocasião se dirigia para a despensa.

Esta parara no corredor, escutando, e perguntou, com surpresa, donde vinham aquelas melodias; enquanto aí ficara, a criada veio-lhe ao encontro e indagou:

— Que música é esta?

Pouco depois batiam as 4 horas.

No dia seguinte, domingo, minha tia, com a minha velha ama, vieram visitar Lili; elas entraram no quarto com meu marido, enquanto eu ficava na cozinha, ocupada em preparar um bolo de leite para a doentinha.

Eis senão quando as mesmas melodias merencórias da harpa eólia começaram a fazer-se ouvir; foram elas percebidas pelas três pessoas reunidas no quarto de Lili, como o foram por mim, que estava na cozinha.

O dia de segunda-feira decorreu sem que o fenômeno se repetisse; mas na terça, à mesma hora, meu amigo, meu marido e eu de novo ouvimos a melodia melancólica, que vinha do mesmo lugar do quarto e aumentava rapidamente de sonoridade até encher todo o ambiente, para afastar-se, em seguida, descendo pela escada e extinguindo-se no jardim.

Convém assinalar que esta música foi percebida três vezes, em três dias diferentes, sempre à mesma hora; e não unicamente pelas pessoas que se achavam no quarto da doentinha, mas por mim própria, por minha filha mais velha e pela criada, quando nos encontrávamos dois andares abaixo, e, no décimo dia, por minha tia e meu filho, quando se encontravam na sala de jantar.

Achei, sobretudo, estranho que a doente, que gostava apaixonadamente de música, nada tivesse ouvido.

E não podia haver engano a respeito da música que escutamos, porque não há instrumento tocado por mãos humanas capaz de reproduzir as notas dolentes da harpa eólia.

Morávamos nessa casa já havia seis anos e ainda aí ficamos mais doze, sem nunca ter ouvido, nem antes nem depois, uma música desta espécie (SARAH A. SEWEL).

O marido, senhor Sewel, escreve em abril de 1885:

Aqui estou unicamente para confirmar a narrativa de minha mulher. A música transcendental percebida por ela o foi por mim também. Ouvimo-la pela primeira vez no sábado, 2 de maio de 1863, às 4 horas; depois, no dia seguinte, à mesma hora e, na terça-feira, à mesma hora ainda. Percebemos esta música eu, minha mulher, a tia de minha mulher, sua velha criada, nosso filho Ricardo, de 7 anos, o outro filho Tomás, de 9 (os quatro últimos já falecidos), nosso filho mais velho, de 11 anos, e a criada que, pouco tempo depois, deixou o serviço para ir para a Irlanda, para junto de seu marido soldado, tendo nos ficado, daí em diante, sem qualquer indicação a seu respeito.

A filha mais velha habita Nova York e eu não duvido que ela se lembre deste acontecimento.

Estou certo de que a música não provinha de causas naturais. Nossa casa estava situada no meio de um jardim, a 50 metros da estrada; a única habitação que existia perto de nós não estava alugada. Além disso, não eram sons confusos ou vagos, mas notas distintas, sonoras, dolorosas, de uma harpa eólia, que nasciam, se desenvolviam e se extinguiam muito nitidamente, aumentando pouco a pouco de sonoridade até que o quarto ficava literalmente saturado de acordes musicais, tão fortes como os de um órgão, os quais desciam lentamente pela escada e se extinguiam docemente com cadências rítmicas, nada tendo de terrestre.

Tenho a convicção absoluta de que esta música não provinha de músicos vivos (METHEW SEWEL).

A senhora Lee, filha do casal Sewel, escreve de Nova York, a 20 de julho de 1885, confirmando a narrativa de seus pais:

Lembro-me perfeitamente da música que percebemos no leito de morte de Lili, e a impressão que ela produziu sobre nós outros, filhos, ficará para sempre inapagável em meu espírito. Fomos tomados de indefinível sentimento de espanto e de mistério, porque não podíamos compreender donde vinha a música e o que ela era (Mrs. Lee).

Gurney entrevistou o senhor e a senhora Sewel; reproduzo o trecho seguinte de sua narrativa:

[...] A natureza dos sons não permite que os expliquemos, atribuindo-os a causas naturais, como o ar e a água. Por outra parte, o fato de uma das pessoas presentes, dotada de excelente ouvido, nada ter escutado, parece inconciliável com uma explicação desta espécie. A música tinha, de cada vez, a duração de um minuto. A menina doente faleceu terça-feira, de tarde [...].

No caso acima nota-se uma circunstância de considerável importância teórica: é o incidente da criança doente, a qual, apesar de acordada e em posse de todas as suas faculdades mentais, não percebe a música transcendental ouvida por todos os familiares, compreendidos os que se encontravam nos andares inferiores do prédio.

Se, nos casos precedentes, a circunstância do estado comatoso em que se achavam os doentes servia para eliminar a hipótese de uma suposta alucinação, que tivesse nascimento no espírito do doente e fosse transmitida telepaticamente aos assistentes, esta outra circunstância serve mais que nunca para excluir a mesma hipótese, pois que, desta vez, é a agonizante que declara não ouvir nada. Daí a absoluta certeza de que a audição musical não teve sua fonte na enferma e que era, pois, de natureza extrínseca.

É preciso, ainda, assinalar o fato de que as manifestações musicais se repetiram três dias seguidos, à mesma hora. Com efeito, isso demonstra uma ação vigilante — o que equivale admitir a presença, no leito de morte, de uma ou muitas entidades espirituais.

Caso 26 – Termino esta categoria por um episódio no qual a música transcendental se produz na cama de um doente, que, estando em situação grave, pode restabelecer-se completamente.

A narrativa foi inserida no *Journal of the S. P. R.* (v. IV, p. 181). O caso foi examinado por Podmore e está rigorosamente documentado. Só reproduzo a narrativa principal.

Conta o senhor Septimus Allen:

Em 1872, eu morava em Leeds com minha mulher e o irmão desta. Meu cunhado, cujo nome é John, exerce a profissão de pintor-decorador e é surdo-mudo. Um dia, caiu gravemente enfermo de febre reumática. Imaginem-se as condições de um doente, vítima do martírio de uma afecção reumática geral, sem se poder fazer compreender por nenhum modo, porque os braços e as mãos, dolorosamente inchados, lhe impediam utilizar-se dos dedos, único meio para ele de transmitir os pensamentos.

Ele não podia dizer quais eram seus sofrimentos, suas necessidades, o que desejava, nada!

A doença agravou-se rapidamente e o médico aconselhou-nos que preveníssemos os outros membros da família, para que o pudessem rever antes do falecimento.

Nessa tarde, minha mulher e eu estávamos no pavimento térreo da casa para tomar chá; as crianças tinham saído. De repente, ouvimos ambos uma música maravilhosa, que vinha do quarto de John. Como ele estava só no andar de cima, ficamos profundamente surpreendidos e subimos imediatamente ao seu quarto.

Encontramo-lo deitado de costas, com os olhos fixos no teto, o rosto iluminado por um sorriso extático. Não ousamos perturbá-lo, mas chamei um vizinho para que pudesse testemunhar o acontecimento, que nos parecia estranho e extraordinário.

Depois de certo tempo (não poderia determiná-lo de maneira exata), John pareceu acordar desse estado extático e por movimentos dos lábios e de outros sinais exprimiu estas palavras: "Céu" e "Belo".

Algum tempo depois, fez-nos compreender, por sinais, que seu irmão Tom e sua irmã Harriett estavam em viagem para vir vê-lo e já prestes a chegarem.

Um quarto de hora mais tarde, um carro parou à porta da casa e as duas mencionadas pessoas desceram. Elas não tinham anunciado a sua partida e não eram esperadas.

Quando o doente entrou em convalescença e pôde exprimir-se livremente pelos dedos, disse-nos que lhe tinha sido concedido contemplar as belezas do Paraíso e escutar uma música angélica a que chamou maravilhosa.

Pergunto: Donde vinham os acordes musicais que ouvimos? E como o doente pode saber que os irmãos estavam em caminho e que sua chegada era iminente? (SEPTIMUS ALLEN).

No que concerne à circunstância de uma manifestação musical que se produz no leito de um doente que não morre, é preciso notar que ela não se reveste de uma significação teórica especial.

Os fatos, cujo exame empreendemos, deixam supor que as doenças graves têm, como consequência, o enfraquecimento dos laços que unem o Espírito ao corpo, predispondo o doente a entrar em relação com o mundo espiritual e daí se pode facilmente deduzir que estas relações devem, por vezes, estabelecer-se, também, no caso de uma enfermidade grave que não determina a morte.

Em apoio dessas considerações, é bem de notar que, no caso acima, se encontra um incidente de "clarividência no Espaço", sinal de que as faculdades sensoriais espirituais tinham efetivamente surgido da subconsciência do doente.

Entre elas se havia manifestado, por sua vez, evidentemente, a faculdade da audição espiritual, pois que um pobre surdo-mudo não podia ter nenhuma ideia da música, assim como um cego não pode formar ideia das cores. Não obstante, ele anuncia que ouviu uma música do Paraíso, a que chama maravilhosa.

A importância desse incidente, no ponto de vista da teoria, é incontestável; ele mostra, com efeito, que, se de um lado as enfermidades corporais suprimem as faculdades dos sentidos fisiológicos, do outro existem, inatacáveis, nas profundezas da subconsciência humana, as faculdades dos sentidos espirituais, destinadas a exercer-se numa ambiência espiritual.

São conclusões incontestáveis, porque deduzidas do fato, as de que, em certas circunstâncias excepcionais de desencarnação parcial, um cego pode ver e um surdo-mudo ouvir uma música transcendental.

O caso de que nos ocupamos é o único da presente categoria em que o doente participa, coletivamente com os assistentes, da audição musical. Poder-se-ia, pois, objetar que o doente tivesse sido o agente telepático transmissor a seus parentes da alucinação a que tinha sido submetido.

Se comparamos este caso, entretanto, com os que o precedem e entre os quais temos a certeza científica de que há alguns em que esta participação não existe, vemos que a referida explicação é pouco provável. Tudo isso sem contar que não se conhecem exemplos de alucinações coletivas determinadas por um fenômeno de transmissão telepática do pensamento.

Os tratados de patologia mental contêm grande número de casos de alucinações coletivas (sobretudo nas multidões, por contágio místico); mas observa-se sempre que isso é determinado por transmissão *verbal* da ideia alucinatória e nunca por transmissão telepática do pensamento.

Penso, pois, estarmos autorizados a declarar que a hipótese das alucinações coletivas, nas circunstâncias análogas às de que nos ocupamos, não é cientificamente legítima.

SEXTA CATEGORIA:
Música transcendental que se produz depois de um acontecimento de morte

Esta última categoria de *música transcendental*, que se realiza além do túmulo, constitui o prolongamento lógico e natural das outras categorias. E se a gênese das manifestações que examinamos pode explicar-se pela hipótese espírita, a existência desta última categoria deve ser admitida *a priori*. Se ela não existisse, a legitimidade da hipótese espírita seria abalada; por outro lado, o fato de sua existência, inexplicável por qualquer outra suposição, constitui a melhor confirmação da hipótese espírita.

Sou obrigado a declarar, também para esta categoria — o que deploro —, que a maior parte dos incidentes que recolhi não são utilizáveis, tendo sido dados de modo muito sumário por seus narradores. A falta não é, aliás, destes últimos, mas dos diretores das revistas que, muitas vezes, não dispondo de muito espaço, resumem em algumas linhas as narrativas que lhes são enviadas pelos protagonistas dos fatos.

Caso 27 – Eis um episódio tirado dos *Proceedings of the S. P. R.* (v. III, p. 92). Como já o publiquei nas *Aparições de defuntos no leito de morte*, limito-me a lembrá-lo aqui, resumindo-o.

Neste primeiro exemplo, a audição musical realiza-se ainda no leito de morte, mas a pessoa doente percebe o canto de uma de suas amigas falecidas onze dias antes — o que a moribunda e todos os assistentes ignoravam.

> *Um coronel irlandês contou que fora certa vez convidado para uma festa musical que deveria realizar-se em casa de uma jovem,* Miss Julia, *dotada de bela voz de soprano. Depois de algum tempo Julia se casara com o senhor Henri Webley e mudara de domicílio; não mais a encontraram e ignorou-se o que dela tinha sido feito.*
>
> *Sete anos depois, a mulher do coronel caiu gravemente enferma. E o coronel conta o seguinte:*
>
> *"De repente ela me perguntou:*
>
> *— Ouves estas doces vozes que cantam?*
>
> *Respondi que não, e ela acrescentou:*
>
> *— Já as ouvi muitas vezes hoje; acho que são anjos que vêm desejar-me as boas-vindas no Céu.*
>
> *Interrompeu-se e disse, indicando um ponto acima de minha cabeça:*
>
> *— Ela está no canto do quarto; é Julia; caminha agora; inclina-se para ti; eleva as mãos orando. Olha, ela já vai... Partiu.*
>
> *Afigurou-se-me, naturalmente, que suas afirmativas eram visões do estado pré-agônico.*
>
> *Julia, porém, tinha morrido efetivamente 11 dias antes. Durante as suas últimas horas não fez mais que cantar, com voz que nunca fora tão suave".*

Este episódio apresenta alguma analogia com o caso 12, que se refere ao delfim Luís XVII. Este havia percebido um canto coral muito harmonioso e reconhecera, entre as vozes que o compunham, a de sua mãe; depois tivera uma atitude que deixa supor lhe tivesse a mãe aparecido pessoalmente.

É o que se nota, também, no caso que acabamos de expor; a doente percebe um coro de vozes maravilhosas, onde distingue uma que lhe era familiar; logo depois a amiga lhe aparece.

Nos casos desta natureza encontram-se em seguimento as duas principais modalidades das manifestações dos defuntos nos leitos mortuários, a propósito dos quais tenho feito observar que a origem transcendental de uma confirma a origem transcendental da outra.

Nos casos que examinamos, a gênese transcendental da aparição de Julia Webley, no leito de morte de sua amiga, não parece duvidosa; as hipóteses sugestiva e autossugestiva devem ser afastadas da discussão, porque nem a moribunda nem os assistentes sabiam de sua morte e a hipótese da "telepatia entre vivos" está eliminada pelo fato de Julia Webley ter falecido onze dias antes.

Caso 28 – Foi consignado no *Journal of the S. P. R.*, pelo doutor Hodgson, que o tinha pessoalmente examinado.

Escreve *Miss* Sarah Jenkins:

Em 1845, o senhor Herwig, um músico alemão de grande valor, domiciliado em Boston durante muito tempo, morreu subitamente nessa cidade. Eu era, então, uma menina e só o conhecia pela sua reputação, tendo-o ouvido muitas vezes em seus concertos públicos de violino que despertavam em mim grande admiração pelo artista.

Minha única relação pessoal com ele consistia em que, no correr do inverno precedente, época de sua morte, eu o encontrava na rua, quase todos os dias, quando ia para a escola.

Era puro acaso; mas esses encontros se tornaram tão frequentes que o músico acabou por notá-los, e sorrir quando eu passava; em seguida, cumprimentava-me respeitosamente e eu lhe respondia pela mesma forma.

Durante o outono ele morreu de repente; suas exéquias realizaram-se a 4 de novembro de 1845, na igreja de Trinity, na Rua Sumer.

A cerimônia foi solene e comovente, a ela assistindo todos os músicos de Boston, ao mesmo tempo que grande número de outros cidadãos eminentes; todos lhe lamentavam a morte.

Eu aí estive com minha irmã e, no meio da cerimônia, fui tomada do pressentimento inexprimível e inexplicável de que ele poderia, nesse momento e naquele meio, levantar-se do ataúde e aparecer entre nós, como se fosse vivo.

Sem prestar atenção no que fazia, tomei a mão de minha irmã, dizendo quase em voz alta:

— Oh! Ele deve ressuscitar para nova vida!

Minha irmã olhou-me com espanto e murmurou:

— Mas cala-te.

Durante a tarde desse mesmo dia, achava-me na sala de jantar com minha mãe, minhas duas irmãs e um amigo cubano; falava-se das exéquias solenes às quais tínhamos assistido, e minha irmã contou o incidente singular de minha exclamação repetindo minhas palavras. De repente, espalhou-se no aposento uma onda de música maravilhosa, como ninguém entre nós ainda tinha ouvido.

Vi o rosto dos assistentes tomarem uma atitude de espanto, quase de medo; eu mesma fui presa de uma espécie de terror do invisível.

Pela segunda vez se elevaram os sonoros e maravilhosos acordes musicais, que diminuíram pouco a pouco e desapareceram.

Minha irmã e eu nos precipitamos para a janela a fim de verificar se alguma música passava na rua, mas esta estava deserta; não se ouvia nenhum ruído além do tamborilar de uma chuva miúda. Subi, então, as escadas, entrei na saleta que existia embaixo da sala de jantar; lá estava assentada, em atitude de quem lia, uma senhora, nossa hóspeda, pertencente à seita dos Quakers.

Havia aí um piano e, apesar de vê-lo fechado, perguntei:

— Teria alguém tocado piano?

— Não — respondeu ela —, mas ouvi agora uma música estranha. Que seria?...
Ora, é preciso dizer que nenhuma de nós é supersticiosa nem o foi nunca; pelo contrário, fomos educadas no menosprezo de almas do outro mundo; também nenhuma pensou em considerar o acontecimento como sobrenatural. Apesar disso, não podíamos deixar de olhar-nos, uns para os outros, perguntando:
— Que se passou? Donde vem esta música?
A senhora S..., como boa quakeresa, ficou logo muito preocupada e agitada. Quando suas filhas entraram, falou-lhes do que se tinha passado; deram elas, todas juntas, uma volta pela vizinhança, indagando se faziam música a essa hora da tarde; soube-se, de modo categórico, que ninguém havia tocado instrumentos de música nem os ouvira tocar na rua.
Aliás, a música que tínhamos percebido elevava-se em nossa própria ambiência e era diferente de todas as músicas que temos ouvido. Nesse ponto estivemos todos completamente de acordo (SARAH JENKINS).

A irmã da redatora dessa narrativa confirma-a nestes termos:

Li cuidadosamente a descrição de minha irmã e posso assegurar que ela é escrupulosamente exata (ELISABETH JENKINS).

O doutor Hodgson faz a *Miss* S. Jenkins algumas perguntas; das respostas extraio os trechos seguintes:

A senhora S..., a dama quaker, estava domiciliada momentaneamente em nossa casa. Indaguei se alguém havia tocado piano; não que a música que percebemos fosse igual à do piano, mas unicamente para ligá-la de algum modo a uma causa natural. Pareceu-nos a todos que a música provinha do pavimento em que estávamos. Ela começou em um canto do quarto e fez-lhe a volta. Comparei essa música a raios de Sol que se transformassem em sons, e não podia ainda hoje dar-lhe definição melhor.

Nesta interessante narrativa, seria preciso supor, conforme a gênese das manifestações telepático-experimentais, que o pensamento de *Miss* Sarah Jenkins e dos assistentes, dirigido com vivo pesar para o artista desaparecido, tenha determinado a relação psíquica entre seus Espíritos e as pessoas que dele se lembravam.

Daí resultaria que o Espírito do morto, desejando revelar a sua presença em sinal de gratidão, e não conseguindo manifestar-se diretamente, fê-lo servindo-se do caminho de menor resistência que lhe era tragado por suas idiossincrasias musicais.

O estranho e inexprimível sentimento de que *Miss* Sarah foi presa no templo, levando-a a pensar na possibilidade da presença do falecido, no enterro, indicaria que a relação psíquica já se tinha, por essa ocasião, estabelecido entre o defunto e sua admiradora, já submetida à influência de seu pensamento.

Isso parece ainda mais verossímil se encararmos este fato junto ao outro complementar da música transcendental que se espalhou no ambiente, justamente na ocasião em que a irmã da narradora referia o aludido incidente; dir-se-ia que o Espírito do morto tinha a intenção de sublinhar os fatos que melhor indicava aos percipientes a origem e os fins da música transcendental.

Caso 29 – Esta outra relação, de data muito recente, apareceu na *Light* (1921, p. 622) e apresenta alguma analogia com o caso precedente.

O senhor Neiburg, de Oakland, no Nebraska, Estados Unidos, envia a descrição do incidente que se segue, em data de 28 de agosto de 1921:

Ultimamente, uma música divina, vinda não se sabe donde e tocada provavelmente por executores celestes, música audível unicamente no local em que se realizava e onde jazia o corpo da filhinha do casal Parker, de Woodlake, encheu de espanto e mesmo de terror os parentes e os amigos reunidos para a triste cerimônia do enterro.

O senhor Parker é caixa do Banco Urbano do Estado de Woodlake. Não somente os parentes da morta como os banqueiros Ben Mickey e Michael Flammingan e grande número de outras pessoas que assistiam às exéquias — uma das mais solenes que já houve no condado de Cherry — escutaram, maravilhados, essa música celeste, que soou no começo da última cerimônia fúnebre, continuando depois por algum tempo.

Terminada a cerimônia, quiseram todos certificar-se da proveniência desses acordes maravilhosos, mas em vão. Daí resulta que sua origem não era terrestre.

A duração do fenômeno foi aproximadamente a de um trecho musical comum; não passou de cinco minutos,

Os primeiros acordes, muito harmoniosos, só foram percebidos pelos pais da menina morta, os quais supuseram houvesse um organista no aposento ao lado. Pouco a pouco, os acordes aumentaram de sonoridade e de força, transformando-se em ondas musicais cheias de sentimento, invadindo todo o lugar sagrado, com ritmos e temas bem definidos.

Em seguida, eles enfraqueceram lentamente e pareceram extinguir-se em um eco longínquo; só quando as pompas fúnebres terminaram — isto alguns minutos depois — é que os assistentes se aperceberam de que o artista invisível não existia em parte alguma, nem no templo nem em torno dele.

Não é certamente por meio das "alucinações coletivas" que se podem explicar fatos desta natureza; primeiro, por causa da razão a que já nos referimos; a de que os casos de alucinações coletivas são infalivelmente originados por sugestões verbais e nunca por um fenômeno de transmissão telepática do pensamento, como se poderia supor nas circunstâncias dos episódios acima; depois, porque, para autossugestionar-se de certo modo, é preciso que o sensitivo conheça a existência da classe de formas alucinatórias às quais deveria ser submetido, sem o que não poderá encontrar-se em condições de *atenção expectante*.

Ora, como é manifesto que, nos casos que acabamos de expor, nenhum dos assistentes pensava na existência de manifestações de música transcendental em relação com acontecimentos de morte, segue-se que nenhum deles podia estar sujeito a uma forma alucinatória simulando uma *classe ignorada* de manifestações supranormais.

Uma vez eliminada esta hipótese insustentável, é evidente que a única solução lógica do enigma é a de supor sempre a presença espiritual de defuntos interessados nos fatos, os quais se esforçaram por fazer conhecer sua presença, e, por consequência, sua sobrevivência, às pessoas caras que os choravam; e o fariam da maneira que lhes era possível e que é muitas vezes determinada pelas idiossincrasias que os caracterizavam quando vivos e pelas quais lhes foi mais fácil manifestarem-se aos sobreviventes.

Caso 30 – Encontrei-o no *Journal of the S. P. R.* (v. IX, p. 89), que reproduz uma carta do escritor alemão Jean-Henri von Thunen, dirigida a seu amigo Christian von Buttel, para referir-lhe o que se produzia em sua casa depois da morte do seu dileto filho Alexandre, o que se deu em 1831.

Conta ele:

Na noite de 10 para 11 de outubro, três dias depois da morte de Alexandre, minha mulher e eu acordamos entre as 2 e 3 horas da madrugada; minha mulher perguntou-me se eu não ouvia uma campainha que tilintava sem cessar. Escutei e a ouvi perfeitamente, mas não prestei muita atenção, supondo que fosse uma ilusão dos sentidos.

Na noite seguinte, à mesma hora, acordamos de novo para ouvir ainda o tilintar da mesma campainha, que, desta vez, parecia soar com bem mais vigor. Achamos ambos que o som era o de uma sineta pouco harmoniosa, mas em cujas vibrações havia alguma coisa de musical.

Escutamos muito tempo em silêncio. Pedi, enfim, à minha mulher que me indicasse qual a direção donde parecia vir o som; e quando ela indicou exatamente a mesma direção em que eu o percebia, o coração me saltou no peito, de espanto.

Meus dois filhos, apesar dos seus esforços de atenção, não ouviam nada. Na terceira noite, à mesma hora, a manifestação renovou-se pontualmente.

Algumas horas depois, à tarde, esta música inexplicável soou e continuou até meia-noite, para cessar em seguida e recomeçar às 2 horas.

A 18 de outubro, aniversário do nascimento de Alexandre, sons particularmente belos e harmoniosos se fizeram ouvir. Minha mulher achava no fenômeno grande conforto espiritual; quanto a mim era transitório o efeito que ele fazia em meu espírito. A incerteza em que ficava quando indagava se essa música era real ou uma ilusão dos sentidos tornava-me nervoso e agitado, e o esforço contínuo com que procurava chegar a uma solução entretinha em mim um estado de contínua tensão espiritual.

Durante quatro semanas, meus sonos foram sem cessar interrompidos, e minha saúde começava a ressentir-se disso.

Recorri a todas as hipóteses e busquei mesmo explicar o fenômeno procurando um laço entre o ritmo da campainha e o batimento do meu coração, mas nada descobria.

No correr destas quatro semanas, a natureza da música se havia radicalmente modificado; tinha adquirido, a princípio, sonoridade, de maneira que ultrapassava qualquer outra espécie de ruído; à tarde, quando eu intentava ler ou escrever, constituía um empecilho. O que tinha aumentado em sonoridade havia perdido em melodia. Podíamos, então, compará-la a um grupo de campainhas que tinissem todas juntas.

Depois de certo tempo, minha mulher começou também a desejar o fim das manifestações, porque esse tilintar perpétuo a aborrecia e lhe excitava os nervos.

Conforme os nossos desejos, em meados de novembro elas cessaram completamente; e, desde essa época, nem eu nem minha mulher pudemos mais perceber qualquer som.

Sua desaparição revelou de novo em mim a dúvida de que essa pretendida música das esferas não fosse mais que a consequência da depressão de nossos espíritos. Minha mulher começava já a partilhar de minhas dúvidas e isso a tornava desiludida e triste. Eis, porém, que, depois de oito dias, a música recomeça com sons mais harmoniosos que nunca, prosseguindo até o dia de Natal.

Na véspera dessa festa, voltou com extraordinário vigor, soando límpida, melodiosamente, com uma variedade de ritmos absolutamente novos.

Cessou ainda depois do Natal. Pensamos que ela se fizesse ouvir no dia de Ano-Bom, mas ficamos desiludidos; seu silêncio prolongou-se durante quase todo o mês de janeiro.

Assim, pois, minha mulher e eu ouvimos esta música nas mais diversas condições de espírito; tanto quando estávamos preocupados ou abatidos como quando nos víamos calmos e serenos; quando passávamos bem ou quando nos sentíamos mal.

Essas diferentes circunstâncias não modificavam sua modalidade e ela nos chegava sempre da mesma direção. Isso posto, não nos era possível experimentar a menor dúvida a respeito de sua realidade.

No segundo período de silêncio, acreditamos que a música tinha cessado definitivamente. Ao contrário: ela recomeçou em fins de janeiro, mudando totalmente de natureza. Não eram mais campainhas que tilintavam, era um concerto de flautas.

No começo de março, nova mudança; a música tornou-se particularmente melódica; mas não eram mais flautas que tocavam, sendo um coro vocal com acompanhamento de instrumentos musicais. Em certo momento, acreditamos ambos haver apanhado algumas palavras do coro; isso foi, porém, num instante apenas.

A 21 de março, aniversário de minha mulher, a música modificou de novo a sua natureza, tornando-se ainda mais melodiosa e, ao mesmo tempo, produzindo em nós quase que a sensação de medo.

Nem minha mulher nem eu jamais conseguimos encontrar uma analogia com algum som terrestre, capaz de fornecer uma ideia do que essa música era para nós.

Aí terminam as informações confidenciais ao amigo, contidas na carta a von Buttel; mas o trecho seguinte da biografia de Henri von Thunen mostra que a música misteriosa não deixou de se fazer ouvir até a morte dos percipientes.

A música misteriosa foi muitas vezes percebida no correr dos anos seguintes, sobretudo por ocasião dos aniversários e das outras festas concernentes aos membros da família. Ela não se interrompeu, mesmo com a morte da mulher de Thunen; continuou a deixar-se perceber, como fiel e reconfortante companheira dos sobreviventes durante toda a vida de Herr *e de* Frau von *Thunen.*

Estes admitiam que a música, incontestavelmente percebida por seus ouvidos, não lhes fornecia nenhum informe sobre o desaparecido; reconheciam que suas ideias, seus conhecimentos não eram mais extensos em consequência dessas manifestações; mas acreditavam que a música era para eles uma como declaração seguinte: "Alexandre sobrevive à morte do corpo", e essa firme convicção os fazia felizes.

Tenhamos em conta o que se disse na introdução à quarta categoria: em matéria de classificações científicas, não pode haver outro sistema de pesquisa que não o da análise comparada aplicada aos acontecimentos e nunca a análise de uma só categoria com o esquecimento da classe e ainda menos a de um só acontecimento com desprezo dos demais.

É preciso ainda admitir que a hipótese mais bem indicada para explicar o estranho caso que acabamos de expor é sempre a de supor a presença de uma entidade espiritual ligada aos percipientes por liames afetivos.

Deveríamos reconhecer, nestas condições, que as convicções intuitivas dos percipientes não os devem ter enganado; eles eram de opinião que estas manifestações musicais, desprovidas em si de significação, constituíam uma demonstração da sobrevivência de Alexandre; pode-se mesmo supor que essa convicção provinha de uma mensagem telepática análoga, transmitida pela entidade que se comunicava.

Se analisarmos mais a fundo o caso acima, não nos sentiríamos mal por assinalar fatos e circunstâncias que mostram perfeitamente a intenção extrínseca que determinava as manifestações.

Primeiro, a circunstância de haverem as manifestações começado três dias depois da morte do filho dos percipientes — o que mostra ligarem-se de qualquer modo ao acontecimento de morte que se produziu na família. Em seguida, o haverem as sinetas, nos primeiros dias das manifestações, tilintado sempre à mesma hora da noite, achando-se os percipientes acordados a essa hora exata, como para escutá-las; constitui isso outros indícios de uma intenção que se esforçava, pondo em ação os meios de que dispunha (isto é, manifestando-se como podia e não como queria), para fazer compreender aos percipientes sua presença espiritual.

Nota-se mais que, quando os percipientes se mostraram convencidos da origem transcendental das manifestações, começando, porém, a se sentirem perturbados e a desejar-lhes o termo, elas imediatamente cessaram; mas como a cessação do fenômeno reavivou a dúvida dos percipientes sobre sua natureza transcendental, ele recomeçou mais vigoroso que antes.

Todas essas demonstrações fazem ressaltar a existência de uma intenção vigilante que se manifestava com um fim determinado: o de convencer os percipientes da presença de uma entidade espiritual desejosa de se fazer conhecer. E se nos lembrarmos, enfim, de que a música se fazia especialmente ouvir por ocasião dos aniversários de família, somos levados a concluir que essa última prova de uma intenção servia também para designar o defunto que se comunicava: ele só podia pertencer à família na qual se manifestava por traços eloquentes; ou, mais precisamente, ele só podia ser aquele que os sobreviventes indicaram.

Conclusões

Chegado ao fim desta classificação e querendo resumir as considerações sugeridas pela casuística, começarei por lembrar o que tenho notado desde o começo; que embora a significação teórica das seis categorias nas quais dividimos as manifestações de música transcendental seja única em substância, pois que convergem todas para a demonstração de uma gênese extrínseca das manifestações expostas, nota-se, entretanto, uma diferença importante entre as duas primeiras categorias (constituindo cada uma um grupo à parte), e as quatro outras, que formam, pelo contrário, um só grupo homogêneo.

Com efeito, os modos de realização próprios aos fatos contidos nas duas primeiras categorias são radicalmente diferentes dos relativos aos fatos recolhidos nas outras quatro; aliás, não é a mesma a sua significação como fenômeno.

Na primeira categoria são manifestações musicais por intermédio de um médium; por consequência de natureza experimental e além disso objetiva, pois que se trata, ainda, de percepção acústica de ondas sonoras, com a diferença de que o fenômeno se realiza de maneira supranormal; algumas vezes, sem nenhum instrumento de música, outras, com instrumentos, mas sem o concurso direto de um médium; em outras ocasiões, enfim, com o concurso de um médium, mas de forma puramente automática.

Todos esses modos de realização poderiam ser *espíritas* ou *anímicos*, segundo os casos; são, porém, radicalmente diversos daqueles pelos quais se realizam as quatro últimas categorias, nas quais as manifestações não são mediúnicas, nem experimentais, nem objetivas; nesses casos não havia vibrações sonoras segundo as leis da acústica, mas percepções subjetivas de vibrações *psíquicas*, segundo as leis do espírito.

Sob um ponto de vista diferente, os modos de realização próprios da segunda categoria não oferecem nada de comum com as quatro últimas. Naquela, os casos telepáticos de música transcendental em nada diferem dos pertencentes a essa mesma classe e não oferecem, portanto, valor teórico especial; constituem uma das numerosas formas pelas quais se realizam as manifestações telepáticas, e é tudo.

Como é, então, possível explicá-las por essa mesma hipótese, não trazem nenhuma contribuição ao problema no que diz respeito à existência da música transcendental propriamente dita, que é a encarada nas quatro últimas categorias.

E estas quatro categorias, embora se diferenciem radicalmente das duas outras, não assumem todas o mesmo valor teórico.

Entre elas há as que não oferecem nenhuma base sólida à investigação científica e apenas indiretamente adquirem importância cumulativa, em razão das induções cientificamente legítimas extraídas do conteúdo das outras categorias.

Na primeira categoria do 2º grupo (3ª da classificação), ocupamo-nos das manifestações musicais atribuídas a "assombrações". Mostramos que aí se encontravam circunstâncias que permitiam eliminar a hipótese alucinatória, pois muitas vezes os percipientes ignoravam que os lugares fossem "assombrados" e que neles se produzissem audições musicais transcendentes.

Apesar disso, uns, independentes dos outros, percebiam essa música.

Outro tanto se pode dizer da hipótese psicométrica, que foi eliminada por múltiplas considerações inconciliáveis com a mesma hipótese; havia, sobretudo, a circunstância de em certos episódios cessar bruscamente a audição musical que se produzia a distância do lugar "assombrado", quando os percipientes dele se aproximavam; ora, era precisamente o contrário o que se devia dar com as percepções psicométricas.

É claro que, uma vez afastadas as hipóteses alucinatórias e psicométricas, só haveria recurso à hipótese espírita, pela qual seria possível explicar, de maneira satisfatória, todos os modos de realização dos fenômenos estudados.

Na segunda categoria do grupo de que tratamos (4ª da classificação), examinamos as manifestações de música transcendental percebida sem nenhuma relação com acontecimentos de morte ou de outras circunstâncias que pudessem indicar causas extrínsecas em ação; é a categoria da qual dissemos não ser oferecida nenhuma base sólida para as pesquisas científicas.

Efetivamente, ela dá margem à crítica, visto como seria possível atribuir uma gênese alucinatória a todas as manifestações que se realizam dessa maneira; conclusão que seria legítima e inevitável se as manifestações de música transcendental se limitassem a essa categoria de percepções estritamente pessoais; mas como tal não se dá, e essa categoria apenas constitui um ramo de complexa classe de manifestações do mesmo gênero, é lícito e necessário considerar a categoria aludida em suas relações com a classe inteira das manifestações, conforme os métodos de investigação científica.

Assim procedendo, fomos levados a concluir que tudo contribui a provar que os episódios contidos na categoria de que falamos são produzidos pelas mesmas causas transcendentais que determinaram os outros casos, tanto mais quanto, num dos casos citados, nota-se um incidente que parece apoiar esta conclusão.

A terceira e quarta categorias (grupo V e VI da classificação) contêm os casos que se produzem no leito de morte e os que se dão *após* um acontecimento de morte. Com estes casos se entra em pleno domínio da interpretação espírita dos fatos. Abundam as provas nesse sentido, provas que excluem definitivamente as hipóteses contrárias. Primeiro, porque as manifestações musicais se realizam muitas vezes combinadas com aparições de defuntos no leito mortuário, tendo frequentemente um valor de identificação espírita; éramos assim levados a concluir legitimamente que a hipótese que explica os últimos deviam também servir para explicar os primeiros. Depois, porque as hipóteses sugestiva, autossugestiva e alucinatória são eliminadas pela existência de um grupo de casos de percepção coletiva e sobretudo pela circunstância de que em muitos dos casos em análise o moribundo não participava da audição coletiva de música transcendental, o que exclui qualquer possibilidade de explicar os fatos supondo uma alucinação que tivesse origem na mentalidade do moribundo donde fosse transmitida telepaticamente aos assistentes.

Essas conclusões são enfim confirmadas por casos de música transcendental que se produzem depois de um acontecimento de morte, circunstância que serve para afastar definitivamente a hipótese contida implicitamente na objeção a que fizemos alusão: a da telepatia entre vivos.

É manifesto, com efeito, que não se pode recorrer a esta hipótese quando os fenômenos de música transcendental se produzem quinze dias, três meses após o passamento do indivíduo em relação com os fenômenos de que se trata e isso tanto menos quando estes se repetem durante anos, em datas fixas — circunstância muito importante, porque mostra a existência de uma intenção vigilante, o que se não pode certamente explicar pela telepatia entre os vivos. Noto, além disso, que na categoria a que nos referimos encontram-se casos complexos que podem constituir boas provas de identificação espírita; exemplo: quando simultaneamente com uma manifestação musical no leito de morte, o doente percebe o fantasma do defunto diretamente visado pela manifestação; e isso com o precedente muito notável de nem o moribundo nem os assistentes conhecerem a morte da pessoa aparecida no leito mortuário.

Daí se verifica que as manifestações de música transcendental, posto que constituam apenas modesto ramo da árvore imponente e ricamente frondosa das manifestações supranormais, contribuem, no entanto, elas também, para demonstrar a verdade, que, há muitos anos, se esforça o autor para tornar manifesta por meio de longa série de monografias: que os numerosos ramos da Metapsíquica, quando são analisados sem ideias preconcebidas e com método rigorosamente científico, convergem todos, como a um centro, para a demonstração experimental da existência e da sobrevivência da alma.

Sabemos que, no domínio científico, não se pode fornecer uma prova melhor em apoio de uma hipótese que aquela graças à qual se mostra que uma multidão heterogênea de fatos convergem todos a provar o seu bom fundamento. É o que se chama a *prova crucial* ou a *prova das prov*as e a hipótese que delas sai vitoriosa transforma--se em verdade solidamente adquirida pela Ciência; mas as hipóteses científicas que chegam a constituí-la são bem raras. Pois bem, desde agora podemos afirmar, sem receio de erro, que a hipótese espírita saiu vitoriosa dessa prova; as 24 monografias publicadas pelo autor, precisamente com o fim de submeter a hipótese espírita à *prova das provas*, bastam para demonstrá-lo.

FENÔMENOS PSÍQUICOS NO MOMENTO DA MORTE					
EDIÇÃO	IMPRESSÃO	ANO	TIRAGEM	FORMATO
1	1	1927	3.000	13x18
2	1	1949	5.000	13x18
3	1	1982	10.200	13x18
4	1	1990	5.100	13x18
5	1	1995	5.000	13x18
6	1	2005	500	12,5x17,5
7	1	2006	1.000	12,5x17,5
7	2	2011	500	12,5x17,5
8	1	2019	1.000	16x23
8	POD*	2021	POD	16x23
8	IPT**	2023	150	15,5x23
8	IPT	2024	150	15,5x23

*Impressão por demanda
**Impressão pequenas tiragens

O QUE É ESPIRITISMO?

O Espiritismo é um conjunto de princípios e leis revelados por Espíritos Superiores ao educador francês Allan Kardec, que compilou o material em cinco obras que ficariam conhecidas posteriormente como a Codificação: *O livro dos espíritos*, *O livro dos médiuns*, *O evangelho segundo o espiritismo*, *O céu e o inferno* e *A gênese*.

Como uma nova ciência, o Espiritismo veio apresentar à Humanidade, com provas indiscutíveis, a existência e a natureza do Mundo Espiritual, além de suas relações com o mundo físico. A partir dessas evidências, o Mundo Espiritual deixa de ser algo sobrenatural e passa a ser considerado como inesgotável força da Natureza, fonte viva de inúmeros fenômenos até hoje incompreendidos e, por esse motivo, são tidos como fantasiosos e extraordinários.

Jesus Cristo ressaltou a relação entre homem e Espírito por várias vezes durante sua jornada na Terra, e talvez alguns de seus ensinamentos pareçam incompreensíveis ou sejam erroneamente interpretados por não se perceber essa associação. O Espiritismo surge então como uma chave, que esclarece e explica as palavras do Mestre.

A Doutrina Espírita revela novos e profundos conceitos sobre Deus, o Universo, a Humanidade, os Espíritos e as leis que regem a vida. Ela merece ser estudada, analisada e praticada todos os dias de nossa existência, pois o seu valioso conteúdo servirá de grande impulso à nossa evolução.

O LIVRO ESPÍRITA

Cada livro edificante é porta libertadora.

O livro espírita, entretanto, emancipa a alma nos fundamentos da vida.

O livro científico livra da incultura; o livro espírita livra da crueldade, para que os louros intelectuais não se desregrem na delinquência.

O livro filosófico livra do preconceito; o livro espírita livra da divagação delirante, a fim de que a elucidação não se converta em palavras inúteis.

O livro piedoso livra do desespero; o livro espírita livra da superstição, para que a fé não se abastarde em fanatismo.

O livro jurídico livra da injustiça; o livro espírita livra da parcialidade, a fim de que o direito não se faça instrumento da opressão.

O livro técnico livra da insipiência; o livro espírita livra da vaidade, para que a especialização não seja manejada em prejuízo dos outros.

O livro de agricultura livra do primitivismo; o livro espírita livra da ambição desvairada, a fim de que o trabalho da gleba não se envileça.

O livro de regras sociais livra da rudeza de trato; o livro espírita livra da irresponsabilidade que, muitas vezes, transfigura o lar em atormentado reduto de sofrimento.

O livro de consolo livra da aflição; o livro espírita livra do êxtase inerte, para que o reconforto não se acomode em preguiça.

O livro de informações livra do atraso; o livro espírita livra do tempo perdido, a fim de que a hora vazia não nos arraste à queda em dívidas escabrosas.

Amparemos o livro respeitável, que é luz de hoje; no entanto, auxiliemos e divulguemos, quanto nos seja possível, o livro espírita, que é luz de hoje, amanhã e sempre.

O livro nobre livra da ignorância, mas o livro espírita livra da ignorância e livra do mal.

Emmanuel[*1]

[*1] Página recebida pelo médium Francisco Cândido Xavier, em reunião pública da Comunhão Espírita Cristã, na noite de 25/2/1963, em Uberaba (MG), e transcrita em *Reformador*, abr. 1963, p. 9.

LITERATURA ESPÍRITA

Em qualquer parte do mundo, é comum encontrar pessoas que se interessem por assuntos como imortalidade, comunicação com Espíritos, vida após a morte e reencarnação. A crescente popularidade desses temas pode ser avaliada com o sucesso de vários filmes, seriados, novelas e peças teatrais que incluem em seus roteiros conceitos ligados à espiritualidade e à alma.

Cada vez mais, a imprensa evidencia a literatura espírita, cujas obras impressionam até mesmo grandes veículos de comunicação devido ao seu grande número de vendas. O principal motivo pela busca dos filmes e livros do gênero é simples: o Espiritismo consegue responder, de forma clara, perguntas que pairam sobre a Humanidade desde o princípio dos tempos. Quem somos nós? De onde viemos? Para onde vamos?

A literatura espírita apresenta argumentos fundamentados na razão, que acabam atraindo leitores de todas as idades. Os textos são trabalhados com afinco, apresentam boas histórias e informações coerentes, pois se baseiam em fatos reais.

Os ensinamentos espíritas trazem a mensagem consoladora de que existe vida após a morte, e essa é uma das melhores notícias que podemos receber quando temos entes queridos que já não habitam mais a Terra. As conquistas e os aprendizados adquiridos em vida sempre farão parte do nosso futuro e prosseguirão de forma ininterrupta por toda a jornada pessoal de cada um.

Divulgar o Espiritismo por meio da literatura é a principal missão da FEB, que, há mais de cem anos, seleciona conteúdos doutrinários de qualidade para espalhar a palavra e o ideal do Cristo por todo o mundo, rumo ao caminho da felicidade e plenitude.

CARIDADE: AMOR EM AÇÃO

Sede bons e caridosos: essa a chave que tendes em vossas mãos. Toda a eterna felicidade se contém nesse preceito: "Amai-vos uns aos outros". KARDEC, Allan. *O evangelho segundo o espiritismo*, cap. 13, it. 12.

A Federação Espírita Brasileira (FEB), em 20 de abril de 1890, iniciou sua *Assistência aos Necessitados* após sugestão de Polidoro Olavo de S. Thiago ao então presidente Francisco Dias da Cruz. Durante 87 anos, esse atendimento representava o trabalho de auxílio espiritual e material às pessoas que o buscavam na instituição. Em 1977, esse serviço passou a chamar-se Departamento de Assistência Social (DAS), cujas atividades assistenciais nunca se interromperam.

Desde então, a FEB, por seu DAS, desenvolve ações socioassistenciais de proteção básica às famílias em situação de vulnerabilidade e risco socioeconômico. Fortalece os vínculos familiares por meio de auxílio material e orientação moral-doutrinária com vistas à promoção social e crescimento espiritual de crianças, jovens, adultos e idosos.

Seu trabalho alcança centenas de famílias. Doa enxovais para recém-nascidos, oferece refeições, cestas de alimentos, cursos para jovens, serviços de convivência e fortalecimento de vínculos para idosos e organiza doações de itens que são recebidos na instituição e repassados a quem necessitar.

Essas atividades são organizadas pelas equipes do DAS e apoiadas com recursos financeiros da instituição, dos frequentadores da casa e por meio de doações recebidas, num grande exemplo de união e solidariedade.

Seja sócio contribuinte da FEB, adquira suas obras e estará colaborando com o seu Departamento de Assistência Social.

FEB editora
Livro espírita para um novo mundo
www.febeditora.com.br
@febeditoraoficial
@febeditora

Conselho Editorial:
Carlos Roberto Campetti
Cirne Ferreira de Araújo
Evandro Noleto Bezerra
Geraldo Campetti Sobrinho – Coord. Editorial
Jorge Godinho Barreto Nery – Presidente
Maria de Lourdes Pereira de Oliveira
Miriam Lúcia Herrera Masotti Dusi

Produção Editorial:
Elizabete de Jesus Moreira

Revisão:
Elizabete de Jesus Moreira
Pedro Henrique de Oliveira

Capa, Projeto Gráfico e Diagramação:
Rones José Silvano de Lima - instagram.com/bookebooks_designer

Normalização Técnica:
Biblioteca de Obras Raras e Documentos Patrimoniais do Livro

Esta edição foi impressa no sistema de Impressão pequenas tiragens, em formato fechado de 155x230 mm e com mancha de 122x185 mm. Os papéis utilizados foram o Off white 80 g/m² para o miolo e o Cartão 250 g/m² para a capa. O texto principal foi composto em fonte Adobe Garamond pro 12/15 e os títulos em Minion Pro Cond Display 28/30. Impresso no Brasil. *Presita en Brazilo.*